高职高专经营类系列教材

校企合作"工学结合"课程项目驱动教材

连锁企业
门店营运与数字化营销

店长如何管理门店 · 策划促销 · 提升业绩

主　编　郑彦　霍霞
副主编　卫海英　黄燕平
主　审　沈志勇

西安电子科技大学出版社

内 容 简 介

本书紧扣新零售时代连锁企业门店对店长职业能力和数字化营销的目标要求,从实用的角度出发,根据连锁企业门店营运管理中各岗位能力要求进行内容设计和任务安排。一名合格的店长要同时扮演好两种角色,即门店营运的管理者和销售服务技巧的传授者。据此,本书分为上、下两篇,即店长与门店营运和数字化营销与门店服务,分别从门店营运管理概述、店长的作业化管理、门店的数字化管理、门店员工的作业管理、门店作业安全的管理、门店数字化营销转型、门店的商品管理与陈列方法、门店的促销方式、门店促销活动的组织与实施管理、门店的顾客服务等十个方面较为系统地阐述了连锁企业门店营运与管理的理论及实践技能。

本书既可作为应用型本科院校、高职高专院校经管类专业"门店营运管理""连锁门店促销""零售管理学"等课程的教材或参考用书,也可作为连锁企业管理人员的培训用书。

图书在版编目(CIP)数据

连锁企业门店营运与数字化营销 / 郑彦, 霍霞主编. -- 西安:西安电子科技大学出版社, 2024. 8. -- ISBN 978-7-5606-7357-8

Ⅰ. F717.6

中国国家版本馆 CIP 数据核字第 2024GE0106 号

策 划	李惠萍
责任编辑	李惠萍
出版发行	西安电子科技大学出版社(西安市太白南路 2 号)
电 话	(029) 88202421 88201467 邮 编 710071
网 址	www.xduph.com 电子邮箱 xdupfxb001@163.com
经 销	新华书店
印刷单位	陕西天意印务有限责任公司
版 次	2024 年 8 月第 1 版 2024 年 8 月第 1 次印刷
开 本	787 毫米×960 毫米 1/16 印 张 13.75
字 数	273 千字
定 价	35.00 元

ISBN 978-7-5606-7357-8

XDUP 7658001-1

*** 如有印装问题可调换 ***

前　言

　　由于连锁企业总部只负责品牌传播、店面统一形象设计及大型市场活动策划等工作，而门店的实际营运工作基本上还是由店长执行与自行掌握的，因此，店长作为连锁企业门店的灵魂人物，在门店的日常经营运作中发挥着至关重要的作用。据权威调查数据显示，一名优秀的店长能够提升门店营业收入的30%，这是一个相当可观的数字。

　　本书紧扣培养连锁企业门店店长人才的目标和定位，从实际应用的角度出发，根据对连锁企业门店营运管理中各岗位能力的要求进行内容设计和任务安排。店长作为一名特殊的管理者，既要处理门店中诸多具体而繁杂的事务，是门店经营活动的全面负责人，同时又必须为实现门店的销售目标而努力。由此可见，一名优秀的店长必须同时扮演好两种角色，即门店营运的管理者和营销服务创新的传授者。据此，本书分为上、下两篇：店长与门店营运和数字化营销与门店服务，分别从门店营运管理概述、店长的作业化管理、门店的数字化管理、门店员工的作业管理、门店作业安全的管理、门店数字化营销转型、门店的商品管理与陈列方法、门店的促销方式、门店促销活动的组织与实施管理、门店的顾客服务等十个方面较为系统地阐述了连锁企业门店营运与管理的理论及实践技能，使学生能够较快地熟悉连锁门店店长的工作角色。

　　本书从内容设置上避免了空洞的说教，以管理实务、工作标准、工作规范、管理制度与管理表格等实用工具的形式，全面而具体地呈现了连锁企业门店营运与管理的操作流程和工作要点。本书的突出特点有：

　　• 完整性。本书理论体系完整，内容涵盖了连锁企业门店营运管理的各个环节，前后顺序设置合理。

- 系统性。每个任务都有其工作流程，而且与门店的工作流程相吻合，使读者能够清楚工作程序。

- 易于教学。书中除对连锁企业门店管理基本理论进行阐述之外，还提供了国内外大量连锁企业门店营运活动的案例并补充了阅读资料等，每个项目都配套设置有习题及实训项目，让学生能够应用理论知识进行独立思考。此外，本书提供全套学习资料，包括课件、案例、相关视频、上机实训内容、课后习题答案等，教师可登录西安电子科技大学出版社网站免费下载，或向作者本人联系索取(作者邮箱：56009597@qq.com)。

本书由厦门城市职业学院的郑彦、内蒙古商贸职业学院的霍霞担任主编，桂林电子科技大学北海分校的卫海英、厦门市金拱门食品有限公司的黄燕平担任副主编。大家共同讨论拟定了本书的编写大纲，郑彦负责全书的统稿和各项目的协调工作，厦门市金拱门食品有限公司的沈志勇负责审阅书稿。

本书在编写过程中得到了教育部高校学生司第二期供需对接就业育人项目(项目编号：20230108643)、广西职业教育教学改革研究项目"新商科背景下高职经管类专业社会服务能力提升路径研究"(项目编号：GXGZJG2020A042)、教育部教育技术与资源发展中心"数字经济下的未来劳动力技能提升"等项目的大力支持，在此一并致谢！此外，本书也是内蒙古自治区高等教育研究重点课题"产教融合背景下的现代学徒制人才培养模式创新研究"(课题编号：NMGJXH-2022XZ2005)的研究成果之一。

由于作者水平和精力有限，收集资料不够全面，书中难免存在缺陷和不足，恳请读者和各位同仁在使用本书的过程中给予理解和关注，并欢迎批评指正。

郑　彦

2024 年 1 月

目　录

★★　上篇　店长与门店营运　★★

★★ 下篇　数字化营销与门店服务 ★★

上篇

店长与门店营运

项目一 连锁企业门店营运管理概述

◆ **学习目标**

通过本项目的学习，理解连锁企业门店的不同业态类型和特点；熟悉连锁企业门店管理的意义和内容；掌握连锁企业门店营运管理工作的标准；了解连锁企业门店有效营运与赢利能力提高的控制点。

◆ **引入案例**

从胖东来的爆火看门店运营法则

当下实体商超普遍日子不好过，但在社交网络上，经常看到网友这样的刷屏："胖东来何时开到我家门口？"成立近 30 年的胖东来，名字由其前身"胖子店"和其创始人于东来的名字组合而成。目前，胖东来 13 家实体店都在河南，其中 11 家在许昌。近年来凭借赶超景区的火爆人气频频出圈，被一些网友称为"没有淡季的 6A 级景区"。

胖东来到底有多火？元旦假期，许昌胖东来 7 家店共计接待游客近 100 万人次；春节 8 天长假，许昌全市 11 家 4A 级景区共接待游客约 127 万人次，而胖东来的 3 家综合商超仅 3 天时间累计客流量就达 116 万人次；刚过去的五一假期，同样 3 家商超单日接待约 31 万人次，客流量再创新高。即使在非节假日，胖东来门前的排队现象也是常态，其中不少人从外地自驾或者乘坐高铁远道而来。受其流量带动，许昌这座古城也炙手可热，当地政府为此开通了网红旅游购物专列。

商超变"景点"，胖东来的流量密码是什么？

◎ 用好商品、好服务赢得好口碑

门前排队的顾客你一言他一语："选材良心""货真价实""胖东来的产品，用着放心""对消费者极度贴心"……消费者"用脚投票"，回答简短利落，却透出朴素的商业逻辑：好商品、好服务才能赢得好口碑。

◎ 用细节服务获得好体验

免费提供纸杯和热水，设有宠物暂存地，为看不清字的老年人提供老花镜；肉类熟食先称重再装汤汁，蔬菜的标签像生活百科，不仅注明产地、供应商，有的甚至标出了具体的烹饪步骤；若售出商品七日内正常调价，则会主动退还差价……还有顾客说，曾经在购物时孩子突发不适，向商场求助后，胖东来员工开车把孩子送到医院，并全程帮忙陪护。

在胖东来你会发现，贴心的细节随处可见。诚意满满的服务引发顾客的共情共鸣，一些顾客直言："在胖东来消费，购买的是商品，体验的是爽感。"

◎ 尊重员工权益、培养优秀的员工

商品和服务之外，胖东来在尊重员工权益方面的做法也被广为称道。一方面，胖东来会把每年绝大部分的利润分给员工，员工的收入在当地具有较高的竞争力；另一方面，还通过"周二闭店""委屈奖"等措施提高员工福利待遇，受到员工一致好评。

◎ 借助互联网口碑传播品牌故事

胖东来从地方走向全国，互联网口碑传播的推动力量不容忽视。在不少年轻人眼里，胖东来既是商超，也是文化新地标，"打卡"胖东来成了时尚风潮，人们边购物边直播，线下线上热度叠加，使得全国各地越来越多的顾客纷至沓来，胖东来的流量进一步呈几何级数放大。

在"流量经济"时代，消费领域从不缺少"出圈"的热点。当一个消费现象持续火热，就值得深究其内在逻辑。从货真价实的商品到精益求精的服务，从"宠爱"消费者到尊重员工，胖东来"内外兼修"，在整个社会激发出广泛共情，由此打破了日常购物和文旅体验之间的边界，在传统商超领域挖掘出了新的消费增长点，再加上互联网传播的加持，悄然完成了商超变"景点"的演化。

胖东来的成功之道引发关注，国内一些商超主动对标进行调整改造。商业市场复杂多变，模仿复刻的效果尚有待观察，但胖东来的样本启示意义是具有普遍性的：高品质的供给激发新需求，新需求催生更高质量的供给。这些消费领域新亮点、新场景、新业态的涌现，既映射出国内大市场的活力与潜力，也说明只要扣准经济社会发展脉搏，回应人民群众的更高期待，消费者和市场的双向奔赴将更加精彩。

当下，随着传统消费提质升级，新型消费成长壮大，潜在消费需求不断释放，我们有理由期待市场出现更多"胖东来"。

资料来源：张兴军，孙清清，刘振坤. 胖东来爆火的朴素逻辑[N].
新华每日电讯，2024-05-22(03).

连锁企业门店是连锁企业的经营单位。作为一种组织形式和经营方式，连锁企业的规模效益、竞争优势是通过其下属的若干门店的有效营运实现的。连锁经营体系下的门店以总部为核心，组成统一、规范、标准化的经营网络，在市场竞争中形成规模化优势。一个连锁企业能否取得成功，与门店的数量、营运质量密切相关。门店数量多，可以给连锁企业带来规模效益；门店营运质量高，则可以增强单店的赢利能力，进而提升连锁企业整体的赢利能力。可以说，连锁企业门店是连锁企业的经营细胞和利润源。

任务一 ▶ 连锁企业门店的特征与类型

连锁企业门店以零售业居多，由于企业经营业态的不同，在经营方式上也表现出明显的多样性和差异化的特征。

一、连锁企业门店的功能与特征

1. 连锁企业门店的功能

连锁企业门店是连锁经营的基础，主要职责是按照总部的指示和服务规范要求，承担日常销售业务。门店在其总部的统一规划下，通过实施广泛布局、分散销售来实现规模效益。连锁企业门店的功能集中体现在门店运用统一规划的外观设计、招牌及橱窗设计、门店内貌设计和商品组合、规范化服务等具体手段，来吸引顾客，具体如下：

1) 门店外观的吸引力

门店的外观要素包括店面设计、招牌设计、橱窗设计、出入口设计和停车场设计等。门店的外观会给顾客留下第一印象，这一印象往往是决定顾客能否驻步停留，并进店参观购物的关键所在。

2) 门店内貌环境的刺激力

门店环境直接影响到顾客的购买情绪，幽雅、舒适的环境可以激活顾客的兴奋点，使顾客把购物当成一大乐趣。门店可以通过科学的卖场布局、商品陈列、灯光照明、色彩表现等设计营造出良好的卖场气氛，来刺激顾客的购物兴趣。

3) 店内商品的影响力

琳琅满目的商品，能满足顾客的需要；自由选择的服务方式，会使顾客有一种自得其乐的感觉；商品价格档次适度，会更贴近大多数人的购买能力和消费水平。轻松、愉悦和享受的心情将激发顾客的购物乐趣。

4) 服务的表现力

门店的服务对象是顾客，在人格上经营者和顾客是平等的，开店经营的目的是赚取商业利润，而表现方式是为顾客服务。营业人员表现出来的优质服务会使顾客感到被尊重，营业人员的真诚服务、热情接待会使顾客在购物中体验到愉悦与满足感。

图 1-1 展示的是营业人员的微笑服务。

图 1-1　营业人员的微笑服务

2. 连锁企业门店的特征

1) 数量众多，规模经营

连锁企业门店是连锁企业的门市，是企业有计划地设立在不同地区或地点的分散的经营网点。连锁企业将这些门店以一定的形式组成一个联合体，少则十几家，多则几千家，通过统一化、专业化、规范化及标准化的运营管理实现规模化经营。

2) 店名、店貌、服务标准化

连锁企业下属的所有门店都使用统一的店名、店貌和标志，并为顾客提供标准化的商品和服务。

3) 统一分销

连锁企业门店是在其总部的统一管理下分销商品，商品的采购、配送等业务集中于总部，而连锁企业门店则实行简单化经营。

4) 经营方式多样

不同的连锁企业门店的经营方式有明显不同，如百货商店、专业店采取柜台销售和开架面售相结合的方式，超市、便利店采取顾客自助服务和统一结算方式，购物中心则采取各经销店独立开展经营活动的方式等。

5) 经营规模各异

连锁企业门店的经营规模不尽相同，小到不足百平方米，大到几万平方米。有的便利店的经营规模仅仅几十平方米，而大型百货商场、超级市场的经营规模大多在数万平方米。

二、连锁企业门店的业态类型

连锁企业门店的业态类型是由企业经营战略和目标市场定位决定的。所谓零售业态，是指零售企业为满足不同的消费需求，进行相应的要素组合而形成的不同经营形态。零售业态一般按门店的结构特点，即根据其经营方式、商品结构、服务功能，以及选址、商圈、规模、店堂设施、目标顾客进行分类。目前，连锁企业所开设的零售门店主要有便利店、折扣店、超市、大型超市、仓储式会员店、百货店、专业店等业态。表 1-1 是零售业态的主要类型及特点。

表 1-1　零售业态的主要类型及特点

序号	业态	选址	商圈与目标顾客	规模	商品买卖方式	服务功能	管理信息化程度
1	食杂店	居民区内或传统商业区内	辐射半径为 0.3 km，目标顾客以相对固定的居民为主	营业面积一般在 100 m² 以内	柜台式和自选式相结合	营业时间为 12 h 以上	初级或不设立
2	便利店	商业中心区、交通要道以及车站、医院、学校、娱乐场所、办公楼、加油站等公共活动区	商圈范围小，顾客步行可于 5 min 内到达，目标顾客主要为年轻人，顾客的购买多为有目的的行为	营业面积在 100 m² 左右，利用率高	以开架自选式为主，结算在收银处统一进行	营业时间为 16 h 以上，提供即食食品的辅助设施，开设多项服务项目	较高
3	折扣店	居民区、交通要道等租金相对便宜的地区	辐射半径为 2 km 左右，目标顾客主要以居民为主	营业面积为 300~500 m²	以开架自选式为主，在收银台统一结算	用工精简，为顾客提供有限的服务	一般
4	超市	市、区级商业中心，居住区	辐射半径为 2 km 左右，目标顾客以居民为主	营业面积在 6000 m² 以下	自选销售，出入口分设，在收银台统一结算	营业时间为 12 h 以上	较高
5	大型超市	市、区级商业中心，城郊结合部，交通要道及大型居住区	辐射半径在 2 km 以上，目标顾客以居民、流动顾客为主	营业面积在 6000 m² 以上	自选销售，出入口分设，在收银台统一结算	设有不低于营业面积 40% 的停车场	较高
6	仓储式会员店	城乡结合部的交通要道	辐射半径在 5 km 以上，目标顾客以中小零售店、餐饮店、集团和流动顾客为主	营业面积在 6000 m² 以上	自选销售，出入口分设，在收银台统一结算	设有相当于营业面积的停车场	较高，对顾客实行会员制管理
7	百货店	市、区级商业中心，历史形成的商业集聚地	目标顾客以追求时尚和品位的流动顾客为主	营业面积为 6000~20 000 m²	采取柜台销售和开架面售相结合的方式	注重服务，设有餐饮、娱乐等服务项目和设施	较高

续表

序号	业态		选址	商圈与 目标顾客	规模	商品买卖方式	服务功能	管理信息化程度
8	专业店		市、区级商业中心以及百货店、购物中心内	目标顾客以有目的选购某类商品的流动顾客为主	根据商品特点而定	采取柜台销售或开架面售方式	从业人员具有丰富的专业知识	较高
9	专卖店		市、区级商业中心,专业街以及百货店、购物中心内	目标顾客以中高档消费者和追求时尚的年轻人为主	根据商品特点而定	采取柜台销售或开架面售方式,商店陈列、照明、包装、广告讲究	注重品牌声誉,从业人员具备丰富的专业知识,提供专业性服务	一般
10	家居商店		城乡结合部、交通要道或消费者自有房产比较高的地区	目标顾客以拥有自有房产的顾客为主	营业面积在6000 m²以上	采取开架自选方式	提供一站式购物和一条龙服务,停车位在300个以上	较高
11	购物中心	社区购物中心	市、区级商业中心	辐射半径为5~10 km	各个租赁店独立开展经营活动	各个租赁店独立开展经营活动	停车位在300~500个	各个租赁店使用各自的信息系统
		市区购物中心	市级商业中心	辐射半径为10~20 km	各个租赁店独立开展经营活动	各个租赁店独立开展经营活动	停车位在500个以上	各个租赁店使用各自的信息系统
		城郊购物中心	城乡结合部的交通要道	辐射半径为30~50 km	各个租赁店独立开展经营活动	各个租赁店独立开展经营活动	停车位在1000个以上	各个租赁店使用各自的信息系统
12	厂家直销中心		一般远离市区	目标顾客多为重视品牌的有目的的购买者	单个建筑面积为100~200 m²	采取自选式售货方式	停车位在500个以上	各个租赁店使用各自的信息系统

任务二　连锁企业门店营运管理的意义和内容

一、连锁企业门店营运管理的意义

连锁企业门店营运管理是指连锁企业下属的所有门店，按照总部所制定的经营战略和规划，对日常作业进行组织、控制的管理过程，主要包括对人员、商品、资金、销售、设备设施、营业现场等要素的管理。

连锁企业采用的是连锁经营方式，通过众多分散经营网点的门店布局，组成具有标准化和联合化的连锁经营组织体，从而保证连锁企业规模效益的实现。因此，对于整个企业来讲，连锁企业门店营运管理具有十分重要的意义，主要表现在下述几个方面。

1. 有利于连锁企业经营目标的实现

连锁企业通过分布广泛、分散销售的门店，将总体经营计划分解成若干个门店具体的计划，各个门店按照总部的统一部署，做好日常作业化管理，从而可以保证企业整体经营目标的实现。

2. 有利于门店规划设计的统一

门店通过实施统一的店名、统一的标志、统一的店面、统一的店貌、统一的卖场设计、统一的商品陈列、统一的设施设备、统一的服务规程和统一的操作规范，能够建立良好的企业形象，获得良好的社会影响力、顾客吸引力。

3. 有利于实现门店营运管理标准的统一

门店通过实施总部所制定的统一的标准化营运管理标准，可有效地规范服务人员的行为、服务流程、门店营销方式等。

4. 有利于规避投资和经营风险

门店通过实施品牌战略，共享企业品牌规模化优势，通过统一形象识别系统影响消费者并获得其认可，从而有利于规避单体店投资和经营的风险。

5. 有利于实现企业最佳劳动效率

连锁企业下属的门店只承担商品销售职能，这样有利于实现门店营运上的专业化分工、简单化运作，从而达到销售业绩最高化、利润最大化，有效降低经营成本，实现企业最佳劳动效率。

二、连锁企业门店营运管理的主要内容

连锁企业门店营运管理是一个综合性、系统性的管理过程，其中包括对人、财、物等要素的日常作业的组织与控制，主要内容包括以下几个方面：

1. 门店的开发与规划

连锁企业门店在建立之前需要进行商圈调查分析、店址选择、门店规模确定、商品经营定位及开店前的准备等工作。门店的开发与规划应该说是门店营运管理的首要内容，是门店经营的先决条件。科学的门店开发与规划是门店经营成功的一半。为此，在进行门店营运管理过程中要做好前期的开发与规划工作。

2. 门店内外环境设计与商品陈列管理

门店是连锁企业的经营场所。为了增加门店对顾客的吸引力，外貌设计、店内设计以及商品陈列尤为重要，因此，在门店营运管理中要根据不同经营类型门店的特点进行精心设计与布置，从而达到刺激顾客购买、扩大销售的目的。

3. 门店人员作业化管理

门店人员作业化管理是门店营运管理的重要内容之一，主要包括门店店长、收银员、理货员、营业员、防损员及其他相关工作人员的职责要求、作业规范、工作能力、职业素质的培养等。门店人员作业化管理是门店营运管理的核心，门店人员在日常管理过程中应严格遵守连锁企业总部的制度、规范和标准。

4. 门店现场服务管理

门店现场服务管理是连锁企业门店营运管理的又一重要内容。门店现场服务管理包括营业员、收银员、理货员及其他服务人员的服务规范、工作流程，以及如何避免服务作业中的矛盾纠纷和顾客投诉。此项管理工作直接关系到企业形象的塑造和企业的社会声誉。

图 1-2 为超市收银员工作的场景。

图 1-2 超市收银员工作的场景

5. 门店商品销售管理

商品销售是门店经营的中心环节，商品销售管理的好坏直接影响门店的销售业绩和顾客满意度。因此，门店应做好商品销售管理工作，包括商品的组合分类、商品促销策划及实施好的商品促销策略。

阅读链接 1-1　提升门店销售业绩的 3 个指标、15 个招式

影响门店销售业绩的 3 个指标，即进店率、成交率、客单价。

提高进店率的 7 大招式：门头宽度、门头装饰、橱窗设计、橱窗位置、售前服务、VIP服务及广告。

提高成交率的 4 大招式：陈列展示、销售技巧、抓住顾客需求的专业技巧和激励政策。

提高客单价的 4 大招式：组合搭配、组合陈列、附加推销技术及附加推销激励政策。

我们把这 15 大招式的每一个都尽全力去优化，并在门店营运过程中形成标准，这就是门店提升业绩的赢利策略。

6. 门店现场设备的养护与维修管理

连锁企业经营离不开设备与设施。为了确保门店经营活动的顺利开展，设备与设施的安全完好非常重要。因此，门店在经营过程中要做好设备与设施的日常养护和维修工作，建立严格的规章制度，依靠严格的管理规定，确保设施与设备的正常运行。

7. 门店现场安全管理

连锁企业门店作为社会服务的窗口、企业经营的场所、顾客参观购物的地点，安全问题十分重要。因此，必须加强对门店日常营业现场的管理。门店现场安全管理的主要内容包括人员安全、商品安全、设备与设施安全等。因此，要严格遵守连锁企业总部制定的安全管理制度，做好日常防火、防盗等工作，为顾客提供安全、幽雅、舒适的购物环境。

任务三 ▶ 连锁企业门店营运管理的标准

连锁企业门店营运与管理是一个作业化管理过程。门店在日常作业化管理过程中，必须全面贯彻连锁企业总部所制定的管理标准，从而实现连锁经营的统一化、高效率运作。

一、制定门店营运管理标准的程序

制定门店营运管理标准的目的是规范每个门店、每个业务环节、每项作业活动及每个工作人员的作业工作，使总部与门店实现决策与作业、制定标准与执行标准的分工。门店

通过贯彻执行总部制定的作业标准完成作业工作，有助于实现连锁企业的整体经营目标。同时，根据工作量大小安排具体人员的调配，可有效地发挥每一个员工的效能和工作潜力，提高劳动生产率，充分体现严格科学的管理标准所带来的少投入、多产出的经济效益。

1. 确定作业分工

能否确定作业分工，通常是比较关键的工作。作业分工是指将何种工作、多少工作量、在什么时间内安排给何人承担。因为连锁企业门店作业繁多，通常门店作业管理的重点是店长作业管理、收银员作业管理、理货员作业管理、进收货作业管理、商品盘点作业管理和顾客投诉意见处理等，这些作业过程和管理质量的高低直接影响门店的经营状况。作业管理要比岗位管理要求更高，它既体现了岗位工作的技术性要求，又能更具体、更细化地考核岗位工作的质量高低。因此，只有通过合理的分工，才能将这些工作具体落实下来，确保门店发挥正常的营运水平。

2. 确立标准化作业程序

连锁企业往往是劳动力密集型企业，门店作业人员流动率较高，如何区分作业内容管理，使门店作业不重复，并且能让新员工在最短时间内熟悉每一工作环节，十分重要。因此，必须全面分析不同的作业人员的工作情况，如收银员、理货员、店长、盘点人员等，消除多余的、不必要的动作、环节，合并重复的环节，合理安排具体的作业顺序，使有关作业尽量简化，以提高效率、降低成本。标准化作业程序即在明确的分工、出勤计划的基础上，通过具体操作表来确立一项工作的具体作业。例如，理货员进行货架商品的补货，就包含定时补货与不定时补货的具体时间、操作程序，以及相应时间内应达到的工作量等，这些具体作业的落实将保证门店的正常营运和管理。

3. 记录作业情况

门店应当对作业分工与标准化作业程序进行全面、准确的记录。若门店欲维持正常的营运，就必须有效地掌握标准化作业的各项外在与内在影响因素，一定要确实根据每日的营运状况，对不同岗位的工作运行情况一一加以记录。因此，门店标准化作业程序运行的数据或报表均为十分有价值的参考资料，如营业实绩的统计、不同作业分工的实施情况与效果等，这些资料便于总部进行比较分析，进而灵活地加以运用，最终使门店营运和管理标准健全化。

4. 作业标准的制定

标准化是连锁企业门店成功经营的基础。连锁企业门店一般通过数据采集与定性分析、现场作业研究等，来制定既简便可行，又节省时间、金钱的标准化作业规范。科学化管理标准的制定是一项长期的艰苦工作。连锁经营企业要想发展得既快速又健康，就一定要有科学的管理标准。所谓标准的科学性具有两层含义：一是指具有一定的先进性；二是指客观的实际性。

二、门店执行总部标准的主要控制内容

1. 服务质量控制

门店的服务质量直接关系到连锁企业的信誉和市场影响力。其控制的手段有两种：一是增强门店员工的服务意识，对其进行教育与培训，教育是控制服务质量的重要手段；二是实行明查和暗查相结合的控制方法。实行严格的服务质量控制，有助于提高门店的竞争力。

2. 卖场布局与商品陈列控制

门店的卖场布局与商品陈列是根据总部制定的商品布局图与配置表操作实施的，其中反映了连锁企业的商品经营策略思想与营业目标。如果发生大的变动，就无法实现连锁企业统一的营业目标。因此可以从以下两个方面加强对卖场布局与商品陈列的控制：

(1) 商品位置控制。在门店检验时，根据各类商品布局图，核对位置是否发生了变化。一般来说，尤其要注意特别展示区、端架上的商品是否做了位移，大多数这类位移都是供应商"公关"的结果。

(2) 商品陈列控制。根据商品配置表能容易地发现商品陈列的改动，其重点是商品陈列的排面数是否发生了变化。排面数实际上确定了商品的最高陈列量和出样面，低于规定的排面数因为缺乏表现力会影响到商品的销售，而高于规定的排面数更应核查是否又是供应商"公关"的结果。另外，还要注意商品货架陈列位置是否发生变化，位置发生变化可能会有两种情况，或是在同一层板中向左或向右做了变动，亦或是在不同层板中向下或向上做了变动。

3. 商品控制

一般来说，商品控制主要是指对商品缺货率的控制。对于还没有采用自动配货的连锁企业来说，总部会强调主力商品的订货数量，这是为了防止门店发生主力商品缺货的情况。商品缺货率控制在什么比例上，各连锁企业可自定，一般认为 2% 是恰当的。缺货率控制的一个重要手段，是发生缺货断档时一律不允许用其他商品来填补，这样便于分析原因和追查责任。

4. 单据控制

门店每天都可能有大量的商品被送到，不管是配送中心或是供应商送来的货都必须保留送货单据，门店要严格控制单据的验收程序、标准、责任人、保管及走单期限等，目的是控制违规性签单、违规性保管、违规性走单，保证货单一致，确保核算的准确性和维护

供应商的利益，同时也能有效控制门店舞弊现象的发生。

5. 商品盘点控制

商品盘点控制是检查连锁企业门店经营成果的手段。商品盘点控制的内容包括：

(1) 盘点前的准备控制。盘点前检查准备是否充分，但要防止盘点开始前几天普遍发生的门店向配送中心要货量较大幅度下降的状况，这种状况对门店销售量的影响可达到10%～30%。

(2) 盘点作业程序控制。检查盘点作业程序是否符合标准，是否实行交叉盘点和复盘制度。

(3) 抽查控制。实行总部对门店的临时性不加通知的抽查制度，有条件的连锁企业可以成立专业的盘点队伍，专职进行门店盘点和抽查工作，以确保盘查的真实性和准确性。

图 1-3 为超市工作人员对货架商品正在进行盘点。

图 1-3　超市工作人员对货架商品正在进行盘点

6. 缺损率控制

缺损率是失窃率和损耗率的统称，缺损率失去控制就会直接减少门店的盈利。目前，国内大部分连锁超市实行缺损率承包责任制。这种方法虽然有效，但也要注意其带来的负面影响，今后门店防损管理的方向是在加强责任制的同时，还要注重设备的保养和先进技术的应用。缺损率一般控制在 5‰ 是恰当的。

7. 经营业绩控制

对门店经营业绩的控制主要采取的是按完成目标销售额的情况，月销售额应含工资与奖金的方法。该方法使用时要注意以下两点：

(1) 目标的科学性。月销售额目标要根据不同类型门店的实际情况来确定，这体现了目标的科学性。

(2) 目标含义的明确性。门店月销售额目标的确切含义：一是销售额；二是去掉门店费用的净利润；三是去掉门店费用和总部摊销费用的净利润。

实际上，每一个目标都可以作为考核的指标，连锁企业可将这些指标综合起来对门店进行考核，或者根据自己的实际情况和业态模式的特征来确定考核指标。

任务四 ▶ 有效营运与提高门店赢利能力

大多数情况下，我们都简单地将门店的销售额等同为客单数乘以客单价，在实际的操作中也会重视从客单数和客单价上提高门店的销售额。殊不知在重视这两点的同时，忽视了很多对于提高门店赢利能力有帮助的控制点。

门店利润的计算公式有以下几种：

$$利润 = 客单价 \times 客单数 \times 平均毛利率 - 经营费用 \qquad 公式(1)$$
$$利润 = 坪效 \times 坪数 \times 平均毛利率 - 经营费用 \qquad 公式(2)$$
$$利润 = 人效 \times 人数 \times 平均毛利率 - 经营费用 \qquad 公式(3)$$
$$利润 = 时效 \times 时间量 \times 平均毛利率 - 经营费用 \qquad 公式(4)$$
$$利润 = 单品平均销售额 \times 单品数 \times 平均毛利率 - 经营费用 \qquad 公式(5)$$

上面的公式中，公式(1)是最熟悉和被普遍运用的。然而，在实际的门店运营中合理、全面地控制门店的盈利点，对于利润能力的提高是极为重要的。从上面的公式中可以看到，除了客单价、客单数等经常提到的控制点外，还有毛利率、经营费用、坪效、坪数、人效、人数、时效、时间量、单品平均销售额、单品数等众多不被重视的控制点。

一、利润 = 客单价 × 客单数 × 平均毛利率 - 经营费用

公式(1)中对于利润有 4 个控制点：客单价、客单数、平均毛利率及经营费用。

1. 客单价

客单价这个控制点可以简化地理解为如何让顾客一次性购买更高金额的商品。

$$客单价 = 顾客购买商品数 \times 平均商品价格 \qquad 公式(6)$$

从公式(6)中可以很容易地发现提高客单价的出发点有两个：

(1) 舒适的购物道具、卖场环境和服务。

(2) 关联销售，贵重、高价值商品的专业化营销，超前或完善的售后服务等。当然团购和批发也是提高客单价的不错途径。

2. 客单数

客单数指有效的客流数，即顾客来卖场后买单的人数。门店可以从两个方面来考虑提高客单数，即如何吸引顾客前来卖场和如何使更多的来到卖场的顾客成为有效的客流。

(1) 吸引更多的顾客前来卖场的方式包括吸引人的促销活动、有特色的卖场经营、良好的服务和购物环境等。

(2) 使更多的来到卖场的顾客成为有效的客流的方式包括良好的动线设计、商品布局、商品陈列、商品价格和特色等。

3. 平均毛利率

$$平均毛利率 = \frac{总毛利额}{总销售额} \qquad \text{公式(7)}$$

从公式(7)来看，提高平均毛利率可以从提高总毛利额和降低总销售额的角度考虑。有人会认为要降低销售额与门店目标是相违背的，的确是这样，因为门店更重视毛利额，门店的最终目的是赢利，可以将公式变化成一个对门店有利的形式：

总毛利额 = 总销售额 × 平均毛利率 = 单品平均销售额 × 单品数 × 平均毛利率

若要提高总毛利额，必须从销售额和毛利率上全面提高。如何提高毛利率呢？这就需要门店的管理人员了解商品等级的分类，能够平衡高毛利商品和畅销商品的关系，能够用畅销商品带动高毛利商品的销售，在同等畅销的情况下主推高毛利商品，在不影响畅销商品销售的情况下主推高毛利商品。

另外，

$$总销售额 = 单品平均销售额 × 单品数 \qquad \text{公式(8)}$$

所以有效的商品数和商品的平均销售额也是需要关注的问题，这将在后面具体提到。

4. 经营费用

经营费用是降低营业成本的一个控制点，通过对它的控制，门店虽然能够降低投入，但却不能从积极的方面促进盈利的提高，并且对经营费用的控制是有限度的。经营费用包括可控的经营费用和不可控的经营费用。

可控的经营费用包括人工成本、存货损耗、水电暖费、耗用品、修理费、营销费用、运输费、通信费、环境费及其他可控费用等。对于可控费用，应通过合理的控制(包括运用新的技术和设备)用最低的投入产出最大的效益。不可控的经营费用包括租金支出、折旧及摊销等。对于不可控费用，在未形成和定义之前要根据实际的经营情况合理配置，在已形成和定义之后如果有空闲的资源要积极地转嫁出去，如再出租和出售等。

二、利润 = 坪效 × 坪数 × 平均毛利率 − 经营费用

公式(2)对于利润有 4 个控制点：坪效、坪数、平均毛利率和经营费用。由于平均毛利率和经营费用在前面已做介绍，所以在此不再赘述。

1. 坪效

坪效即每平方米面积上产生的销售额，其计算公式为

$$坪效 = \frac{销售额}{坪数} \qquad 公式(9)$$

公式(9)把坪效定义为被动的量，这是不对的。如果把公式（9）变换成如下形式：

$$销售额 = 坪效 × 坪数 \qquad 公式(10)$$

这对于实际工作更加有意义，这样坪效就变成了一个积极的量。

特定面积上经营的商品项目和具体的商品(包括本区域的气氛布置、商品布局、动线等)是影响坪效的主要因素。对于卖场来说，每一寸位置都是需要付租金的，并且租金相同，如何及时发现并整改产出过低或不合理的区域是管理人员提高门店盈利能力的一个重要控制点。

2. 坪数

一般来说，坪数是事先已经给定的量，是不能更改的。但是，在已给定的面积内有些地方能够产生出利润，而有些地方是不能产生利润的。也就是对于利润来说，有些面积是有效的，而有些面积是无效的，这就涉及了一个"有效坪数"的定义。对于管理人员来说如何减少无效坪数，使无效坪数转变为有效坪数也是提高门店赢利能力的一个控制点。

三、利润 = 人效 × 人数 × 平均毛利率 − 经营费用

公式(3)对于利润有 4 个控制点：人效、人数、平均毛利率及经营费用。下面主要介绍人效与人数。

1. 人效

人效的计算公式为

$$人效 = \frac{销售额}{人数} \qquad 公式(11)$$

将人效定义为一个被动的量是不对的，如果将公式(11)变换成如下形式：

$$销售额 = 人效 × 人数 \qquad 公式(12)$$

从而使人效成为一个积极的量，对于管理者的工作更加有意义。

对于门店工作来说，每日的工作量大体是相同的，工作内容也是有规律的。在符合劳

动政策的情况下，用更少的人员完成所有的工作是提高人效的有效方法，这与员工素质(包括心态、品质、技能等)和管理人员的管理技能(包括合理地分配工作、员工排班、员工激励等)息息相关。

2. 人数

人数是根据岗位的需求设置的，一般也是一个定量，但如果人数设置得不合理，则是可以更改的。影响人数的因素有人效、流程、岗位设定等，在任何合乎法律规定的情况下，能够带来利润增加的人员变化，对于公司的运作来说都是合理的。

"隐性人数"是一个值得关注的问题。在卖场中由生产商或经销商安排的促销员(即隐性人数)不涉及公式中人数和经营费用的变化，却可以极大地提高人效，因此对于"隐性人数"的控制应该引起所有管理人员的关注。

四、利润 = 时效 × 时间量 × 平均毛利率 – 经营费用

公式(4)对于利润有 4 个控制点：时效、时间量、平均毛利率及经营费用。以下主要介绍时效和时间量。

1. 时效

通常人们所了解的时效是一个平均的量。其计算公式为

$$时效 = \frac{销售额}{时间量} \qquad 公式(13)$$

这种对时效的理解淡化了不同时间段的时效高低，容易被管理人员忽视。往往管理人员大体都能知道一天的客流高峰期和低峰期，却只认为这是规律，没有想过去改变这种情况。如果门店能在时效的低峰期，采取适当的方式，如针对该时段的促销活动和商业推广等，将会使低峰期的时效得到一定程度的提高，正如被广泛运用的"淡季促销"。

2. 时间量

随着时间量的增加，会带来销售额的增加，但也会带来经营费用的增加。能够增加的时间量都是时效较低的时间段，所以是否增加时间量必须考虑其所带来的毛利增加是否能抵消经营费用的增加。

时效较低的时间段(即初始营业和即将停业的时间段)能否不营业，也要看该时间段的利润情况。目前业内就存在上午不营业的门店。

五、利润 = 单品平均销售额 × 单品数 × 平均毛利率 – 经营费用

公式(5)对于利润有 4 个控制点：单品平均销售额、单品数、平均毛利率及经营费用。

1. 单品平均销售额

商品的陈列对于商品的销售是至关重要的，同一商品陈列在不同的位置其销售额可能有天壤之别，但是由于地域性和消费者消费能力的不同，商品和商品之间的确存在某些差别，作为门店管理人员毫无疑问应该了解这些差别，并合理陈列商品。但更重要的是能够发现被埋没了销售潜能的商品，采取适当的措施发挥其潜能，并能让低毛利、滞销商品被看见，让高毛利、畅销商品带动低毛利、滞销商品的销售。总的来说，就是让所有的商品发挥其应有的销售能力。

2. 单品数

单品数是一个有效的量，因为产生不了销售的单品对于卖场经营的影响是负面的，从另一个方面来看，有效的单品数越多，整个卖场产生的利润就越高，所以及时、有效地引进新品也可在一定程度上提高卖场的利润。

◇ **案例精讲** 屈臣氏——标准化管理的魔力

屈臣氏通过多年来对中国内地零售市场的不断深入研究和钻研，总结出品牌发展最适宜的定位和发展策略。在经营摸索中，屈臣氏制定了一套完善的标准化执行方案。

屈臣氏个人护理用品商店自 1989 年第一间店在中国香港诞生以来，目前在门店装饰方面已经发展到了第五代执行标准，然而无论你到了任何地区的任何家分店，除了门店经营面积的大小与形状差异，很难发现其他方面的不同，门店门面、墙壁颜色、门店布局、员工服装都一模一样，所有的门店进行同样的促销活动。

★ 标准一：门店的标准化

为统一卖场形象，为了所有员工能熟练掌握并执行统一标准，屈臣氏制定了《发现式陈列手册》。"发现式陈列"的精髓是：在合适的时间、提供合适的商品、以合适的价格、陈列合适的数量于合适的地方。其陈列标准有：

(1) 屈臣氏门店主要有三种"购物体验"：美态(化妆品、护肤品及饰品)，欢乐(日用品，包括护发用品、沐浴用品、口腔用品、男士用品、纸制品、小工具、食品)和健康(药品、卫生用品)。在布局中以上商品需要共同陈列，也就是说，不可分开陈列。例如，口腔护理用品不脱离日用品陈列，护肤品不脱离化妆品陈列。

(2) 化妆品作为主要大类应陈列于各门店前部。

(3) 药品及日用品作为"目标购物"部门，可陈列于各门店后部。

(4) 化妆品和护肤品作为提供近似购物体验的部门，临近陈列在一起。

(5) 婴儿用品作为药品和日用品的"桥梁"部门，陈列于两者之间或者临近两者之一。最理想的是如果布局允许，陈列于药品的一侧。

(6) 食品总是陈列于收银台旁边。

(7) 杂样产品规划为"欢乐"部门之一，主要陈列于高客流的位置——通常紧邻主通道或收银台。

(8) 愉快购物体验放在第一位，将所有的相关产品共同陈列，最大限度地利用每一米货架(促销商品)。

(9) 在门店醒目位置陈列"推动走廊"，突出最佳促销堆头。

(10) 收银台放在门店的中部，收银台与药品一般是分开的。

★ 标准二：服务的标准化

屈臣氏相当重视顾客服务，这让屈臣氏在顾客满意度及忠诚度方面获得到了出色的表现。在顾客服务方面，屈臣氏不断地研究顾客的需求，以得出有效而又能让员工熟记并方便执行的方案。屈臣氏提出的简单而又有效的顾客服务标准有：

(1) 所有员工必须对来店的顾客打招呼，如"欢迎光临""有什么可以帮到您"，而且在跟顾客打招呼时一要微笑，二要眼神接触。只有眼神接触的招呼才是有效的，也才是让顾客感觉有诚意的。

(2) 递购物篮。当发现顾客手中的物品超过两件时，员工必须第一时间询问顾客是否需要购物篮；当发现顾客提满一篮商品时，应帮忙拿到收银台。这些服务能让顾客时时感受到被关心、被重视。

(3) 收银服务。收银服务是屈臣氏非常关注的一项服务。屈臣氏发现，由于各种原因，顾客在购物的时候最怕的是排队付款，所以屈臣氏要求，在收银台前一般不能有超过5名顾客排队买单。如果出现这种情况，必须马上呼叫其他员工帮忙，在得到帮忙需求时无论员工在忙什么，都要第一时间赶到收银台，解决收银排队问题。

(4) 还有一项特别的要求就是当顾客咨询药剂师时，药剂师一定要以"我是屈臣氏专业药剂师，有什么可以帮到您"表明自己的专业身份。

(5) 收银员推销促销商品及换购商品。当顾客在付款的时候，收银员应在适当的时候向顾客推介优惠的促销商品。

(6) 在顾客离开门店时，无论是哪个员工，都要打招呼："欢迎再次光临！"

屈臣氏对员工的仪容仪表、迎客服务、解答顾客问题服务、卖场服务、收银服务、送客服务等方面的语言表达、身体语言及应避免出现的问题等都有非常详细的标准。例如：

• 胸牌的位置要求处于衬衣第三个纽扣位，胸牌绳带必须放于衣领下；

• 女营业员必须化淡妆，涂有色唇膏，画淡色眼影；

• 女营业员只可佩戴手表1只，手链或手镯1个，耳环、项链需简洁、小巧；

• 营业员指引顾客的手势要单手掌心向下，五指并拢往前，以邀请的手势指引等；

- 给顾客递购物篮的动作要领是一只手执篮耳，另一只手托篮底，将购物篮抵给顾客；
- 收银员要与顾客保持友善的眼神接触。

★ 标准三：管理的标准化

在屈臣氏个人护理用品商店，为了保障所有流程的标准化执行，规定了一系列完善的标准化制度，这在日常管理中起着非常重要的作用。这些标准化制度包括收银程序标准化、现金管理标准化、物流管理标准化、门店操作流程标准化、门店保安安全标准化和办公室管理标准化。

★ 标准四：异常处理的标准化

屈臣氏认为，针对异常事件的处理更需要有执行标准，任何公司在长期发展中都不是一帆风顺的，屈臣氏也同样会遇到各种各样的困难。面对困难，屈臣氏总是利用丰富的经验来处理各种问题，居安思危，制定更加行之有效的管理方法。

资料来源：陆影. 连锁门店营运与管理实务[M]. 哈尔滨：东北财经大学出版社，2009.

案例点评：

屈臣氏通过规范企业的业务流程和岗位人员的作业流程，包括门店的标准化、服务的标准化、管理的标准化和异常处理的标准化等，使屈臣氏个人用品商店的成功模式得以快速复制。其实，很多企业都具备各自的管理制度与标准流程，然而执行结果也许却无法达到这种效果，甚至各自为政。屈臣氏为了保障标准制度的实施和有效执行，采用培训引导、管理监督及考核奖励等方式来保证贯彻执行，其企业文化是非常值得去研究的。

◆ 本 章 小 结

门店是连锁企业的基础，门店营运管理的成败直接影响着连锁企业总部经营目标和经营计划的实现。因此，在门店日常作业化管理过程中，要根据不同类型门店的经营定位，遵循门店管理标准，依照作业化管理程序对管理要素作好组织与控制工作。

★ **主要知识点**

连锁企业门店　门店营运管理　提高门店赢利能力的控制点

◆ 基 础 训 练

一、选择题

1. 根据公式"利润＝坪效×坪数×平均毛利率－经营费用"，连锁企业门店对于利润的控制点有(　　)。

　　A. 坪效 　　　　　　　　　　　B. 进店率

　　C. 平均毛利率 　　　　　　　　D. 经营费用

　　E. 门店面积

2. 连锁企业门店作为一个企业资源的基层组织者，主要的资源有(　　)。

　　A. 商品资源 　　　　　　　　　B. 资金资源

　　C. 人力资源 　　　　　　　　　D. 货架资源

3. 下列选项属于门店经营管理内容的有(　　)。

　　A. 导购 　　　　　　　　　　　B. 客服

　　C. 收银 　　　　　　　　　　　D. 换货

二、判断题

1. 一个连锁企业能否取得成功，与门店的数量、营运质量密切相关。(　　　)

2. 门店在日常作业化管理过程中，必须全面贯彻连锁企业总部所制定的管理标准，通过管理标准实现连锁经营的统一化、高效率运作。(　　　)

3. 连锁企业只要做好自身的评估就可以规避经营中的风险。(　　　)

4. 能否实现 1+1>2 的规模经济效益是检验连锁企业成败的重要标准。(　　　)

5. 零售业态的各种类型存在于我国的每个城市。(　　　)

三、简答题

1. 简述连锁企业门店的功能、特征及类型。

2. 简述连锁企业门店营运管理的程序及其标准。

3. 简述连锁企业门店赢利能力提高的控制点。

◆ 实 训 项 目

一、实训任务

项目一：比较连锁大型超级市场与连锁便利店门店的经营定位。

项目二：某一大型连锁超市要在某市开设一家门店，请你为其进行市场调研策划并制定实施方案。需要用问卷调查法获取以下信息：

(1) 该市零售业的发展历史或演变过程。

(2) 该市零售业的业态和业种。

(3) 该市零售业的发展的影响因素及发展趋势。

(4) 消费者对超市经营商品及服务的要求。

(5) 目前该市消费者的收入及消费水平。

(6) 不同超市之间主要的竞争策略或经营策略。

(7) 消费者的品牌意识及其他影响因素。

授课教师、班干部或实习指导老师要做好与校外实习基地的联系。

二、实训报告及测评

实训报告的主要内容包括实训项目名称、实训目的及要求、实训原理、实训过程、实训小结等。在实训小结中可以总结本次实训的心得，如实训步骤中的关键部分、实训中获得了何种技能、开展本次实训应注意的事项。

市场调查问卷设计的质量、团队合作能力、实训完成的时间在成绩评测中所占的权重分别为 60%、20%、20%。成绩按照优、良、中、及格和不及格五级打分，成绩不及格的学生必须在老师的指导下完成本次实训，直至及格为止。

实训报告参考格式如下：

实 训 报 告

实训项目名称＿＿＿＿＿＿＿＿　　所属课程名称＿＿＿＿＿＿＿＿

实 训 类 型＿＿＿＿＿＿＿＿　　实 训 日 期＿＿＿＿＿＿＿＿

班　　　级＿＿＿＿＿＿＿＿　　学　　　号＿＿＿＿＿＿＿＿

姓　　　名＿＿＿＿＿＿＿＿　　成　　　绩＿＿＿＿＿＿＿＿

实训概述：
【实训目的及要求】
【实训原理】

实训内容:

【实训方案设计】

【实训过程】(步骤、记录、数据、分析)

【结论】

【小结】

指导教师评语及成绩:

评语

　　　　　　　　　　　成绩:　　　　　　　指导教师签名:

　　　　　　　　　　　　　　　　　　　批阅日期:

项目二 连锁企业门店店长的作业化管理

◆ 学习目标

通过本项目的学习，理解连锁企业门店店长的含义、作用与职责；掌握店长的心态及店长应具备的能力与素质；掌握店长作业化管理工作的重点及自我提升，为进一步学习店长的门店业务管理奠定基础。

◆ 引入案例

店长如何进行"自我诊断与提升"

当门店业绩不理想的时候，作为一名店长，要做的第一件事情就是对门店进行系统的"诊断"，然后通过寻求上级或者同行的帮助找到解决方法。

第一，懂得门店业绩上升或者下降的真正原因。

例如，上个月销售额有 300 万元，这个月只有 100 万元，中间相差 200 万元。对于这种情况，一句话就可以带过去，如"竞争很激烈"，或是"因为我们管理跟不上"。但这不是原因，因为这两句话放到任何时候都是讲得通的。

第二，知道如何实现生意目标和监控目标。

门店一个月做多少任务不是拍脑袋定下来的。例如，上个月销售额为 40 万元，拍一下脑袋，下个月定为 80 万元，结果完不成。

门店店长对目标的制定通常没有太多的弹性，因为总部通常都会制定目标，一个门店一个月完成多少，一年要完成多少，这都是有任务的。

总部给店长定的年度、月度和季度的目标往往是最难的，因此店长需要掌握一套让每一个月的业绩完成的技术。不能简单地将店长理解成为把目标告诉下属的人，没有办法和动作是没有用的。

第三，懂得运用相关的技术和方法对各项资源进行合理管理与有效利用。

今天越来越多的门店开始重视这样的动作和方法，以前只是停留在口号上面，说要以顾客满意为导向，经营门店就是经营顾客。但是，总是缺乏具体落实的动作。

第四，对整个店面的经营需要有一个整体的了解。

这种了解不能光凭经验的描述，而需要数据和事实作为支撑。

举个例子，业余店长和专业店长之间的区别体现在：

对于门店业绩不达标，业余店长会认为是门店员工销售技巧不强所导致的，而专业店长则会重点分析其中的具体原因，并制定出具有针对性的培训方案，即整体诊断。

整体诊断主要包括三个方面：一是要了解门店的业绩从哪里来；二是目标如何去设定和下达；三是顾客资源如何来整合，这是非常重要的一件事情。

影响一个门店业绩的要素有：

第一，究竟有多少个客人进店。

进店的客流量决定门店业绩的好坏。如果门店员工的卖货能力很强，门店所在的商圈位置好，但客流量低，则需要关注以下几个问题：

1. 门店的灯光、门头形象是不是足以吸引人。

2. 进店的道路是否方便。

3. 门店的橱窗陈列在当地是否有竞争力。

4. 门店是否做了堆头促销，或者现场的销售氛围够不够强烈。

5. 人员的形象是否足以吸引客人进店。

6. 是否有人在门口专门迎接或者派单拦截顾客。

7. 是否每个月、每一周和每一天都有定期的电话回访会员的邀约计划。

这几个方面一检查，我们就能够找到是哪些地方出了问题。

第二，成交率究竟有多高。

成交率即成交的人数除以进店的人数，成交率低应该从以下几个方面来分析：

(1) 商品的价格。

(2) 商品的种类。

(3) 商品的品质。

(4) 商品缺货的情况。缺货有两种：一种是隐性的，一种是显性的。显性的缺货容易理解。关于隐性的缺货，例如，顾客要一款红色的，门店里边没有。但营业员跟他介绍完了之后，他买了一款黑色的。这件事情在绝大多数的门店当中是无法被及时地反映上去的，因为已经成交了。第二天顾客过来继续要红色的，他又成功成交了。其实已经缺货两天了，这就叫隐性的缺货。

店长在每月、每周、每天总结的时候，都要了解一下有没有哪些商品被顾客问到，要及时盘点。顾客问到的要登记一下，这样能确保你的商品，就像血液一样能够及时畅通。

(5) 商品解说能力。商品的知识也是其中一个原因，尤其专业性越强的东西，越需要销售人员有更丰富的解说技巧。

(6) 应对的技巧。

(7) 服务态度怎样。

然后我们可以分析上述问题中究竟哪一些是需要重点去改进的地方。

第三，每个客人平均购买的单数，购买的金额有多高，即客单价能力。

客单价低的原因有：

(1) 商品的价位设定是否够宽；

(2) 价格带的组合是否符合顾客的需求。

店长应根据商圈人群的消费水平确定价格带。如果发现顾客的消费水平低于门店的价格带，那么高档商品的比例就要逐渐地下降。这样一来，进店数增加，成交率增加，客单价增加，总业绩肯定增加。假如总业绩要从 10 万增加到 15 万，店长首先要思考的问题就是进店数要增加多少，成交率要增加多少，客单价要增加多少，这是最基本的思路。

如何增加进店的人数呢？实践表明，可以从以下几方面考虑：

(1) 富有感召力的店头陈列。超强的视觉冲击力能够引起人们的注意，因此店头陈列要有特色，别具一格。店员要有亲和力，面带微笑，否则顾客想进来估计都不进来了。

(2) 门店口不要两边各站一个人。

(3) 看见顾客的时候，热情地把他邀请进来。

(4) 店员形象要尽量时尚一点。

如何提升顾客成交率？

假设来店的人数不变，则应尽可能地提高顾客的购买力。一要充分地了解顾客的需求，及时向他推荐他想要的商品；二要了解究竟店里边哪些东西才是符合顾客需求的。

充分做好顾客的参谋，提高顾客成交率是门店店长值得关注的问题。

如何提高每一位顾客的平均购买金额？

作为卖场的销售人员，店长要带领店员做的第一件事情是熟悉商品，针对顾客做连带销售。什么是连带销售，即当顾客买完一件商品之后，对其再进行二次、三次的推销。

连带销售怎么做会比较好呢？

(1) 主动介绍相关产品。根据针对终端销售研究的经验发现，大多数顾客买完第一套商品之后，在收银的时候，营业员如果问"先生，那您看还需要点什么吗"，通常得到的回答都是"不用了，谢谢"。这种主动介绍的成功概率比较低。如果在顾客买完单之后，店员的介绍指向性非常明确，并说出向顾客推荐这套产品的理由，那么成功率会大大提高。

(2) 多询问、多关怀。门店店员要了解顾客的需求，多询问、多关怀顾客，才能挖掘出顾客更多的需求。

（3）店长要设定平均购买点数的目标。每一天、每一周或每一月的平均客单价应该达到多少，即为一个目标。

假如门店一个月的平均客单价要达到 2000 元，还剩下最后一个星期，平均客单价却只有 1500 元，那么店长就应该向顾客增加对大宗商品、高价商品及高端商品的介绍，然后做连带销售。

此外，从环境上要做的一件事情就是做好卖场的陈列，激发顾客购买的欲望。

资料来源：颜莉霞. 论移动互联网时代实体连锁门店店长岗位胜任力要求[J]. 江苏商论，2014(07).

店长在门店经营管理中起着举足轻重的作用。在日常营运中，店长不仅履行着领导与指挥的职能，同时又是团队的核心。门店店长要做好本职工作，必须清楚其工作职责、工作范围以及具体的作业流程。

任务一 ▶ 连锁企业门店店长的作用与职责

店长是受连锁企业委派管理一个单独门店的管理人员职位的名称，也可以是自主经营门店的业主的称谓。"店长是门店的中流砥柱"，这句话恰到好处地说明了连锁企业门店店长的重要性。"分店易开，店长难求"，店长的素质与能力直接影响到整个门店的营运。

一、店长的含义

通常对于单体店而言，一般将门店的最高管理者称为店主或店经理；而对于连锁企业门店的最高管理者，则称为店长而不是店经理，这是由连锁企业的特有性质所决定的。连锁企业门店不是一家单体店，而是连锁体系中的一分子，它是一个非独立核算单位，不具有独立的法人资格，即使是加盟店，在店长之上可能还有一个店主，店主是门店的所有者，而店长是门店的管理者。所以，店长不是法人代表，其工作重点是管理而不是经营，这种从店经理到店长的称谓的改变，是连锁制经营方式带来的。国外先进的连锁企业门店店长是依据连锁企业总部的营运管理部制定的店长手册对门店进行管理的，这样能保证连锁企业下属的各门店管理的统一性及作业上的简便性和标准化。

二、店长的作用

店长是门店的灵魂，可带动团队，赋予门店生命力，以团队精神塑造门店特色。就店长而言，处于众多利益相关的关系之间，应顺应当时的时间、场合及状况，有效利用总部授予使用的资源，控制成本，维护设备，热情接待顾客，以发挥各个相关者的优势。

1. 店长代表整个门店的形象

店长是门店的代表者。就连锁企业而言，店长是代表连锁企业与顾客、社会有关部门的公共关系；就员工而言，店长是员工利益的代表者，是门店员工不可或缺的代言人。门店内不论有多少服务人员，他们在不同的时间、不同的部门为顾客提供不同的服务。每位服务人员的表现可能有好坏之别，但整体门店的经营绩效及门店形象都必须由店长负责。所以，店长对门店的营运必须了如指掌，才能在实际工作中做好安排与管理工作，发挥最大功效。

2. 店长必须执行总部的经营目标

连锁企业门店既要能满足顾客需求，同时又必须创造一定的经营利润。对于总部的一系列政策、经营标准、管理规范和经营目标，店长必须如实地执行。因此，店长必须懂得善于运用所有资源，以达成兼顾顾客需求及经营目标。同时，店长在门店中必须成为重要的中间管理者，才能强化门店的营运与管理，确保连锁企业门店经营目标的实现。

3. 店长指挥门店卖场的作业

门店的区域有卖场、后场之分，其中以卖场最为重要，因为顾客每天接触最频繁的场所就是卖场。因此，店长必须负起总指挥的责任，安排好各部门、各班次服务人员的工作，指示服务人员，严格依照总部下达的门店营运计划，运用合适的销售技巧，将最好的商品在卖场各处以最佳的面貌展现出来，以刺激顾客的购买欲望，提升销售业绩，实现门店销售的既定目标。

4. 店长应激励员工的士气

员工工作欲望的高低是一件不可忽视的事情，将直接影响到员工工作的质量。所以，店长应时时激励全体员工保持高昂的工作热情，拥有良好的工作状态，让全体员工具有强烈的使命感、责任心和进取心。

5. 店长应对员工进行培训

员工整体业务水平的高低，是关系连锁企业门店经营好坏的一个重要因素。所以，店长不仅要时时充实自己的实务经验及相关技能，更要不断地对门店员工进行岗位训练，以促使门店整体经营水平的提高。同时，店长工作繁忙，常有会务活动等，为了不影响店内事务的正常处理，店长还应适当授权，以培养下属的独立工作能力，提高下属的工作技能，并在工作过程中及时、耐心地予以指导、指正与帮助。由此可见，培育下属是提高工作效率，也是间接促成连锁企业门店顺利发展的保证。

6. 店长需要协调门店出现的各种问题

连锁企业门店的全体员工是一个有机协作的工作团队，而作为这个团队的带头人，店长的使命不仅在于全面贯彻落实总部的营运计划，创造优异的销售业绩，提供良好的顾客服务，还在于如何领导、布置门店各部门的日常工作，在日常工作中深刻理解、把握和弘扬连锁企业的企业文化，最大限度地激发员工的积极性和创造性，从而不但营造出一个令全体员工心情愉快的工作环境，而且使自己成为企业文化最基层的执行者和捍卫者，最大可能地为连锁企业的集体和长远利益服务。

店长应掌握处理各种矛盾和问题的技巧，在上情下达、下情上达和内外沟通过程中，尽量运用技巧和方法，以协调好各种关系。

7. 店长是营运与管理业务的控制者

为了保证门店的实际作业与连锁企业总部的规范、标准、营运计划和外部环境相统一，店长必须对门店的日常营运与管理业务进行有力的、实质性的控制。其控制的重点包括人员控制、商品控制、现金控制、信息控制及对地域环境的控制等。

8. 店长是工作成果的分析员

店长应具有统计、计算与分析门店营运各项数据的能力，以便及时掌握门店的业绩完成情况，从而进行合理的目标管理。同时，店长应始终保持理性，善于观察和收集与门店营运及管理有关的情报，并进行有效分析及对可能发生的情况作出预判。

阅读链接 2-1 当门店没生意的时候，业绩增长 N 倍的店长在做什么

当没生意的时候
我会调整橱窗商品陈列，让经过的路人看到门店每两三天就会有商品上新。

当没生意的时候
我会打扫场里场外、鞋柜鞋面鞋里、挂图橱窗的卫生，连植物的叶子也擦一次，早上10 点前，下午 4 点前做一次，时刻保持店面整洁，让每一位进店的客人随时能感受到高档舒适的购物环境。

当没生意的时候
我会查看销售数据，提前向商品部申请补货，要求款式集中，库存量加大，每周末前和节日活动前保证足够库存。

当没生意的时候
我会统计员工节点数据，当看到附加销售比例低时我会培训搭配，当看到单价低的我会培训高单价产品的 FAB(特征—优点—利益)，当看到成交低迷时我会培训成交八部曲，当看到员工开卡低我会培训开卡语言技巧，当见到 VIP 消费少时我会培训客户管理技巧，每周根据员工弱点练内功，时刻保持员工专业度。

当没生意的时候

我会与店员研究搭配，让店员能够以最快的速度将滞销商品找到好看的一款三搭给客人，节省试衣服务中找搭配的烦恼。

当没生意的时候

我会调查周边品牌数据，提前提供第一手信息给主管做活动申请。

当没生意的时候

我会去商场的前三名品牌看别人的陈列和货品结构，向公司相关部门提出建议取长补短，避免不足处重复出现。

当没生意的时候

我会将VIP顾客分类，非常清楚新品到货应该通知哪些顾客，活动促销应该通知哪些顾客。

当没生意的时候

我会非常不安，尽可能拓展其他销售渠道，如通过微信、微博等平台主动发送促销信息吸引顾客。

当没生意的时候

我喜欢竞争，将不同工作能力的同事平等分配为两班，以数据较高下，时刻保持竞争动力。

当没生意的时候

为了成交，门店员工都会钉暗扣、缝针，免费为顾客提供其他服务。当遇到团购的时候，会上门为团购公司每人量身度衣，修改完再送货上门。

当没生意的时候

我会向员工传授洗涤和保养衣服的方法，提升员工的品位和审美。

资料来源：当门店没有生意的时候，看下这个店长如何做.
https://www.sohu.com/a/322149212_99909444.

三、店长的工作职责与范围

1. 店长的总体工作职责与范围

一名连锁企业门店店长的工作职责与范围包括了解连锁企业的经营理念；完成总部下达的各项指标；制定门店的经营计划；督促各部门员工贯彻执行经营计划；组织员工进行教育培训；监督门店的商品进货验收、库存管理、商品陈列等作业内容；监督检查门店的财务管理；监督人事部的职员管理及业绩考核；执行总部下达的促销活动与促销计划；了解并掌握门店的销售动态，调整货架商品陈列比例；监督检查门店的门面、标志、橱窗等，维护商店的清洁与卫生；负责处理顾客的投诉与抱怨；处理门店日常经营中出现的例外和突发事件；参加一些公益活动，成为门店的代言人；执行总部下达的商品价格调整。

2. 店长的具体工作职责与范围

(1) 总部各项指令和规定的宣布与执行。其具体包括：

① 传达、执行总部的各项指令和规定。

② 负责解释各项规定、营运管理手册的条文。

(2) 完成总部下达的各项经营指标。

依据总部下达的各项经营指标，各门店店长应结合门店的实际情况，制定门店年度销售计划的执行计划(包括商品、销售、培训、人员等项目的计划)，可具体细分为月计划、周计划和日计划等。

(3) 负责门店的经营管理。其具体包括：

① 店长应监督门店的商品进货验收、仓库管理、商品陈列、商品质量管理等有关作业。

② 店长应执行总部下达的商品价格变动。

③ 店长应执行总部下达的促销计划与促销活动。

(4) 掌握门店销售动态，向总部建议新商品的引进和滞销商品的淘汰。

店长应掌握每日、每周、每月的销售指标的完成情况，并按时向总部汇报门店销售动态、商品库存情况及新商品引进销售状况，并对门店滞销商品的淘汰情况提出对策和建议，帮助总部制定和修改销售计划。

(5) 监督与改善门店各部门各类别商品的损耗。

不同性质的门店，其损耗商品的类别会有所差异，店长应针对门店的主要损耗商品进行重点管理，将损耗降到最低。

(6) 监督和审核门店的会计、收银等作业。

店长应做好各种报表的管理工作，如店内的顾客意见表、盘点记录表、商品损耗记录表和进销商品单据凭证等，以加强监督和审核门店的会计、收银等作业。

(7) 负责门店员工的安排与管理，向总部提交有关员工的人事考核、员工提升、降级和调动的建议。其具体包括：

① 做好考勤簿的记录、报告，依据工作情况分配人员，对门店员工的考勤、仪容、仪表和服务规范执行情况进行监督与管理。

② 店长要按时评估门店员工的表现，实事求是地向总部人事主管提交有关员工的人事考核、职工提升、降级和调动的建议。

(8) 负责情报的收集和传达事项的管理。

有关商圈的动向、竞争店的情况、顾客的需求、商品的流行趋势等各种情报的收集，总部的方针、指示事项的传达等，店长都有责任和权限。

(9) 维护门店的清洁卫生与安全。其具体包括：

① 店内设备是否能够正常运转，设备出现故障的修理与更换，冷冻柜、冷藏柜、收银机等主力设备的维护等。

② 门店卖场与后场的环境卫生，一般按区域安排责任到人，由店长检查落实。

③ 在营业结束后，店长应对店内的封闭情况、保安人员的到位情况、消防设施情况等主要环节做最后的核实，确保安全保卫工作万无一失。

(10) 负责教育、指导员工工作的推进。

教育、指导员工自觉遵守公司规范，积极开展细致的思想工作。通过对员工的教育指导和工作场所的规范，使其在工作中能保持良好的人际关系，使员工有一个良好的工作环境，增强门店的凝聚力。

(11) 处理顾客投诉与意见。

为了满足和适应顾客不断增长、变化的购买需求，作为店长，应正确对待、恰当处理顾客的各类投诉和意见。同时，保持与顾客经常性的沟通、交流，倾听他们的意见与要求，随时改进门店的工作，这也是店长的工作职责之一。

(12) 汇报各类信息。

有关竞争店的情况、顾客的需求、商品的信息、员工的思想等各类信息，店长应及时用书面形式向总部和营运部汇报。

(13) 负责其他非固定模式的作业管理工作。

店长面对门店各种突发的意外事件，如火灾、停电、盗窃、抢劫等，应独立判断并迅速处理，做好与门店周围社区的各项协调工作。

任务二　连锁企业门店店长的作业流程

连锁企业门店营运与管理是一个作业化管理过程。通过对门店的运营管理，有助于连锁企业总部顺利实现经营目标与计划，实现连锁经营的统一化。因此，确立明确的管理目标与制定严格的科学管理标准是驱动连锁企业规模发展的核心。

一、店长的作业时间

不同的连锁企业，因其经营的业态形式不同，其门店的营业时间也有所差异。一般超市门店的营业时间为早上 8 点至晚上 10 点。因此，通常店长的作业时间，除每星期必须有一天实行全天工作制外，一般为早班出勤，即早上 8 点至下午 6 点半。这种作业时间的规定，有利于店长充分掌握门店每日两个营业高峰(中午及下午)的营业状况。店长下班后，店内管理工作通常可由副店长代理。

二、店长每日每时段的工作内容

连锁企业总部对门店店长的作业流程有明确的时段控制和工作要求。总部对店长在管理上的要求是很严格的，是岗位职责和作业标准在工作中的细化。阅读链接 2-2 是某超市对店长作业流程的时段控制和对店长工作内容的规定。

连锁企业总部可根据自己的实际情况，制定适合自身发展需要的店长作业流程内容。值得指出的是，要提高连锁企业门店管理的现代化水平，必须从岗位职责管理上升到岗位作业管理，也就是说，从粗线条的岗位职责要求向细化的作业流程管理方向发展。

阅读链接 2-2 店长一天的活动

(1) 早晨开门的准备工作(开店前半小时)：
① 确认员工出勤和休假的情况，以及员工的精神状况；
② 营业店面的检查：存货的复核、新货的盘点、物品的陈列、店面的清洁、灯光、价签、设备、零钱等；
③ 昨日营业额的分析：具体的数目，是降是升(找出原因)、寻找提高营业额的方法；
④ 宣布当日营业目标。
(2) 开店后到中午的工作：
① 当日工作重点的确认(包括营业额以及促销商品的种类和数量等)；
② 营业问题的追踪(包括设备修理、灯光、产品排列等)；
③ 统计近期门店各类商品的销售量与销售额；
④ 预测当日的营业高峰。
(3) 中午轮班午餐。
(4) 下午的工作：
① 对员工进行培训和谈话、鼓舞士气；
② 对发现的问题进行处理和上报；
③ 对竞争对手的调查(生意和我们比较如何)。
(5) 傍晚的工作：
① 确认营业额的完成情况；
② 检查店面的整体情况；

③ 指示接班人员或代理人员的注意事项；

④ 进行订货工作，和总部协调。

(6) 晚间至关门的工作：

① 推销商品，尽力完成当日营业额；

② 盘点商品；

③ 制作日报表；

④ 完成打烊工作；

⑤ 做好离店工作(保障店面晚间的安全)。

三、店长每日检查项目表

门店店长的工作重点是管理，即店长对门店营业活动的统筹与管理。通常，门店店长每日应认真并实事求是地填写连锁企业总部所制定的门店检查项目表，对门店进行重点管理。每日检查项目表是连锁企业总部统一制定的、进行每日作业重点式管理的基本工具。

任务三 ▶ 店长作业化管理工作的重点

通常连锁企业门店店长作业管理的事务非常烦琐，但其内容大部分是重复的例行性事务，占总工作量的 70%～80%，仅有 20%～30% 是非例行性事务，由店长自行判断处理。作为门店店长，只要把握门店和作业环节的工作重点，就能基本保证门店作业的正常进行。店长作业管理的重点无非是人、财、物和现代商业企业所需要的信息。店长应有效地利用和管理门店的人、财、物与信息资源，做好日常销售服务工作，最大限度地提升顾客满意度，最终才能实现预定的销售计划和利润目标。

一、人员管理

连锁企业门店对人的管理主要是内部员工、来店购买商品的顾客及供货商的管理。

1. 内部员工管理

店长应根据门店销售状况、竞争对手对员工的安排情况，制定出员工岗位出勤安排表，保证出勤人员的数量与客流量相符合，使每个岗位的工作效率达到最优。另外，店长还要加强员工为顾客服务的理念，时常督促员工保持良好的服务仪容、礼貌的服务用语和友善的待客态度。

(1) 出勤状况。

连锁企业由于其涉及的特定业态的要求(如超级市场、便利店等)，通常经营利润是不高的，因而控制员工人数是提高连锁企业门店盈利水平的重要环节。这就要求店长应合理、经济地配置好各作业部门的工作人员，安排好出勤人数、休假人数、排班表，并严格考核员工的出勤情况。如果店长控制不好门店的出勤状况，就会直接影响门店的进货、出货、补货、陈列及服务水准等，难以维持较佳的营业状态。

店长通常要通过分析竞争对手的休息日、节假日、地方性活动来预测不同时间及每日各时间段可能的消费额、客流量和销售量，以此掌握适当的工作量，安排适当人数的员工，并制定出月间和周间出勤安排表。

(2) 服务状况。

店长对员工的管理重点还体现在员工对顾客的服务水准的管理和控制上。高的服务水准是连锁企业门店市场竞争的优势，店长要时常督促员工保持良好的服饰仪容、礼貌的服务用语和友善的待客态度，并且随时留意顾客的投诉及意见反馈，不能让因顾客对服务不满而不再上门的情况发生。

(3) 工作效率。

人事费用在连锁企业门店总成本核算中所占的比例最高，因此店长应经常调查各部门作业人员的作业安排表，并将人员予以灵活调度，这样才能有效地提高工作效率。此外，由于连锁企业门店均采用标准化作业管理，工作内容相对比较单调，因此国外大多数店长会有意识地让员工在不同岗位上轮流工作，采取柔性工作时间(即允许员工在一定范围内自己选择上班时间或在不同工作时段，分别在不同岗位工作)等措施，以提高连锁企业门店的工作效率，这也是国内连锁企业门店可借鉴的方式。

(4) 门店共同作业守则。

一般包括如下内容：

① 上班时间必须穿着制服，保持仪容仪表的整洁。

② 上班前 5 分钟到达工作岗位。

③ 服从主管命令、指示，不得顶撞或故意违抗。

④ 上班时不得随意离开工作岗位，有事要离开时必须事先向主管报告。

⑤ 上班时间不得与人发生争吵或冲突。

⑥ 严格遵守休息时间。

⑦ 爱护门店内一切商品、设备和器具。

⑧ 遵守顾客至上原则，为顾客提供亲切满意的服务。

⑨ 随时维护卖场的环境整洁。

⑩ 顾客进入卖场时员工必须大声喊"欢迎光临"。

2. 顾客管理

顾客是连锁企业门店的利润来源。没有顾客，便没有销售额，没有盈利，连锁企业门店也就失去了存在的意义。因此，对顾客群进行分析和有效的把握，是门店成长与发展的基本重点。对顾客的了解应把握以下几点：

(1) 顾客管理的主要内容。

顾客管理通常包括如下三个方面：

① 顾客来自何处。店长应深入了解顾客分布状况，以及所在商圈的人数、家庭规模与结构、收入水平、性别、年龄、消费偏好等市场因素，据此为顾客提供其所需要的商品和服务，提高顾客对门店及企业的忠诚度。

② 顾客需要什么。随着人们生活水平的提高和消费个性的增强，顾客的需求也是日新月异的。因而店长要经常开展对顾客需求的调查，虚心听取顾客对门店的商品种类、质量及服务方面的要求和建议，采取各种措施来保持与顾客良好的沟通，以便随时掌握顾客需求信息。

③ 妥善处理顾客投诉和意见。连锁企业门店的自我服务形式，使顾客购物的自主性得到了充分发挥，能够有效避免传统零售营业员与顾客面对面可能发生的冲突，但也会让顾客在商品的质量、服务方面产生不满，如何处理顾客的投诉和意见，是维持好与顾客关系的一个重要环节。作为店长，必须妥善地处理顾客的不满，以维护企业的信誉和顾客利益。

(2) 建立顾客档案。

为了更好地掌握顾客的需求，与顾客建立长远关系，顾客档案的建立是店长必做的日常作业，通常包括以下事项：

① 顾客档案和管理形式。由于顾客的数量较多，且顾客档案包含的项目较多，因此现代连锁企业对于顾客档案的管理与分析一般采用先进的 POS 系统。

② 顾客档案的收录项目。顾客档案的收录项目应尽量精简，应该以“何时、谁、买什么”为事实的基础，登记顾客的姓名、地址、电话号码、惠购品(即主要惠顾本店何种商品)、采购时间等内容，其他项目不妨另行登记，如顾客的职业、家庭成员、年龄等。

③ 如何请顾客填写收录项目。在建立顾客档案时，“怎样请求顾客填写”成了一个不得不面对的问题。为了解决此问题，可以将起初的收录项目限定于顾客的姓名、地址和电话号码三项内容，而顾客的采购时间和惠购品则由顾客口述，由门店的工作人员来填写。同时可诚恳地向顾客说明“是为通知顾客本店举行的特惠促销活动或由本店寄送免费券、折扣券及厂商的新商品介绍用的”。

④ 一年一次定期核对。一年一次向登记于顾客档案的顾客寄送问卷调查表，征求顾客的意见。该表应设有住址变更记录栏，这样便于把握顾客的迁移情况。同时可采用顾客凭填好的问卷调查表领取精美小礼品的方式，以保证门店能基本收回问卷调查表，以此重新确认顾客的档案资料。

⑤ 建立顾客管理制度。在建立顾客档案的基础上，应进一步建立完善的门店管理制度，

其目的是明确顾客的重点需求和重点顾客，以便及时对商品和服务进行调整，并把重点顾客逐步转变成门店的稳定顾客。现代零售业的一个显著特点就是充分运用 POS 系统所提供的各种信息，通过 IC 卡、磁卡和会员卡等现代化工具科学地进行顾客信息管理。

3. 供货商管理

无论是门店的供货商、连锁企业内部配送中心的配送人员，还是来门店送货或者洽谈有关事宜的人员，都必须在指定的地点进行，按照连锁企业总部规定的程序执行。对供货商的管理要求包括以下几点：

(1) 要求其准时配送。

连锁企业门店中的果汁、牛奶、果蔬等日配食品占总销售额的比重较大，这些食品对日期、新鲜度的要求很高，供货商能否在开业前将这些商品及时送到店内，以满足顾客对质量的要求是非常重要的。因此，对供货商首要的要求就是遵守送货时间。

(2) 确保商品的品质。

连锁企业门店以经营食品为主，食品质量会对人的身体健康产生直接的影响。因此，门店必须严格要求厂商提供商品的品质是合格的，同时一定要对商品质量严格把关，包括外观、保存期限、标示内容等。特别是对那些直接食用的商品更要重视，否则一旦顾客出现食用问题，对门店将造成不可挽回的名誉损失。

二、商品管理

店长对连锁企业门店的商品管理是其作业管理的又一个重点，商品管理工作完成的好坏也是考核店长管理能力高低的重要标准。

商品管理是指门店从分析顾客的需求入手，对商品组合、定价方法、促销活动，以及资金使用、库存商品和其他经营性指标作出全面的分析和计划，通过高效的运营系统，保证在最佳的时间、将最合适的数量、按正确的价格向顾客提供商品，同时达到既定的经济效益指标。商品管理既包含与门店内商品相关的所有作业管理，也包括与商品相关的各种服务。如果是连锁专卖店的话，待客销售技术也是其中的一种。门店对于商品的管理重点主要有以下几个方面。

1. 订货管理

店长应根据门店的年度销售计划准确作出市场预测，制定每月的商品订货计划，上报总部配送中心统一组织货源；每日按时向总部提交商品订货计划，保证商品供给的及时性。

2. 自采业务管理

由于受多种条件的限制，连锁企业门店不可能全部依靠总部配送货品，总部会下放一部分商品的采购权给门店，店长要重点做好商品采购的监督和检查工作。

3. 商品质量管理

商品质量是企业的生命。店长对商品质量的管理重点是包装销售的商品在货架上陈列期间的质量变化和保质期的控制，冷冻设备、冷藏设备的完好率，收货、验货的质量把关，搬运、陈列方法的正确操作，以及商品质量的统计资料等。如发现质量问题，店长应将其及时上报给总部的采购部门。

4. 缺货管理

零售企业把商品缺货称作是"营业的最大敌人"。这是因为商品缺货会使得顾客的需求无法得到满足，导致顾客群流失，销售量下降。一旦顾客的需求在其他竞争对手的门店得以满足，就等于将顾客推向了竞争对手，从而大大削弱了连锁企业的竞争力，因此店长应及时统计商品的缺货率，并与供货商联系，把缺货率降到最低水平。

5. 鲜度管理

鲜度管理主要是指店长应加强对生鲜食品及熟食等日配食品和对鲜度要求高的商品的管理。

6. 商品陈列管理

商品陈列是连锁企业门店促进商品销售的利器，店长对其管理的要点包括商品是否做到了满陈列；商品陈列是否做到了关联性和活性化；商品陈列是否做到了与促销活动相配合；商品补充陈列是否做到了先进先出。

7. 商品损耗管理

商品的破损、变质、失窃等因素会造成较高的损耗率，而损耗率的高低会影响门店的获利情况。上海超市业曾做过一项统计，往往一件商品的损耗需要5～6件商品的销售毛利才可弥补。因此，店长对商品损耗的管理就成为门店节流创利的重要环节。店长对商品损耗管理的主要事项包括商品标价是否正确；销售处理是否得当(如特价卖出，原售价退回)；商品的有效期是否管理不当；商品价格变动是否及时；商品盘点是否有误；商品进货是否不实，残货是否过多；职工是否擅自领取自用品；收银作业是否因错误引起损耗；顾客和员工的偷窃行为引起的损耗。

三、现金管理

现金管理是非常重要的，连锁企业门店每日的销售收入最终是在收银台取得的。连锁企业门店的直接盈利来自门店的销售收入，因此店长对现金管理的重点就是收银管理和进货票据的管理。一些24小时营业的连锁企业门店更要小心防范，以免发生意外。

1. 收银管理

店长对门店现金管理的重点就是收银台，因为收银台是门店现金进出的集中点，而对收银台的管理又可归结到对收银员的管理，因此对收银员的选聘就十分重要。通常，连锁企业门店收银员的选聘标准是诚实、有责任心，熟练使用收银机等。对收银员的管理往往是通过控制收银差错率来实现的，一般连锁企业门店收银差错率的控制标准是万分之五。除了控制收银差错率以外，收银管理的内容还有伪币、退货不实、价格错误、亲朋好友结账少付、内外勾结逃过结款、少找顾客钱及直接偷钱等主要的管理工作。

2. 试验性购物

除了制定收银员作业流程外，为了评核收银员在为顾客做结账服务时的工作表现，店长不定期的督查是非常重要的。例如，派出专员以顾客的身份到店购物，按营业手册所规定的标准，对门店的营业水平进行评估。店长也可以采取试验性购物的方法来检验收银员工作的准确性，具体步骤如下：

(1) 选择 20～30 种不同性质的商品，如上几周的特价商品、几个外包装相似但价格不同的商品等；

(2) 付款时，提供几张折扣不同的商品折扣券和一张过期的购物卡等；

(3) 购物结算后，再多买一种商品；

(4) 每一次试验的结果都必须记录在收银员准确率记录卡上，并注明错误的种类。店长应及时与收银员讨论试验中出现的错误及其解决办法，对收银完全正确的收银员则予以表扬和奖励。

3. 进货票据管理

相对于收银台的现金收入来说，对进货票据的管理也是店长不可忽视的环节。因为进货票据是付款的凭证，是门店现金的支出，对于总部或供货商都是一样的重要。尤其是销量相当高的商品，甚至是全部商品都以供货商直接送到门店的方式进货。如果在进货过程中，其中一些商品的进货票据出现差错，都可能给门店带来很大的损失。

四、信息资料管理

不懂得信息资料管理的店长不是合格的店长，能够对门店信息资料进行有效管理是现代化连锁企业对门店店长的基本要求。运用 POS 系统管理门店，有助于店长快速准确得到有关经营状况的资料，并通过对这些资料进行分析研究，寻找出改进经营状态的对策。POS系统能提供给店长的信息资料包括以下内容：

(1) 商品销售日报表。由 POS 系统所生成的销售日报表能够细化地反映出门店每日的销售情况，包括日销售总额、商品销售比重、来客数、来客平均购买额、来客购买商品的品项数和每一个品项的平均单价，并可分析出每个商品项目对利润的贡献，从而有助于确定增加或删除哪些商品项目。

(2) 商品销售排行表。商品销售排行表主要包括销售额排行、毛利率排行、销售比重排行、销售额和销售量的交叉比率排行等数据，使门店有能力追踪不同商品销售额的变化，分析不同商品受欢迎的程度，调整商品和促销策略。

(3) 促销效果表。促销效果表主要反映促销活动中销售额的变化率、顾客的增加率、来客平均购买额变化率、毛利率变化、促销活动前后的差异比较等内容。

(4) 费用明细表。费用明细表主要反映各项费用的金额和所占费用总额的比重等内容。

(5) 盘点记录表。盘点记录表主要反映各类商品的存货额和周转率等内容。

(6) 损益表。损益表包含的内容有销售额、毛利额、损耗额、费用额等。

(7) 顾客意见表。顾客意见表主要反映顾客意见的内容、意见的条数、意见所指的商品和服务项目。经过良好管理素质培训的店长会较容易地根据这些信息资料，通过定性分析迅速提出相应的改进对策。

连锁企业门店在建立初期，都是通过人工统计的方法来汇集以上诸项信息资料的，虽然当时所作出的改进对策的速度较之现在使用 POS 管理系统的要滞后许多，但也是适应当时发展的。在连锁企业门店从传统管理手段向现代化管理手段过渡的时期，这种传统的管理手段也是不能丢掉的，它是对管理手段的经验总结，也是后来连锁企业门店建立 POS 系统及其他信息系统的依据。

任务四　店长能力的自我提升

一、店长能力提升过程中存在的常见误区

门店店长的能力直接影响着一个门店的业绩。对于店长能力的提升，"选"比"育"更重要。目前在中国连锁企业门店的店长能力提升中往往存在以下三大误区：

● 误区一：强调培养，忽视招聘选拔。

一说能力不足马上想到培训，这是企业人才能力建设的思维惯性，然而大多数的培训往往不能带来理想的效果。问题的关键并不在于培训的方式，很有可能是并没有挑选对的人。

一般将把招聘和选拔对的人称之为前置培养。如果企业在选人的时候已经找了合适的种子，实际上就为企业在未来培养的有效性提升铺平了道路。以内部选拔为例，选拔那些合适的人放在储备店长的位置上，做得好可以上，做不好淘汰出局，形成一个良性的竞争

机制。把有意愿成长有潜力的人挑选出来，这批人甚至不需要企业花费多少培训资源就会自己拼命成长起来，这就是选拔机制的作用。

● 误区二：强调绩效，忽视匹配。

在大多数中国连锁企业门店选才中存在着"绩而优则仕"的现象，如某个店员销售业绩好就提拔当店长，有成功的案例，但也有失败的案例。

国内某鞋服企业曾经遇到过这样的例子：该公司在华南地区的一个门店招了一个店员，到店两个月销售业绩就刷新了华南区域门店单人业绩的纪录，也带动他所在门店的业绩由中间水平上升到了前几位。这个人非常有成就导向，有很好的客户沟通引导技巧，华南区把他树为标兵，还安排他做区域内部经验分享。半年后刚好他所在门店店长休产假了，他就顺理成章地提拔为店长。没想到，才提拔完 3 个月的时间，他就跟他的老板提出离职，最后也没留住。后来听说这个人去了另外一个竞争对手那，还是做个普通店员。这是个典型的"戴错帽子"的案例。优秀的店员是不是一定适合当店长，答案很显然。

绩效优秀是选拔的条件，但并不是绩效优秀就盖过一切，人才选拔重在匹配。懂不懂、会不会、能不能、愿不愿，都是匹配需要考虑的因素。具体来说，选拔一名合格的店长需要考虑以下内容：有没有好的学习能力，具不具备作为店长的能力素质要求，个性特点能否与团队较好的搭配，情商是不是足够，以及价值观是否与企业的要求相匹配。一名优秀的店长通常都有较好的学习能力，在个性和价值观上与团队、公司能较好地匹配，在个人的情绪管理和理解他人方面有较好的展现。

● 误区三：强调岗位技能，忽视能力素质。

在中国连锁企业中，很多企业对门店店长的选拔和培养仍然更多地强调技能、经验等"硬条件"因素。如果能更多地增加对"软素质"的考量，会对店长的"选""育"起到更好的促进作用。那么一名优秀的店长应该具备哪些方面的"软素质"呢？

一名优秀的店长同时需要扮演好以下四种角色：门店营运能手、卓越执行先锋、终端业务专家和团队塑造者，因此需要有针对性地提高自己的能力和素质。以门店营运能手为例，要管理一个门店，营运作为基本能力首当其冲。作为门店的管家，要求店长需要有更多的时间和精力关注全局经营，关注资源协调和具体店务的管理。例如，客户需要某件货品，但店内某项货品库存耗尽，而其他店这件货品也很热销，此时，店长需要能够有足够的协调能力，调度和获取资源满足客户需求。

二、店长如何实现自我提升

店长必须不断学习以实现自我提升，可以在工作中遵循以下自我提升的技巧并不断成长。

1. 自律

每个成功者都是高度自律的人。店长想要提升自我，不妨对比表 2-1 进行自我评价，从中找出自己值得改进的方面来不断提升自我。

表 2-1　店长工作表现评价表

员工姓名：　　　　员工编号：　　　　员工职位/门店名称：
到职日期：　　　　　　　　评核期间：年 月 日 至 年 月 日
请依下列各评核项目圈选出分数，并将不好表现的实例，简述于备注栏中。

评 核 项 目	罕见 (劣)	偶尔 (普通)	经常 (佳)	频繁 (优良)	备注栏
A. 信赖度					
1. 上班准时，不早退	1	2	3	4	
2. 工作谨慎，错误少	1	2	3	4	
3. 不适当使用私人电话，妨碍工作进度	1	2	3	4	
4. 门店支持及协调配合度高	1	2	3	4	
5. 工作态度及观念积极向上	1	2	3	4	
B. 人员形象					
6. 制服/仪容整齐	1	2	3	4	
C. 管理技巧					
7. 指导员工改善工作表现	1	2	3	4	
8. 激励/培养员工展示公司文化	1	2	3	4	
9. 汇报及听取汇报做得简单、有效	1	2	3	4	
10. 有效委任及定期跟进工作进度	1	2	3	4	
11. 确实落实公司传达的重要事项	1	2	3	4	
12. 维持员工之间的紧密合作/沟通	1	2	3	4	
D. 货品管理					
13. 保持货品的陈列整齐及有吸引力	1	2	3	4	
14. 维持货架上货品充足	1	2	3	4	

续表

评 核 项 目	罕见 (劣)	偶尔 (普通)	经常 (佳)	频繁 (优良)	备注栏
15. 保证门店补货及时	1	2	3	4	
16. 经常转换货品的陈列以吸引顾客	1	2	3	4	
E. 门店间的合作					
17. 积极协助其他门店完成工作	1	2	3	4	
F. 顾客服务					
18. 维持并提供一致性优质服务	1	2	3	4	
19. 妥善处理顾客的不满或投诉	1	2	3	4	
G. 决策能力					
20. 旺/淡季灵活调配门店人员	1	2	3	4	
H. 沟通技巧					
21. 善于与上司/公司沟通反映意见	1	2	3	4	
22. 热诚及有礼地对待同事	1	2	3	4	
I. 不断进取的积极程度					
23. 尝试新方法以提高门店的营业额	1	2	3	4	
24. 善于运用培训时所学的方法	1	2	3	4	
25. 善于运用表现评核/上司指导的结果来改善自己的表现	1	2	3	4	
门店管理人员工作表现总评 A. 信赖度(第 1~5 项)的总和 B. 人员形象(第 6 项)的总和 C. 管理技巧(第 7~12 项)的总和 D. 货品管理(第 13~16 项)的总和 E. 门店间的合作(第 17 项)的总和 F. 顾客服务(第 18~19 项)的总和 G. 决策能力(第 20 项)的总和 H. 沟通技巧(第 21~22 项)的总和 I. 不断进取的积极程度(第 23~25 项)的总和 总分数 =					
优点					
需要加强/改善的地方					

2. 设定目标

你需要在工作中设定目标以实现自我提升；否则，便会在自己的安乐窝中停滞不前。

3. 积极态度

积极的态度能激发出你最好的一面，也会抵制偶尔出现的消极的自我暗示。同时，伤感及其他负面情绪也会逐步消失。

4. 感恩的心

每当你经历美好的事情，就表达你的感激之情。这会为你带来更多、更美好的事物。感激可以创造奇迹。你也可以开始一段感激之旅，每天花五分钟时间写下感激之言。

5. 锻炼

每天的锻炼可以缓解压力、强身壮体，增加自己正能量，锻炼可以增加自己的意志力，也能改善自我感觉。

6. 深思熟虑

认真思考会理清你的思路，消除负面思想并把你的幸福感提高到新的层面，并将会改善你的生活。

7. 发挥自己的价值

当你开始想要发挥自身作用时，就会发现你在不断提升自我。如果你诚心诚意地付诸行动，人们也会好好犒赏你并衷心感谢你。

8. 把握自己的思想

如果你想掌控自己的生活，很重要的一点是掌控自己的思想。不要让大脑的思想陷入混乱之中，管理它们——去粗取精，扬长避短。这会为你的自我提升奠定坚实的基础。

9. 深化你的知识体系

坚持每天至少花 30 分钟以上的时间来学习感兴趣的学科。这将增强你的自信心，提高智力。

10. 有条不紊

尝试提前做每日计划，你将能避免浪费时间，并把精力集中在重要的事情上。

11. 保持整洁

整洁的生活环境也能使你的思路更为明朗、更加效率，以便更好地掌控自己的生活，这是最能统筹自我提升的思想之一。

12. 多与积极向上的人来往

尝试结交积极向上的人。花时间与那些让你感受被爱和尊严的朋友在一起，你的命运不是掌握在你自己手里，而是你时常接触的朋友手里。

13. 阅读自我提升的书籍

提前为你下一步的提升做好准备，看什么书决定你以后成什么人。

14. 为他人高兴

当别人获得成功时，为他们喝彩。这会让人倍感良好，他们也会因此感谢你。当收获感激时，你也会感觉更好。

15. 善始善终

不要半途而废。完成一件事情可以提升你的自信心，自我激励。很多人没能做到这点，同样他们也没能取得优秀的成果。

16. 克服恐惧

恐惧是唯一能阻挡你前进的东西。想要克服恐惧，你先要感受恐惧，然后想办法克服它。好好体会这一点，只有如此方能克服恐惧。最终你会更自信，更能因时而变。你会常常回首过去，对过去害怕的事物一笑而过。

17. 改变一个习惯

至少彻底改变一个习惯。例如，如果你每天晚起床，设定闹钟让自己早起一些。这可并不简单，但如果你坚持 30 天，这项新任务将成为你的习惯。

18. 多微笑

你会感觉更好，美好的事情也会不断找上门来。简简单单的一个微笑，会给生活带来很大的改观。你所需要的，仅仅是从现在开始去做。

◇ **案例精讲**　　　　　艺之卉崇光百货店的店长心经

走进位于北京崇光百货三楼的艺之卉(EACHWAY)服装店，物品摆放有序，陈列吸引眼球，店员温暖的微笑和细致专业的服务使人心情愉悦。艺之卉崇光百货店店长——邢轩用这样一个出色的店面向我们传递出店长的主要职能：维护店内设施、设计店内陈列、领导团结店员、传递品牌文化。邢轩在工作中秉持"120 分"的理念：我不是要完成工作，而是要做好工作。要做好一个店长，要履行 100 分的职责，就要付出 120 分的努力。

★ "我推销的是品牌"

在成为店长之前，邢轩在其他品牌门店做了 9 年的导购。当她具备了成为店长的能力后，选择来到艺之卉。邢轩说："店员要做得是服务顾客，而店长必须十分了解和热爱这个品牌，我选择艺之卉，理由很简单，因为我喜欢艺之卉的衣服。"

采访过程中，店内走进了两位顾客，邢轩立刻上前热情地招呼着，交谈了两句她发现对方并不熟悉艺之卉，只是进来随便看看。这时她放下了手中拿着的衣服，开始向顾客介绍起艺之卉这个品牌，从品牌文化到服装气质，她的讲解简洁而不失幽默。很明显，顾客已经被她说得心动了。这时，她又重新拿起衣服向客人推荐起来。客人拿起衣服试穿的时候，邢轩露出了笑容，她知道这次销售已经成功了一大半。

店员常常问邢轩，为什么她特别擅长推销服装，很容易就把一件衣服卖出去并且拉来回头客？邢轩说："因为我理解品牌所传递的文化，并且真心喜欢店内的每一款设计，这样我向消费者推荐的时候才能底气十足、言之有物。"

★ "店长就是店员的家长"

处理与店员的关系是邢轩工作中遇到的最大难题。"现在这个团结的销售团队是非常来之不易的。"邢轩是从其他品牌的导购直接成为艺之卉的店长的，她来到这个店的时候，店内的导购都比她有更多的在艺之卉工作的经验。她这个年纪小、经验少的新店长，刚一上任就遇到了麻烦。

有一次一位店员生病了，向邢轩请假，但正好是周末工作量最大的时候，邢轩没有批准。事后那位店员就带着怨气做事，对顾客的态度非常不好。邢轩批评她的时候，她找了很多理由反驳。有一段时间，整个团队的工作气氛都非常沉重，销售业绩不尽如人意。后来邢轩转变了方式，不再板着脸工作，试着与店员做朋友。但是时间长了，她又发现在严肃、认真的谈话时，店员仍然像平常一样嬉笑，令她逐渐失去了店长的威信。

处在两难境地的邢轩开始深入思考、反复尝试。终于，她总结出了一个道理：店长就是店员的家长。"要把店员当成家人，毫无保留地关心和付出，但是不要过度亲密，要让店员知道自己的身份和职责。这样，当你严肃地指出她们的问题时，她们就会接受，明白你是为了更好地完成工作。"

★ "要找准客户的特点"

邢轩随身携带的包里有一个厚厚的本子，那是邢轩的"销售秘籍"。翻开本子，原来是一本电话簿，里面工整地排列着所有客户的名字、职业、年龄和电话。邢轩解释说，艺之卉崇光百货店有一个"病症"，而这本电话簿就是它的"药方"。

邢轩上任一个星期之后，就发现了一个很大的问题。"你也看到了，崇光百货并不处在北京的几个繁华商业区中，每天的客流量相对要少很多。"据她观察，到崇光百货购物的客人很少是休闲逛街的，大部分都是某个品牌的忠实客户，来这里的目的性很强。抓住了这个特点，邢轩马上明白了自己的工作重点——建立 VIP 客户网。于是，她在每次交易成功后，都会留下客户的资料和联系电话，日积月累下来她已经攒下了整整一本的客户名单。

邢轩始终坚持跟客户保持良好的联系，时常打电话问候，有了新品就打电话通知她们，有些客户甚至和她成了生活中的朋友。邢轩说："这些工作其实都不在店长的工作范围之内，但是我一直秉持着要做就做到最好的信念。即使因为各种客观原因完成不了既定目标，也一定要尽最大的努力。"

★ "好店长是一个空杯"

很多品牌的店长更换的速度都很快，人们都说店长是一个留不住人的职位。事实上并非如此，对店长来说，看不到未来的工作是最可怕的。邢轩说："一个好店长就像一个空杯子，你要不断地给它加水，才能得到满足。当然，加水并不只是指薪水的提升，主要是在技能上和职业前景上。当一个品牌让店长永远都觉得有提升的空间时，店长自然不会走。"

店长的工作很累、很烦琐，要面对不同性格的客户，调节工作中不断出现的问题，还要完成每月的销售任务。有时候邢轩也感到力不从心，但她有一个给自己"加油"的好办法。每当灰心丧气时，她就会回想给她做培训的运营部总监和营销主管，想到他们优雅的谈吐和干练的气质，她觉得这就是明天的她。"每当我累了、烦了的时候，我就想想他们，仿佛看见了光明的未来。这时我就会像加满了油的赛车，干活的时候觉得浑身都是力量。"邢轩说。

资料来源：胡晶，张彦山．"120分"店长　艺之卉崇光百货店店长邢轩的店长心经[J]．纺织服装周刊，2011(45)：60.

案例点评：

店长的工作很累、很烦琐，因此要想做一名好店长，就得像一个空杯子，要不断地给它加水，当然，加水并不只是指薪水的提升，主要是在技能上和职业前景上。所以，作为一名店长，应该不断地学习，追求自我提升，才会有升职的空间，才能在店长这一职业中找到归属感与成就感。

◆ 本 章 小 结

认识店长角色，理解店长的使命与职责、素质与能力、思想与心态、良好的职业形象和职业规划，是每一位优秀店长的必修课。因此，要想成长为明天的金牌店长，就必须做一个追求卓越的人，做一个精于细节的人，做一个日有所长的人，做一个充实有用的人。

★ **主要知识点**

店长　店长的作业化管理　店长能力的自我提升

◆ 基 础 训 练

一、选择题

1. 连锁门店店长若想要提高销售业绩，可以采用的方法有(　　)。

A. 提高销售额　　　　　　　　B. 减低运营成本

C. 对员工实行奖惩　　　　　　D. 减少商品品类

2. 连锁企业门店降低运营成本的途径有(　　)。

A. 用工合理　　　　　　　　　B. 缩短营业时间

C. 降低租金　　　　　　　　　D. 延长商品的保质期

3. 在连锁企业门店店长的日常工作中，通常要扮演的角色有(　　)。

A. 赢利责任人　　　　　　　　B. 制度执行者

C. 店务管理者　　　　　　　　D. 问题的终结者

4. 当连锁企业门店一天的营业工作要结束的时候，要进行的工作有(　　)。

A. 检查安全系统　　　　　　　B. 清点货品

C. 锁门　　　　　　　　　　　D. 发奖金

5. 门店店长的工作职责有(　　)。

A. 提升业绩　　　　　　　　　B. 降低损耗

C. 防火防盗　　　　　　　　　D. 资金预算

二、判断题

1. 店长对门店的营运必须了如指掌，才能在实际工作中做好安排与管理工作，发挥其最大功效。(　　)

2. 能够执行好总部的标准和管理规范的店长，就是一名称职的店长。因此，只要熟悉门店各项规章制度和作业流程，就没有必要再强调店长的学习能力。(　　)

3. 正所谓"巧妇难为无米之炊"，当门店没有生意时，再好的店长也无计可施。(　　)

三、简答题

1. 简述连锁企业门店店长的作用。

2. 简述连锁企业门店店长的主要工作职责与范围。

3. 连锁企业门店店长应该如何把握门店作业管理的重点，以保证门店作业正常、有序地进行。

◆ 实 训 项 目

一、实训任务

由 4～6 人一组，选出 1 人担任店长，虚拟开办一家连锁超市(或餐饮企业)，由店长负责组建门店的管理部门，分配各部门负责人，每人负责一个部门，写出各主管部门的管理规范。

二、实训要求

针对实训任务，每组提交实训报告一份，报告不少于 1000 字，需对该门店的职责分配状况进行分析和评价。

项目三 店长表格管理与门店的数字化管理

◆ **学习目标**

通过本项目的学习，理解连锁企业门店店长运用表格管理门店的意义及常见的店长日常管理表格与应用表格管理的技巧等；理解表格和数字在门店运营标准化、规范化中的意义。

◆ **引入案例**

王品集团，不能管理数字，别谈加薪、升迁

想找出企业营运漏洞，数字是最好的线索与佐证！台湾王品集团董事长戴胜益是个十足的数字管理者，他一个人要管理 10 余个餐厅品牌和几千名员工。数字是他重要的决策依据。

戴胜益相信，所有事情都能用数字衡量，拥有数字敏感度更是经理人责无旁贷的义务，没有数字概念不但无法做好领导，更不会成为他培养和选拔的对象。台湾大学中国文学系毕业的戴胜益，为什么这么重视数字？一个经理人又应如何培养掌握数字的能力，还能正确采取行动？

<u>为什么数字很重要？</u>

对我而言，所有事都能用数字衡量，包括企业营运、管理、个人健康。例如，我每天走 1 万步路，我认为 "You can't improve, if you can't measure."（你如果无法衡量，你就无法改进。）

<u>数字对企业的意义是什么？</u>

企业像坦克车，数字像坦克车上环环相扣的齿轮，没有数字概念的企业，就像是没有齿轮的坦克车。当车子不运转时，很难知道问题出在哪里，就算能够正常运转，也不知道还能运转多久，所以数字能帮助我解读各种必要的讯息。

★　数字 VS 营运

在营运上，什么是你必看的数字？

我必看的数字不是营业收入，而是顾客满意度与顾客抱怨数。

王品集团的每家店每天会收到 100 张顾客意见表，其中包含顾客满意度打分(满分为 100 分)。顾客抱怨数即顾客拨打客诉电话的次数。这两项数据能够反映出顾客的真实想法，作为每家店改进服务的依据。

例如，某月全集团顾客抱怨数是 107，其中一家门店的顾客抱怨数是 4，而有的门店则为 0，由此可以看出每家店经营状况的好坏。

王品集团每个月都会计算业绩、红利，而且公开让员工自己去看。数字好看，员工领到的红利就多；数字不好看，不仅红利领得少，而且我还会发出警告。

为什么要每月分红，而不是等到年底一次性分红？这主要有两个原因：一是让员工实时得到收获，二是能够让业绩欠佳的门店及时发现并解决问题，若等到年底，就太晚了。

数字管理要公开、实时，而且当全部靠数字时，我就不用骂人，也不怕被蒙蔽。我的心得是，把公司交给顾客管理，把财务交给同仁管理。公开全部数字，每个人都能帮我检视各部门的财务运行状况。例如，之前总部帮分店添购捕蚊灯，每台价格是 2200 元新台币，但分店去市场看才 1900 元新台币，就叫总部退货，他们自己采购。

公开财务，难道不怕成绩不理想，影响员工士气或集团声誉？

我认为，不管数字好不好看，只要公开，大家就会接受它，全部公开，才能安定人心。若不公开数字，很难培养员工的数字敏感度。我常说："老板的心胸，决定这个事业规模的大小；老板的品德，决定这个事业规模的长久。"

数字可帮助你作出哪些决策上的判断？

例如，新餐饮品牌能不能做，有三项判断指标：① 市场规模要能达到 5 亿元新台币；② 品牌要能开到 20 家店；③ 获利率须达到 10%。假使这三项指标都能达成，这个品牌就能做。接着营运就朝 "151" 方程式发展，也就是投资金额 1000 万元新台币，1 年营业额要达 5000 万元新台币，每年要有 1000 万元新台币获利。

每天看，你会不会被数字吓到？

不会！而且数字敏感度会更高，很快就能抓到重点数字。仔细研究重点数字，决策会更精准。当你看到一个数字会吓到，比较容易乱作决策，而且一家公司若一直有令人惊讶的数字，表示这家公司的营运很不正常，必须留意。

★ 数字 VS 管理

你会把看过的数字都记下来吗?

对。我为什么愈来愈重视数字?因为我想授权,但我授权时会担心无法衡量这个人、这个事业做得好不好?所以我开始运用数字做管理。一个人处在安全期愈久,愈喜欢运用"营运正常""获利不错""士气高昂"之类的形容词。但对我而言,形容词是无意义的,无法真实描述营运状况。

我要求自己背过所有与产业、营运及工作相关的数字。每天上班第一件事,就是看前一天的数字报表,包括每个品牌、每家店的顾客满意度、顾客抱怨数和营业额。即使没有进公司,也请秘书传前一天所有品牌的营业总额简讯给我,否则会心神不宁。因为没有抓到前一天结账后的所有数据,根本无法知道今天的状况好不好。

你带领下属也是这种方式?

我给下属的指示都是数字,形容词不具有意义,大家会不知如何遵循。我发现我给的数字愈详细,员工愈清楚知道目标。例如,我提出获利率要达到 17.5%的目标,如果达到就有奖赏。而不是说,好好做,年底赚了钱就给大家好处,但到底什么叫赚了钱,什么叫没赚钱,大家根本搞不清楚。

同时,主管贡献度也用具体的数字表示,每个人都可以给每位主管打分,从 0～100 分,每 5 分划分 1 格,再累计所有分数计算平均值。大家也许会好奇,我这个董事长领导得好不好?今年我的分数是 89.16 分。

投票是王品集团内部常用来决策的方式,这也跟数字有关吗?

这也是数字管理。没有数字就没有说服力。例如,集团的股权合一政策就是通过投票表决的方式生效的,177 位股东,其中 3 人反对,174 人赞成。

投票是王品的特殊文化。开会时,秘书会拿一大沓报废纸裁成的小纸片进会议室,当提案没有达成共识时,就会进行不记名投票,这样决策就很公平,较不易失误。

每项制度都要用数字管理,会不会让管理制度越来越复杂?

不复杂。只要写好程序,这些数字由计算机计算生成,隔天一早就知道。而且数字会让人心更纯净,组织、领导更简单化。以前要用形容词、表面文章向大家证明,现在都不用做无谓的邀功。

那你怎么看待对数字不敏感的员工?

他不会高升。即使一个人的工作能力很强,但若对数字不敏感,会降低说服力,也很难领导下属。

★ 数字 VS 节约成本

目前经济不景气,大家都在谈抓漏、节流,这方面你必看的数字是什么?

我们给各个品牌明确的成本占比数字，包括食材、福利、人事、租金、税金、总部费用等成本，各有其占比。店长可加加减减每项占比的比例，但最后加总数值要符合规定。若当数值超出或少于规定时，就算是"不当金额"，总部会直接算出金额数。

举例来说，如果一家店的不当金额比例是3%，那么不当金额就是26万8千元，应引起店长的警惕，因为这很有可能是由于他的管理不当造成的。不当金额也可能是负的，但最好是零，分店不能因为要降低不当金额而偷工减料，或减少门店人数。

当你发现不当金额出现时，会怎么做？

我会做各品牌比较，如西堤的不当金额比例是72%，陶板屋是68%，那么西堤就应反思了。

此外，每个品牌每个月有5项报表来检视品牌总经理的绩效，包括分红金额、客诉电话的次数、获利率、投资报酬率及营业额等。我们将这5大项数据化成相对的指标、排名，大至各品牌，小至各分店，我都能清楚知道谁表现得好。

★ 数字的盲点

但数字管理也可能产生盲点，如经理人可能不会作出比较大胆的决策，你怎么看？

总比没有数字好。如果进行新案子，没有数字就等于是蒙住眼睛走路。有数字，走10步路后掉下去了，至少还有依据。错误的数字也比没有数字好，至少你还可以边走边修正。完全没有数字，随时可能莫名其妙就掉下去了。

你观察其他企业无法落实数字管理的障碍在哪里？

是老板的问题，因为这个老板不重视数字。

一个经理人应该如何培养对数字的敏感度？你有什么建议？

你不用心时，每天面对几千个数字，就会觉得压力大。但当你投入时就会知道哪些是关键数字，只要记住这些数字就可以。

我最喜欢到每家店问店长：到今天为止，总计营业额是多少？或问主厨：你这个月打算做多少？今天的达标率多少？其中，西堤台南店的主厨对数字的敏感度就很高，例如他在就能算出4月的奖金是多少。他会直接告诉你：到现在营业额多少，到何时会有多少，货款有多少，员工薪资又是多少，扣除成本后这家店还剩多少盈余，员工又可以分到多少钱。

当你习惯用数字思考，即使看到不好的数字也容易释怀，不会有压力，只觉得应该还要再做些什么。最后，我要提醒经理人，数字管理要伺机而动，什么数字要改变，什么数字还在容许范围内可以继续保持，要给下属明确的指示，这样才会成为一名好领导。

资料来源：不能管理数字，别谈加薪、升迁.

http://www.chinanews.com/hb/news/2009/05-07/1681831.shteml.

任务一 ▶ 店长运用表格管理门店

一、店长运用表格管理门店的意义

门店报表是在管理控制系统运行中为总部内部的各级管理层以定期或非定期形式提供，用于企业沟通、控制、判断、决策等灵活的各类报表，包括每日、每周、每月报表，以及商品、价格、促销、竞争对手、市场动态等信息。所以，门店必须有标准的报表才能清晰、准确、及时、系统地将信息汇总分析，便于门店管理者和总部能够迅速掌握信息并作出正确的决策。

如今门店竞争已经非常白热化，所以门店经营管理就显得非常重要。连锁门店如何通过规范的管理和数据分析来提升业绩就需要方法和工具，门店管理者也不是有三头六臂，可以一看就知道哪些地方需要改善，而且也不是一个人在工作。作为门店管理者就要通过有效的工具报表将店员的智慧汇总起来，然后判断需要提升和完善的地方。所以，表格能够给门店的管理者及门店店长提供更方便、高效的管理工具，是连锁门店推行标准化管理的前提。

填写日报表是店长每天要做的重要工作，否则就不能把握门店每日的营业情况。连锁企业门店都应该有自己的日报表。有一些门店店长只注意营业额的高低，甚至有的只把重点放在当天的日报表上，而忽略了也应该要把往年的报表作为参考数据，细心的店长甚至还会算出今年与去年的成长对比。

天气状况会影响门店业绩的高低。作为门店店长，如果能详细列出每日的天气状况与业绩状况，当天气发生变化时，就能快速采取更有效的预防或补救措施。例如，预知每年此时天气不稳定，是否需要改变哪些商品的组合？或者配合天气变化做某些促销活动？举办各种促销活动的结果，店长都要登记在日报表上，作为未来举办类似活动的重要参考。

二、常用的店长日常管理检核表格

表格的应用管理是简单化、明文化、专业化与标准化四大经营原则的灵魂工具，连锁门店可以借助表格的管理与应用来掌握目前问题与未来趋势。表格管理是经营的灵魂工具，店长善于运用检核表格，可轻易地掌握门店的营运状况。工作要顺利，必须透过重点管理，而运用表格管理是最方便、有效的方法之一。店长的重点式管理，即店长对门店营业活动的统筹与管理。店长每天应认真并实事求是地填写门店时段检核表，对门店进行重点式管理。

由于连锁经营业态不同，比如餐饮、家居建材、服装、超市百货等表格设计也都不同，所以本书整理了门店店长管理环节中的一些典型表格模板，如表 3-1～表 3-3 所示。大家可以参考和对照自身情况进行修改，当然有些表格是可以直接使用的。

表 3-1 店长有效做好时间管理的 15 项确认点表格

店名： 填表人： 日期：	
事　　项	选　　项
1. 营业用具是否整理得井然有序	是□　　否□
2. 是否可以立即找到顾客所需商品的摆放位置	是□　　否□
3. 有无因无心之过而重复做相同目的的工作	是□　　否□
4. 次日的工作计划是否拟好	是□　　否□
5. 次日重要工作及准备工作是否准备好	是□　　否□
6. 答应为顾客办理的事项是否完成	是□　　否□
7. 今天工作的优先顺序是否明确	是□　　否□
8. 必须处理的店务事项是否做好时间计划安排	是□　　否□
9. 是否做好处理门店客户投诉的前期准备工作	是□　　否□
10. 在电话中允诺客户的事情是否有记录	是□　　否□
11. 相关的业务是否同时并行处理	是□　　否□
12. 与顾客、团购者进行沟通时是否能把握重点	是□　　否□
13. 允诺顾客要做的事是否确实实行	是□　　否□
14. 突发事件发生时是否考虑到应对措施	是□　　否□
15. 是否有创新方法提升门店管理效率	是□　　否□

注：对以上选择"否"的题目进行思考，找到解决和改善的办法。

表 3-2　店长每日工作计划表

门店排班、出勤情况、销售目标达成情况等记录栏	员工姓名	班次	实际出勤	今日目标	实际完成	达成率	离岗签字	调/请/加	备注

晨会	主持人		参会人员						
	内容		(目标奖惩、总结鼓励、促销安排、重大事项等)						

店铺自查	通报业绩	卫生	收银	商品	陈列	迎宾	空调照明	橱窗	促销物料
10:00 am									
13:00 pm									
16:00 pm									
19:00 pm									
巡店抽查									
备注	(发现的主要问题、违规开罚单情况等)								

进出货	接货	箱数		件数		有无误差		点数签名	
	调出	箱数		件数		调入店名		签名	
	退货	箱数		件数		有无误差		封箱签名	

收铺总结	当日业绩		达成率		新品业绩		占比	
	自有品牌业绩		占比		特价商品业绩		占比	
畅销系列								
畅销类别								
促销情况								
信息反馈								
客流情况	上午人数		促成		下午人数		促成	
交换班注意事项及签名	签名							

表 3-3 店长每日门店检查表

项　　目	
检查性质： 检查( ) 自查( )	
检查频次： 每日( ) 每周( ) 每月( ) 每季( )	
检查日期：_____ 检查时间：____：____ 至____：____	
项　　目	
(合格)√ (不合格)×	
一、作业流程检视	
(一) 到达岗位	
1. 是否更换工作服、工鞋，佩戴工牌。	
2. 是否整理头发、化妆、剪指甲、佩戴首饰。	
3. 早会是否准时召开，有无按早会制度执行。	
4. 员工个人形象和状态是否符合标准。	
(二) 营业前准备	
1. 是否清点货品，货品是否准确无误。	
2. 是否清点现金，现金是否准确无误。	
3. 是否按以下次序清扫货场并保持整洁：	
(1) 门口招牌及 LOGO 整洁；	
(2) 橱窗、玻璃、地板、展台及模特整洁；	
(3) 通道、门口、地板、天花板整洁；	
(4) 店铺后仓综合卫生状况、规范情况；	
(5) 机器设备、货架及层板整洁；	
(6) 玻璃、镜身及墙身整洁；	
(7) 收银台桌面、电脑、POS 设备整洁；	
(8) 休息区域卫生状况；	
(9) 商品、包装物、衣架、裤架等配件整洁；	
(10) 试衣间(镜子、墙壁、地面、试衣鞋)卫生状况。	
4. 营业用品是否备齐。特许经营牌是否正确摆放。	
5. 标准背景音乐播放是否符合规定。	
6. 店铺灯光是否符合实际需要(招牌、室内、橱窗)。	
7. 应急灯的数量是否足够。	

续表一

8. 是否配齐灭火器并在使用期内。	
9. 店铺门、窗是否能够正常使用并符合安全需要。	
10. 室内温度是否合适。	
11. VIP 顾客是否填写《VIP 积分记录卡》。	
12. 是否按公司规定包装货品。	
13. 是否将包装袋递给顾客的同时，介绍货品的洗涤方法。	
14. 收银完毕后，是否询问顾客有无其他需要。	
15. 是否使用标准用语送别顾客。	
16. 服务过程中，是否全程"微笑服务"。	
17. 是否进行电话回访：	
(1) 售后三天，电话回访顾客，调查其对商品与服务的满意度；	
(2) 节假日、客户生日以及重要日子向顾客表达问候；	
(3) 天气有重大变化，例如突然降温，要主动提醒顾客，借此触发消费动机；	
(4) 新货上市或门店有优惠活动时，优先告知会员和 VIP 顾客。	
(三) 营业中的检视	
1. 是否保持货场和收银台干净整洁。	
2. 音乐是否保持正常播放、室内温度是否正常。	
3. 试衣间门是否保持关闭。	
(四) 营业结束的准备	
1. 是否清点货品，并核对账目。	
2. 是否整理货场货品。	
3. 是否将现金正确存放。	
4. 是否规范操作账务工作。	
5. 晚会是否准时召开。是否按晚会制度执行。	
6. 是否关闭所有电脑、音响、照明、门窗。	
二、服务流程检视	
1. 顾客进店时，用"打招呼"的标准用语时必须分时段、分节日打招呼。	
2. 顾客进门时，需主动为顾客开门。	
3. 留意顾客的需求，主动跟随顾客。	

4. 主动为顾客介绍货品。	
5. 介绍货品时应运用 FAB 的技巧。	
6. 询问顾客感受，介绍产品 FAB，主动进行附加销售。	
7. 主动引导顾客到收银台付款。	
8. 付款时唱收唱付，告知顾客货品的洗涤保养方法。	
9. 为客户建立资料卡:	
(1) 主动询问顾客是否有 VIP 卡;	
(2) 是否主动为普通顾客填写《普通会员积分记录卡》。	
三、店面形象类检视	
1. 是否完全按公司形象装修(含试衣间)。	
2. 形象商品、装修物品是否配送完全。	
3. POP 牌和 VIP 办理须知是否齐全。是否放在正确的位置。	
4. 喷绘、灯箱画是否当季适用、完整。	
5. 节假日/日常店铺 POP 牌是否足量，气氛适宜。	
四、货品检视	
1. 畅销款是否充足。普通款是否充足。	
2. 形象款、主推款商品是否充足。	
3. 总量是否足够。库存比例是否协调。	
五、产品、橱窗陈列规范管理	
1. 商品品牌是否规范。	
2. 店铺上柜商品是否经过熨烫、平整。	
3. 商品、陈列配饰品是否破损。	
4. 形象装饰品是否配备齐全。	
5. 店铺的商品搭配陈列是否按公司规定执行。	
6. 橱窗是否按公司要求布置。	
7. 是否一周两次更换橱窗陈列。	
六、员工基本技能和态度	
1. 员工工作态度是否端正。	
2. 员工是否明确工作职责。	

3. 员工对货品(含货号、价格、面料成分、洗涤方式等)知识是否熟悉。	
4. 员工是否熟悉消防灭火知识。	
5. 员工填写销售小票、发票是否完全、正确。	
6. 员工是否熟悉公司货品的退换货制度。	
7. 员工是否熟悉店铺管理制度。	
七、文件规范管理	
1. 店铺管理制度是否齐全。	
2. 店铺历史资料是否整理、归档。	
3. 店铺各种报表填写是否清晰明了。	
4. VIP 积分记录卡、普通客户积分记录卡(存根联)是否完备。	
5. 日常购销、往来单据是否齐全、清晰。	
6. 是否妥善保管公司发文通知、传真资料。	
7. 店铺营业证件是否齐全、有效。	
八、顾客投诉处理	
1. 是否对服务不周或产品缺陷进行道歉。	
2. 是否仔细倾听顾客的投诉。	
3. 是否耐心接待顾客的投诉。	
4. 是否及时采取相应的弥补措施。	
5. 是否对相应的责任人采取教育及处罚措施。	
其他评价：	

　　　店长签字　　　　　　　　　客户签字　　　　　　　　检查人签字

　　店长要管理好门店，就必须要善用表格。表格是门店实践专业化与标准化的工具。门店的管理情况，往往可以通过表格中的内容显现出来。其他需要由店长填写或关注的管理表格还有以下几种。

1. 营运类表格

　　(1) 门店日营业时段分析表。日营业时段分析表将每日营业时间划分为若干个时间段，并根据各时段营业额占日营业目标额的比重，决定是否在当日剩余营业时间采取必要措施来加速业绩的冲刺，同时借以统计营业低峰和高峰时段，作为日常排班及人力需求、商品调度的依据。表 3-4 为服装专卖店的门店成交分析表。

表 3-4　服装专卖店的门店成交分析表

填表人：	填表日期：	天气：晴/阴/雨；	属：季初/中/末	

测试时间段：　　月　　日(　　)午　　时　　分 —　　时　　分；共　　小时

人流量分析				
从左经过人数		从右经过人数		
合计人流量		进店人数		
进店率		进店率与日常相比	1. 高；2. 中；3. 低	
周边品牌名称		进店率与周边品牌相比	1. 高；2. 中；3. 低	
原因分析				

试穿分析			
试穿人数		试穿率＝试穿数/进店数	
试穿率与日常相比	1. 高；2. 中；3. 低		
原因分析			

试穿客户成交分析			
序号	时间段	有无成交(√，×)	成交或不能成交的原因
1			1. 尺码；2. 质量；3. 服务不标准；4. 成交技巧；5. 款式；6. 价格
2			1. 尺码；2. 质量；3. 服务不标准；4. 成交技巧；5. 款式；6. 价格
3			1. 尺码；2. 质量；3. 服务不标准；4. 成交技巧；5. 款式；6. 价格
4			1. 尺码；2. 质量；3. 服务不标准；4. 成交技巧；5. 款式；6. 价格
5			1. 尺码；2. 质量；3. 服务不标准；4. 成交技巧；5. 款式；6. 价格

成交数		成交率＝成交数/试穿数			
成交率与日常相比	1. 高；2. 中；3. 低				
成交率与周边品牌相比	1. 高；2. 中；3. 低				
不能成交原因汇总	尺码	质量	服务不标准	成交技巧	款式	其他
占比						

续销率分析			
成交人数		续销人数	

续表

成交件数		续销件数	
续销率与日常相比	1. 高；2. 中；3. 低		
原因分析			
横向比较分析			
( )其他门店：_____			
进店率	1. 高；2. 相同；3. 低	原因	
试穿率	1. 高；2. 相同；3. 低	原因	
成交率	1. 高；2. 相同；3. 低	原因	
续销率	1. 高；2. 相同；3. 低	原因	
综合改进意见：			
在产品不能更改的情况下，如何提升业绩？请给出主要建议与具体步骤：			

(2) 门店营业面积。门店营业面积既不是房屋的建筑面积，也不是使用面积，而是经过连锁企业工程部规划设计的"营业面积"，或是套内营业面积。既然开发商将门店是按平方销售的，甚至房东也是按门店的平方租赁的，店长就不得不关注营业面积。坪效指的是门店每平方米的面积所能产生的营业额。例如，美特斯邦威、劲霸、七匹狼等国内品牌的服装销售门店虽然网点数量占据一定的优势，但是年坪效却远远要低于优衣库、ZARA 等国外快时尚品牌。由此可见，连锁企业不能光靠开店数量带动业绩增长，还必须关注坪效的提高。

(3) 员工配置人数。某项调查结果显示，在耐克、阿迪达斯等品牌专卖店，员工人均月销售额为 6 万～10 万元人民币，若门店配置 5～8 个员工，那么门店的月销售额就是30 万～80 万元人民币。如果人均销售额过低，就要对员工加强培训及挖掘员工的销售潜力，而不是增加员工人数。员工人数不是越多越好，也不是越少越好。针对门店员工的配置，一方面需要有必要的人力储备，另一方也需要有"优胜劣汰"的体系。另外，门店可以参考"淡季适当超配，旺季适当紧缩"的人才配置策略。

(4) 门店租赁年限。门店租赁年限包含两项指标，一是现有合约年限，二是累计合约年限(包含续约部分)。

很多连锁企业之所以经营失败，往往不是经营效益不好，而是因为耐不住寂寞。通过对连锁企业经营成功的门店分析发现，门店的业绩高峰期往往是从第三年开始的，盈利高峰期一般是从第五年开始的。

马云曾经说过：今天竞争很残酷，明天更残酷，后天很美好，但很多人都失败在明天晚上。正因为如此，门店选择长期租赁房屋，除了可避免房租上涨风险，更重要的是确保了门店营运的持续性。

2. 费用类表格

门店应将营业费用所占销售额比率作为控制营业费用的依据，再根据重点法则找出"重要的少数"加以管理，寻找差异原因，加以改善，以降低费用。费用主要有销售人工费率、销售租金费率、装修费用率及水电费用率等。

(1) 销售人工费率。销售人工费率是连锁门店评判管理运营效率、门店综合管理水平的一个极其重要的指标，管理者不仅要经常关注，而且非常有必要将其纳入门店的绩效管理体系。销售人工费率一般可以用人均销售额来衡量，即人均销售额=销售额/营业员数。单个员工工资高低很难评判，但通过与人均销售额对比就可以看出门店运营效率，人效已经成为衡量门店经营效率不可或缺的重要指标。

(2) 销售租金费率。早期销售租金费率都在 10%～15%，而现实中有很多店甚至超过30%。这也是很多拓展人员口中的销售预算，即只要预算业绩额超过租金额 3 倍就可以开设新门店。从商场的扣点看租金比高低，普通商场的扣点在 15%～20%，高端一些的在25%～30%。商场的扣点包含公共管理费、推广费、场地费及水电费，以及商场的管理经营利润。

(3) 装修费用率。装修费用的分摊，更多采用的是平均分摊制度，分摊年限界定在 3 年左右。常见的分摊方法是"532 分摊"，即第一年分摊50%、第二年分摊30%、第三年分摊20%，将经营风险前置，但很多门店几乎都是一次性分摊，这也未尝不可。随着连锁企业对终端形象的要求越来越苛刻，这方面的费用也愈来愈高。

(4) 水电费用率。对于大多数行业而言，水电费属于变动费用，可以人为地进行调节，但在零售业几乎都是固定费用，很少存在变动费用(员工提成可以视同是变动的，另外非定税制门店的税务支出也是变动的)。若门店员工为节约电费而关闭空调、灯光，往往会起到反作用。不是因为顾客进店才需要开灯，而是因为你开灯了顾客才进来，否则那不就是"黑店"了吗？

3. 损益类表格

损益表是用来反映连锁企业门店在一定期间内经营活动所得到的收入和发生的费用、成本、税金等支出情况的财务报表。分析损益表可以帮助店长了解门店的经营状况和盈利能力，并根据门店目标和实际业绩达成情况的对比找到经营管理中的问题和短板加以改进。

分析损益类表格需要关注收入、成本、毛利率、费用和净利润等指标，以了解连锁企业的经营状况和盈利能力的全貌。

三、做好表格管理的要领

表格管理作为一种科学的门店管理手段，越来越被更多连锁企业所重视和运用，也为这些企业带来了很大的效益。但在实际操作过程中，很多连锁企业却因为对表格管理的无序运用而使门店管理走进误区。

门店员工对待表格管理经常有抗拒心理，有的人怕麻烦，有的人认为只要有业绩，报表无所谓。有些门店管理者不愿意填写报表，或者填写不清晰，主要原因是门店管理者没有意识到表格管理的优势，或是因表格设计得不合理而造成表格没有生命力。

在某连锁企业曾经发生过这样一件事。由于缺乏对门店员工的有效管理和监控，导致某个门店员工常常不能有效贯彻总部的销售政策，甚至站在经销商的立场向总部要政策、讲条件，使企业管理者十分头疼，虽然多次更换店长人选，但结果都不甚理想。

最新上任的店长根据以往的管理经验，认为该门店的管理者与员工之间长期缺乏有效沟通，店长与门店员工之间没有科学的汇报机制和管理措施。于是，该店长制定了一套门店员工管理制度，并设计出一整套相应的销售管理表格，包括门店员工周工作汇报表、门店销售情况统计表及月度市场调研报告等，还将门店员工的工作汇报频率由原来的一月一次改为一周一次。新上任的店长还在培训会上强调了表格管理的重要性与科学性。

在该制度最初实施的几个星期之内，大部分门店员工都能按时填写并递交表格。但在接下来的时间里，部分门店员工开始以种种理由推迟递交表格，如工作太忙、时间太紧来不及填写这么多表格；经销商对此十分反感导致某些数据无法获得；在表格中提出的一些建议并没有被公司采纳等。而且，在实施表格管理的这段时间，因为管理人员的人手不够，并不能及时将门店员工的工作汇报表格有效汇总，数量繁多的表格和文件反而占用了管理者大量的时间。于是，门店管理实际上又走上了以前的老路，一套套表格形同虚设。

事实上，上面这个案例并不仅仅发生在某个企业中，表格的繁杂与管理的形式主义现象可以说是比比皆是，"为表格而制作表格"成为许多管理者痛苦而无奈的工作。要做好门店管理中的表格设计与运用，避免表格的繁杂与资源的浪费，应该从以下三方面入手来解决。

1. 门店管理表格的设计工作

表格管理最重要的一项工作就是设计出一套符合连锁企业需求特点的门店管理表格，那么设计表格时就要考虑企业所处的发展阶段、企业的发展需要、门店人员的素质与工作强度以及各项目的科学性等因素。

　　企业在不同的发展阶段需要了解不同的市场信息，需要采取不同的门店管理制度，因此门店管理表格应根据企业所处的发展阶段来设计。例如，一个刚成立的企业是不需要也不可能在门店管理中采用一套繁杂的门店管理表格的，那样将造成资源的巨大浪费与市场决策行为的迟缓，轻装上阵反而能够有效地发挥门店员工的主观能动性和工作积极性。

　　门店管理表格的设计要考虑企业的发展需要，因为表格的制作与填写主要是为了帮助企业完成对门店员工的管理及有效了解门店经营信息。同时，企业还需要了解门店员工在做什么、怎么做，有无损害企业的行为，以及其他竞争品牌的情况。"知己知彼，百战不殆。"所以，门店管理表格的设计也要考虑如何获得这些信息。

　　门店管理表格设计要考虑门店员工的素质与工作强度。由于受文化程度、个人经验及市场情况等因素的制约，门店员工素质高低不一，工作强度也各有不同。考虑到这些因素，如何让门店管理表格能够适用于最大范围的门店员工，以及在管理的过程中如何使门店员工规范化地填写，也都是设计表格时所必须注意的。

　　当然，设计门店管理表格时还要考虑各项目设计的科学性。门店管理者与表格设计者应该认识到，表格中所获取的信息并非企业决策的唯一依据，更要注意的是这些表格如何能够起到其应有的作用。也就是说，各项目的设计必须科学，必须符合企业、市场和人员的实际情况，并能够通过简单的问题获得企业想要获取的信息。

2. 门店管理表格的整理与信息利用

　　前面案例中的那家企业对门店管理表格的整理与信息利用可以说是"零"。他们所设计和执行的这套表格因为缺乏整理与信息利用而起不到应有的门店管理作用。这不但浪费了企业资源，还给门店员工的日常工作造成负面影响。

　　那么，如何做好这些表格的整理工作呢？门店管理表格的整理要考虑两个方面：一是整理的周期。这应该根据表格设计的情况来进行，力争第一时间进行整理。如周报表是一周一次，将可避免表格的累积与信息的滞后，可保证信息的时效性。二是整理的项目。如，哪些项目是应该重点整理和分析的，哪些项目是保留在门店的，而哪些项目又是应该递交给连锁企业总部的。企业应该根据门店管理表格的种类设计出相应的整理表格，并以最有效的方式整理出最宝贵的信息。企业应该在整理出这些信息之后，及时抓住其中的闪光点并进行有效利用。例如，竞争对手有什么动态，企业自身应该如何应对；客户有什么样的投诉和建议；企业是不是应该增加新的产品等。当然，企业的决策依据来自多个方面，但来自市场第一线的信息往往是最真实的。不过，连锁企业总部还应甄别这些信息的真伪。

　　此外，即使拥有一套科学的管理表格，管理人员还必须能够通过有效和便捷的方式及时反馈相关信息，以免影响各部门间的及时沟通，耽误门店的管理工作。

3. 门店管理表格的总结与改善

连锁企业在不同的发展阶段需要运用不同的门店管理模式，采取不同的门店管理制度。所以，门店管理表格会随着制度的变化而不断修订和改正。即使是在同一个门店管理阶段，也应该根据市场的变化、企业的需求变化改进门店管理表格。因为任何一套门店管理表格都不可能是完美无缺的，都会有这样或那样的缺点，所以需要不断修正。门店营运管理是动态的，门店管理表格的设计与运用也是动态的。没有任何一套门店管理表格能够得到所有人的认同，但一套门店管理表格应该在基于企业利益和市场需求的基础上，得到最大多数人员的认同与遵守执行。

任务二 ▶ 连锁门店的数字化管理

一、门店数字化管理简介

业绩好不好，数字说了算。不论门店大小，经营者都要对数字有充分的敏感，时刻关注门店运营状况及财务报表中的信息，以便及时调整和改善门店的管理工作，实现最大利润。目前许多门店的店长仍然缺乏数字化管理意识和技能，更多依靠个人经验进行门店运营管理，由于缺乏系统化的运营分析和思考，所以常常导致门店运营状况不佳，门店经营管理不科学、不规范。

数字是简单的，也是真实的。将今天的数据与昨天的数据对比，很容易找出其中的问题所在，并制订出相应的解决方案。数字代表的是门店真实的运营状况，只有建立在数据之上的解决方案才是实际并有意义的。发现哪个数字有问题就要着重解决对应的营运问题。只有这样，门店的营运能力才能科学进步，才能保障销售业绩节节高升。

阅读链接 3-1 做零售不能不知的超市趣味数字

• 超市哪个收银台结账速度最快？

超市购物结账时很考验人的耐性。哪个收银台结账最快？据统计，两侧的收银台往往比中间的人流量小，最右侧的收银台一天接待的顾客比最繁忙的收银台约少10%。

• 最热门商品是什么？

以销售数量统计，销售最热商品前十名分别为蔬菜、水果、肉类、鱼类、饮料、零食、日化用品、服装、卫生用品和食用油。

- 最忙时段：18:00～20:00。

超市一天有两个最繁忙时段——早晨和傍晚。每天从早晨 8:30～9:30 会迎来一天中约 20% 的顾客，其中近 9 成是中老年人。他们进超市后，往往直奔目标——最新鲜的蔬菜、鲜肉和鸡蛋。50% 的顾客会选择 18:00～20:00 这个时段进店购物，其中大部分是忙碌了一天的上班族，也有相当部分家庭会选择在饭后以逛超市作为散步方式，这个时间手推车上坐孩子的场景最多。

- 最忙碌岗位：收银员。

超市收银一直是最繁忙的岗位。两侧的收银台往往比中间的人流量少些。急于结账的顾客，可以尝试在两侧的收银台结账。

- 最容易被遗忘的角落：超市储物柜。

一个小小的方格，可以将随身物品在进店购物前方便保存，可是很多粗心的顾客会在离开卖场时忘记取出。据几家大型连锁超市统计，每天约有高达 20% 的储物柜会在当天被遗忘开启，约有 8% 的储物柜内寄存物品超过一周都无人理会。

二、门店经营中的关键数字分析

数字能够唯一且真实地反映门店营运的实际情况。门店业绩也是围绕六个数字展开的，分别是客流量、进店量、试用率、成交率、连单率和回头率。店长可以通过对这六个数字前后时间的比较分析来了解门店运营状况，找出影响业绩的关键因素，进而对门店运营进行调整。

1. 客流量

客流量是指以某地点为准，在一定时段内经过店前的目标顾客人数，即从门店门前经过，符合门店目标顾客要求的人数(注意不是人流量，人流量是包含非目标顾客的所有经过门店的人数)。客流量主要受店址、天气和大型活动的影响而变化。若遇到下雨天，门店的客流量就会减少；若遇到商场做大型促销活动，客流量就会剧增。

解决客流量减少的方法，一般是围绕门店周边进行推广和宣传。

2. 进店量和进店率

进店量是指进入门店的顾客数量。门店的进店率是指单位时间内进入门店的顾客人数占到经过门店的总客流人数的比例。其计算公式为

$$进店率 = \frac{进店量}{客流量} \times 100\%$$

进店率反映的是顾客进入门店的情况，在一定程度上能够为门店的设计、促销等决策提供依据。

一般来说，提高进店率的措施主要包含两方面：提高新顾客的进店率和吸引回头客。

3. 试用率

试用率是指顾客在店内驻留时间超过规定时间，用手触摸商品，并进行试用体验或商品咨询。其计算公式为

$$试用率 = \frac{试用商品的顾客人数}{进店量} \times 100\%$$

试用率的高低能反映出店员的专业水平和销售技巧，主要包涵商品设计、陈列、搭配和服务流程等范畴。

不同的顾客有不同的性格、情绪和习惯，但无论是哪种类型的顾客进店后进行商品试用主要取决于两点，即商品和店员的服务。所以，提升试用率的要点是根据顾客特征合理陈列和规范员工服务技巧。

4. 成交率

成交率是指购买商品的顾客人数占进店人数的比例。其计算公式为

$$成交率 = \frac{购买商品的顾客人数}{进店人数} \times 100\%$$

例如，进店人数为 100 人，购买商品的顾客人数为 30 人，则成交率为 30%。成交率的高低能够反映出门店在人员素质、团队协作、销售流程和技巧等方面存在的问题。

提升成交率的主要方法是提高团队协作能力和员工的销售、服务技巧。

5. 连单率

连单率是指顾客单笔购买两件或两件以上商品的人数占当期总成交顾客人数(客单数)的比例。

$$连单率 = \frac{顾客单笔购买两件或两件以上商品的人数}{客单数} \times 100\%$$

例如，当天有 100 名顾客买单，其中有 50 名成交商品件数在两件或两件以上，则连单率为 50%。连单率的高低能够反映出门店在员工连单销售技巧、收银和休息区域商品陈列等方面的问题。

提高连单率是在进店量减少的情况下提升门店营业业绩的有效方法。例如，提高其服装店连单率的具体的做法包括：一是提高员工的附加销售和服务技巧，以及不同品类商品的附加销售技术，增加员工对不同商品之间和商品与顾客、场合之间的搭配知识，引导顾客对整体搭配的需求；二是在顾客买单的收银区、等候包装的休息区陈列配饰和小件商品，方便顾客搜索和店员附加销售；三是推销店内惠赠商品，给予顾客二次购物优惠；四是推荐顾客达到销售门槛，加入会员资格，享受会员权益。

6. 回头率

回头率主要是指顾客成为会员后再次进入门店消费的人数占会员总数的比例。其计算公式为

$$回头率 = \frac{再次消费的会员数量}{总会员数量} \times 100\%$$

例如，A 店有 3000 个会员，当月有 200 个会员来店再次消费，则回头率为 6.7%。根据行业和品牌不同，回头率目标值的设计也不同，这与会员维护、营销和增值服务有关。

一家门店业绩的稳定和发展，很大程度取决于会员的回头率。也就是通常所说的，老顾客的多少决定一家门店业绩的好坏，回头率的变化代表门店会员服务能力的高低。提高回头率的方法有两种。一是售后回访，以皮具专卖店为例，在会员购物后一周内进行电话回访，内容包括是否有品质问题，是否穿着舒适，邀请经常回店护理和保养等；二是主动联系，介绍当季优惠活动。

阅读链接 3-2　上海家化：百年日化的数字化焕新

诞生于 19 世纪末的上海家化联合股份有限公司(以下简称"上海家化")是中国化妆品行业中的"老字号"。上海家化近年来的发展，既带着品牌的骄傲，也面临着老化的困扰。幸好，及时的改革措施和积极拥抱数字化的态度使上海家化得以扭转颓势。通过围绕消费者搭建数据体系、基于消费者需求推动产品创新和结合消费者变化打造全新渠道，上海家化重新焕发活力，在数字化、年轻化的道路上稳步前进。

☆ 转型原因：面临品牌老化与渠道包袱的困局

上海家化的前身是成立于 1898 年的香港广生行。20 世纪 50 年代，广生行与上海明星香水制造厂、东方化学工业社、中国协记化妆品厂合并为上海明星家用化学品制造厂，并于 1967 年将公司官方名称正式改为"上海家化"。2001 年，公司在上海证券交易所挂牌上市，是国内美妆行业第一家上市公司。至今，上海家化已经走过一百多年历史，孕育了六神、高夫和佰草集等知名品牌。

然而，走过百年的上海家化也不可能避免地遇到了品牌老化和渠道包袱两大发展困局。

首先，美妆日化行业的消费者发生了深刻的变化。一方面，国内外美妆品牌的发展模式、竞争局面已经大为不同；另一方面，新一代年轻消费者逐渐成为美妆市场的主力军，对于产品的需求与上一代消费者差异显著。提升产品与品牌竞争力、适应全新的竞争格局、争取年轻消费者，这些共同形成了上海家化面临的品牌老化难题。

其次，消费者选购美妆日化产品的渠道已不再停留于线下。上海家化积累了近 1500 家百货、约 1.3 万家化妆品专营店和近 6000 家母婴店。毋庸置疑，这在过去很长时间内使上

海家化保持着线下经营的优势,然而线下门店的重资产模式在今天反而成了上海家化的"包袱"。电商与新零售时代的到来,如何甩掉"包袱"成为上海家化的必答题。

这些因素带来的负面影响,让上海家化的营业收入在 2016 年降至谷底。从 2017 年起,上海家化踏上了改革之路。2020 年,曾任欧莱雅大中华区总裁、领导欧莱雅数字化转型的潘秋生执掌上海家化,提出"以消费者为中心,以品牌创新和渠道进阶为两个基本点,以文化、系统和流程、数字化为三个助推器"的"123"经营方针,推动上海家化走上数字化转型道路。"123"经营方针的落地主要体现在围绕消费者搭建数据体系、基于消费者需求推动产品创新和结合消费者变化进行渠道进阶三方面。2021 年,上海家化实现营业收入76.46 亿元人民币,同比增长 8.73%;净利润 6.49 亿元人民币,扣非净利润为 6.76 亿元人民币,同比增长 70.76%,达近 6 年最高水平。在受宏观环境充满不确定性的背景下,积极拥抱数字化、全力争取年轻化的上海家化提交了一份满意的"成绩单"。

☆ 走出品牌老化困局:基于消费者需求推动品牌创新

在数据化体系的支撑之下,上海家化不断深化对消费者的需求和审美的了解,并以此为依据,研发符合消费者需要的新产品,更新品牌定位与品牌形象,逐渐在激烈的市场竞争中焕发全新的生命力。

(一) 采用 C2B 的产品创新模式,提升新品成功率

在产品创新方面,上海家化秉承以消费者需求为驱动的 C2B 创新理念,采用内部创新、外部合作等方式,不断研发新品、迭代产品,以满足消费者的多元化、个性化需求。

首先,上海家化聚焦头部产品,逐步减少长尾产品,并梳理在研产品,明确各品牌需要迭代弥补的产品线;通过多维度的消费者定性定量测试来决定新产品的概念、包装、配方、体验和价格。例如,"温和"是家长在选择母婴产品时最重要的考虑因素之一,上海家化旗下婴幼儿护理品牌"启初"为打造更温和安全的婴幼儿产品,因此在产品开发中应用了获得诺贝尔生理或医学奖的 TRPV1 机制,并结合常规急性眼刺激性试验测试。2021 年,上海家化新提交了 82 项专利申请,同比增长 68%,研发费用总计 1.63 亿元人民币,同比上升 13.07%。

其次,上海家化持续深化与国际知名原料供应商合作第一时间获取前沿的原料技术。2021 年 6 月,上海家化与全球领先的化工公司——巴斯夫在创新领域展开深入合作,涵盖TCM(传统中草药)现代化、开发新的功效活性物和皮肤功效机理研究等。传统中草药植物护肤在国内备受消费者青睐,是上海家化的重点发展领域之一。

最后,上海家化还通过深化与天猫创新中心(TMIC)的合作,借助阿里巴巴集团积累的海量消费者数据和 TMIC 提供的知识库、孵化器等工具提升产品创新能力。通过与天猫创新车间的供应链工厂合作,上海家化能够更加灵活调整生产线,通过小规模生产实现同期多赛道布局。

通过上述措施，上海家化 C2B 的产品创新模式已经取得初步成果，为企业与消费者实现价值共创提供了新的实证：上海家化的产品创新效率显著提高，新品的研发周期从过往平均的 12 个月，缩短到现在的 8.5 个月，且新品成功率也在不断提升。2021 年，上海家化旗下多品牌多款新品获得了突破性的市场成绩。其中，玉泽蓝舱精华上市首周商品交易总额(GMV)超 1000 万元人民币，在天猫国潮日位列国货美妆第一名；佰草集全新太极肌源系列在"双十一"期间成为品牌电商销售前五位的爆品；美加净新品酵米系列驱动了品牌年轻化和市场下沉，一举扭转了连续多年的下降趋势。

(二) 加速品牌年轻化，迎合年轻消费者喜好

品牌创新方面，上海家化同样建立了基于消费者洞察的方法论。一方面，通过对消费者需求趋势的判断，上海家化找寻行业品类发展机会，确定差异化的品牌发展策略，将现有品牌划分为快速发展品类、细分冠军品类和细分领先品类；另一方面，上海家化不断加速品牌年轻化，满足年轻人的喜好和需求。

首先，上海家化致力于通过抖音、小红书等流量大、年轻化特征明显的平台与年轻消费者交流，重塑品牌形象。以上海家化旗下护肤品牌佰草集为例，佰草集创立于 1998 年，历史颇久，一直以来线下渠道用户忠诚度高，但在拓展新用户上遇到了瓶颈。为了吸引年轻消费者，佰草集借势年轻女性对"宫斗剧情"这一兴趣点短暂迅速地打入年轻女性圈层。通过打造自己的宫殿直播场景，将营销内容和产品巧妙的溶解其中，以此与年轻女性群体建立联系；在直播过程中，佰草集非常注重与用户的互动，并根据评论和弹幕的反馈完善直播剧情和细节，一改过去古板、守旧的形象，收获了大量年轻消费者青睐。

其次，上海家化还利用跨界 IP 推动品牌破圈，实现品牌价值提升和年轻化。2021 年"双十一"前夕，上海家化旗下护肤品牌玉泽与实力 IP"中国航天十二天宫"的跨界合作大获成功，具体表现在以下两方面：第一，在跨界 IP 的选择上，"神舟十三号升空""中国空间站首位女航天员"的新闻积极向上、影响力极大，吸引了大量年轻人的关注；第二，玉泽用"宇航服是宇航员在外太空的保护屏障，而皮肤也是人的屏障"的比喻，将品牌"屏障修护"的理念具象化、可视化，比单纯强调效果和严肃科普生动得多，令年轻消费者更易理解、更有好感、印象更加深刻。在此基础上，玉泽进一步推出与 IP"中国航天十二天宫"的实体联名礼盒，推动产品"玉泽皮肤屏障修护精华乳"的销售，实现品效共振。

2021 年，佰草集、玉泽的"Z 时代"人群占比分别上升了 62% 和 25%，上海家化的用户从中年女性向中青年女性群体全面扩散，品牌健康度呈现全面优化。

(三) 品牌自播+私域运营，不断丰富电商业态

通过对消费者购物渠道现状和发展趋势的分析，上海家化也在推动电商多平台布局，同时加强自播业务建设，重视私域运营，不断丰富电商业态。

上海家化对在各大电商平台运营的 82 家店铺进行了重新梳理，重新划分为平台电商(天

猫、京东等)、社交电商(微信、微博等)、兴趣电商(抖音、快手、小红书等)和特殊渠道(平安线上渠道)四大板块,并把线上这 4 个板块产生的所有数据,在中台的数据科学中心融合,进行统一沉淀、分析,其结果将推动整个线上渠道"人、货、场"的精细化运营。

2021 年,上海家化通过优化直播领域结构、培养内部直播团队赋能线上渠道发展。一方面,上海家化降低对超头部主播依赖度,加大对中腰部 KOL 的投入,在覆盖尽可能多的用户的同时,有效控制费用率,改善盈利能力;另一方面,上海家化在集团内部设立直播中心,打造自有专业直播团队。2022 年第一季度,上海家化自播 GMV 同比增长 615%,占整体电商比例超 16%,自播时长达 6315 小时,佰草集和玉泽等品牌都通过直播收获了亮眼的销售成绩。

此外,上海家化十分重视私域建设,直接连接消费者。截至 2021 年底,上海家化建立了 9000 多个私域沟通群,积累了超百万的用户。为了更加了解消费者、吸引消费者进行购买和复购,上海家化搭建了 VIP 客户的一对一沟通渠道,渐进式提升整体消费者体验,使消费者全生命周期价值提升了 16%。2022 年,上海家化在打造的私域基础上,进一步打通了不同品牌之间的消费者数据,形成了全公司、全品牌、全域的 CRM。上海家化的目标是通过积累私域用户资产池,带动消费者交叉购买,从护肤领域较低端的美加净到高端的双妹,再引流到家清、母婴等品牌,实现跨品牌引流和消费者全生命周期价值管理。

资料来源:莫可怡. 上海家化:百年日化的数字化焕新[J]. 国际品牌观察,2022(18):47-51.

总之,门店的日常经营与数字化的营销和流程管理紧密相关,作为连锁门店店长,唯有深入理解和重视运用这些关键数字指标,才能将门店的绩效管理和业务提升工作落到实处。

◇ **案例精讲** 数字化助力麦当劳市场扩张

麦当劳全球(以下简称麦当劳)开始狂奔。中国现在已经是麦当劳第二大市场和发展最快的市场,麦当劳未来的五年计划是 2028 年前达到 10 000 家餐厅的规模。这意味着每 9 个小时就会有一家新餐厅开业。由此更是不难看出麦当劳加码中国市场的决心。

◎ 四年开出近万家店,数字化让麦当劳扩张规划更科学

为了抓住更多消费者,麦当劳宣布了最新增长目标。2023 年 12 月 6 日,麦当劳给出了几个新数字,首先是"5 万",麦当劳表示,2027 年的目标是达到 50 000 家餐厅,这也意味着麦当劳将迎来品牌历史上最快的增长期。同时,"2.5 亿"也是关键词之一,指的是到 2027 年,将 90 天活跃用户数量从 1.5 亿扩大到 2.5 亿。

不仅如此,在数字化方面,麦当劳更是已经提前进行规划。麦当劳称,从 2024 年开始,

将全球数千家餐厅与谷歌云技术连接起来，以改善运营以及消费者和员工体验。具体来说，麦当劳和谷歌宣布建立战略合作伙伴关系，将在其全球餐厅应用生成式人工智能解决方案。

麦当劳首席执行官克里斯·坎普钦斯基表示，现在公司已经对现有的店面进行了现代化改造，是时候抓住时机建造新的餐厅了。随着消费者越来越追求性价比，麦当劳计划抓住这一机遇。最新的扩张计划包括在美国新建 900 家餐厅，在自有餐厅运营的国际市场新建 1900 家餐厅，在通过授权合作伙伴运营的国际市场新建 7000 家餐厅。截至 2023 年 9 月 30 日，麦当劳共有 41 198 家连锁店，其中超过 39 000 家为特许经营店，剩下 2000 多家为自营店。

◎ 加强数据分析能力，以数据为依据进行精准定位和消费者洞察

麦当劳作为一个美国的连锁餐饮品牌，通过大数据分析优化了菜单组合和定价策略，成功提升了销售额。根据麦肯锡的研究，麦当劳通过增强数据驱动的决策能力，使其销售额提高了 2%~4%。的确，每 9 个小时开一家新店并非易事，但这对于麦当劳而言更是不小的机遇。随着全球经济的发展和消费者需求的增长，麦当劳认为有必要提高门店数量，尤其是在新兴市场，需要适应这些变化并抓住新的机遇。同时，麦当劳可以通过技术创新等举措更好地吸引消费者，这也意味着更多的商机和更高的销售利润会随之而来。中国市场作为麦当劳最大的潜在市场之一，加速拓展能为品牌未来增长提供巨大机遇。

◎ 大数据和人工智能，提升运营效率和营销效果

每年平均推出超过 200 款新产品、新建 LEED 绿色餐厅、加大数字化渠道订单业务占比等，麦当劳近年来没少在本土化上下功夫。纵观行业，包括麦当劳在内的西式快餐品牌均在加速拓店，尤其是在麦当劳押宝的中国市场，麦当劳接下来怎么走至关重要。

不同区域的法律法规、消费习惯和文化存在差异，麦当劳需要因地制宜，进行精细化运营，并考虑如何有效地控制成本和提高投资回报率。在加速布局中国等市场的过程中，麦当劳需要提升产品品质和消费者体验，研发符合当地人口味和健康、标准的新产品，以满足不同市场的需求。另外，麦当劳要利用大数据和人工智能等技术，提升运营效率和市场营销效果，同时注重品牌形象和口碑建设。

资料来源：张天元. 9 小时开一新店 麦当劳中国狂奔[N]. 北京商报，2023-12-08(04).

案例点评：

不难看出，数字化是麦当劳每 9 个小时开一家新店实现快速扩张的重要法宝。关于数字化管理，做到"凡事心中有数"。麦当劳的管理经验告诉我们：引入先进互联网技术及工具，优化线上服务体验，可以提高门店的竞争力和消费者体验，提升门店的运营效率。总之，我国的传统企业应积极寻求数字化转型之路，以适应市场的变化和需求。

◆ 本 章 小 结

　　标准化是连锁企业门店的主要特征，在标准化的实施过程中数字化和表格管理是重要的工具。店长对门店营运要做到"心中有数"，而不能凭经验、靠感觉，只有表格管理门店才真正地有规范、有标准和有执行力。因此，没有表格管理的门店就不是连锁店，店长要学会表格管理和数字化管理门店。

★**主要知识点**

常用的门店管理表格　表格管理　数字化管理

◆ 基 础 训 练

一、选择题

1. 下列门店管理表格中，属于费用类表格的有(　　　)。

A. 导购员工资费表

B. 装修费用表

C. 水电费用表

D. 门店坪效表

2. 会引起门店员工对表格管理产生抗拒心理的有(　　　)。

A. 表格设计不合理

B. 表格填写过于烦琐

C. 店长不能及时对管理表格进行分析和反馈

D. 店长严格按照管理表格的结果进行奖金发放和绩效考核评价

3. 某门店一天的来店人数为 200 人，其中试用产品的有 120 人，最终购买产品的人数为 70 人，则该门店一天的成交率为(　　　)。

A. 25%　　　　　　B. 35%　　　　　　C. 60%　　　　　　D. 75%

二、判断题

1. 表格管理是一种科学的门店管理手段，只要凡事有表格，门店管理肯定规范。(　　　)

2. 根据连锁经营业态的特点，例如餐饮、家居建材、服装、超市百货等，门店管理表格的设计也要有不同的侧重点。(　　　)

3. 表格管理是经营的灵魂工具，店长若能善用检核表，便可以轻易掌握门店的营运状况。（ ）

三、简答题

1. 简述店长用表格管理门店的意义。

2. 谈谈你对连锁企业门店管理中"不能管理数字，别谈加薪、升迁"是如何理解的。

3. 简述店长在门店营运中要对哪些关键数字进行诊断和分析。

◆ 实 训 项 目

一、背景介绍

时间就是生命，时间就是财富。失去了时间，就失去了一切。但凡是在事业上取得卓越成就的人都是时间管理的专家。著名数学家华罗庚就曾用烧水泡茶的简单例子向我们说明了时间管理的方法：

例如，某人想泡壶茶喝。当时的情况是：开水没有；水壶要洗，茶壶茶杯要洗；火生了，茶叶也有了。怎么办？

方案甲：洗好水壶，灌上凉水，放在火上；在烧水等待水开的时间里，洗茶壶、洗茶杯、拿茶叶；等水开了，泡茶喝。

方案乙：先做好一些准备工作，洗水壶，洗茶壶茶杯，拿茶叶；一切就绪，灌水烧水；坐待水开了泡茶喝。

方案丙：洗净水壶，灌上凉水，放在火上，坐待水开；水开了之后，急急忙忙找茶叶，洗茶壶茶杯，泡茶喝。

显然，方案甲最好。

在这里，华罗庚用一个让人一目了然的例子，说明了时间统筹规划的概念。巧妙地搭配时间，就能提高工作的效率。作为门店店长，其日常工作是非常繁忙的。如果能够在门店营运管理工作中自觉、合理地安排时间，做好日常工作的时间管理，店长就能做到自己的长远规划，工作效率也就会大幅提升。

二、实训任务

将班级分为若干小组，以小组为单位调查一家门店，并对店长的日常工作进行观察、剖析，然后按照"重要不紧急""重要且紧急""不重要不紧急""不重要但紧急"这四个标准对其工作进行分类，最后为该门店店长设计一张时间管理的表格，并说明如何应用该表格提高店长的工作效率。

三、实训评价标准

教师指导分组完成该任务，然后根据店长工作调查的准确性(满分为 30 分)、表格设计的合理性(满分为 30 分)、时间管理方案的可行性(满分为 40 分)对团队的实训完成情况进行评价。

项目四 店长对连锁企业门店员工的作业管理

◆ 学习目标

通过本项目的学习，了解和掌握连锁企业门店的理货、收银等岗位的工作职责及作业规范；掌握店长对门店员工作业管理的要点。

◆ 引入案例

称职店长和店员的自我检核表

★ 店长自我检核项目

1. 是否充分了解门店经营理念及工作方针。

2. 是否使用工作检核表来控制作业品质。

3. 是否具有做计划并执行计划的能力。

4. 对于团队是否具有协调、指导等领导能力。

5. 是否为团队成员提供工作技能、方法、步骤等方面的培训。

6. 是否使用各项表单将作业的结果以数字呈现，并具体地分析且提出改善建议。

7. 是否具有包括顾客资料收集、顾客关系建立、顾客抱怨处理等顾客管理能力。

8. 是否建立了良好的社区公共关系。

9. 是否具有包括验收进货、整理标价、卖场布置、展示陈列、销售分析、库存控制等商品管理能力。

10. 是否具有充足的商品知识并能培养团队成员使其具有同等能力。

11. 是否具有基本服务态度、待客应对技巧、销售技术等销售能力。

12. 是否具有维护门店设备安全与完备，并使门店购物环境更方便、舒适的能力。

13. 是否能做好金钱管理工作。

14. 是否重视商圈的经营，包括消费者、竞争店的调查与交通情报的收集。

15. 是否了解门店会计账务流程，并具备分析财务报表的能力。

16. 对于公司内部的各项管理规定、作业流程，是否充分了解并实践。

17. 是否具有成本意识，能时时考虑如何在日常工作中降低成本。

18. 是否具有问题意识，能时时考虑如何在日常工作中进行作业改善。

19. 是否理解时间是企业最珍贵的资源。是否能运用组织的力量充分发挥时间的效能。

20. 是否随着企业的成长不断进步、自我提升。

★ 店员自我检核项目

1. 是否衣着整洁。是否化淡妆。

2. 是否以微笑待客。

3. 是否谈吐文雅、音量适中。

4. 是否动作利落、步伐敏捷。

5. 是否利用空余时间整理卖场或处理行政工作。

6. 是否积极协助同事。

7. 是否令人容易亲近。

8. 是否有随时迎客的心理准备。

9. 是否专注倾听顾客询问，诚恳应对并留意其反应。

10. 对于收银及包装动作是否熟练。

11. 是否能把握接近顾客的时机。

12. 商品知识是否丰富。是否能简明地将其特性介绍给顾客。

13. 在接待顾客时是否充满信心、态度从容且技术熟练。

14. 是否能灵活运用卖场基本用语。

15. 专业知识、流行资讯、市场情报及同业动态，是否皆能清楚掌握。

16. 门店外部表现(包括外观、店招、展示橱窗等)的视觉效果是否良好。

17. 门店色彩搭配与照明效果是否良好。

18. 门店从入口到内部动线的设计及道具的使用是否能引导顾客入内，并方便其了解及选购商品。

19. 门店的商品陈列是否能表现出主题。重点商品是否突出。

20. 门店 POP 广告是否发挥其应有的效果。POP 广告有无错误、污损、过期等。

任务一　　店长对理货员的作业管理

连锁企业门店的理货员有其特定的工作项目，店长必须对理货员加以管理，以追求更高的绩效。店长对理货员工作项目的管理，有领货作业的管理、商品陈列作业的管理、标价作业的管理及补货作业的管理等。

一、领货作业的管理

在营业过程中，陈列于货架上的商品在不断地减少，连锁企业门店理货员的主要职责就是去库房领货以补充货架。在领货作业中的重点环节如下：

(1) 理货员必须凭领货单领货。

(2) 理货员要在领货单上写明商品的大类、品种、货名、数量及单价。

(3) 理货员对内仓管理员所发出的商品，必须按领货单上的事项逐一核对验收，以免商品串号和提错货物。

二、商品陈列作业的管理

商品陈列作业是指理货员根据商品配置表的具体要求，将规定数量的标好价格的商品，摆设在规定货架的相应位置。商品陈列的检查要点如下：

(1) 商品是否有灰尘。

(2) 货架隔板、隔物板贴有胶带的地方是否弄脏。

(3) 标签是否贴在规定位置。

(4) 标签及价格卡上的价格是否一致。

(5) POP 广告是否破损。

(6) 商品最上层是否太高。

(7) 商品是否容易拿取和放回原处。

(8) 上、下隔板之间是否间距适中。

(9) 商品陈列是否做到先进先出。

(10) 商品是否做好前进陈列。

(11) 商品是否快过期或接近有效期。

(12) 商品是否有破损、异味等不适合销售的状态存在。

阅读链接 4-1　商品陈列的原则

(1) 显而易见。

贴有标签的商品正面面向顾客，每一种商品不能被其他商品挡住视线，货架下层不易看清楚的商品做倾斜式陈列。

(2) 伸手可取。

对生鲜性商品，应有一个简单的外包装或配有简单的拿取工具。一些量贩陈列堆得很高，需考虑在近旁再堆放一些，以方便个子矮的顾客拿取。商品陈列应与上隔板保持距离，使顾客拿取容易、放回也容易。

(3) 满货架。

① 有效空间不被浪费。

② 商品表现力升高，若"少"易造成"卖剩下的"印象。

③ 满陈列会吸引注意力，提高商品周转率。

(4) 使顾客容易判别商品所在地。

① 按商品组织结构陈列，便于顾客寻找，轻松购物。

② 超市必须公布商品配置位置分布图和商品指示牌并及时修正。

(5) 先进先出——保持货品新鲜。

(6) 关联陈列。

商品陈列应在通道两侧或在同一通道、同一方向同一侧的不同组货架上，而不应陈列在同一组双面货架的两侧。将不同分类但有互补作用的商品陈列在一起，尽可能地再现消费者在生活中的场景。

三、标价作业的管理

1. 标签的用途

标签的主要用途如下：

(1) 有利于顾客识别商品售价。

(2) 有利于商品分类、收银、盘点及订货作业。

(3) 可通过不同颜色的标签，便于了解商品的进销存情况，也可作为特定商品的识别符号。

2. 标签打贴的位置

标签打贴的位置一般在商品正面的右上角(因为一般商品包装其右上角无文字信息)。如右上角有商品说明文字，则可打贴在右下角。

(1) 几种特殊商品标签的打贴位置规定如下：

① 罐装商品，标签打贴在罐盖上方；

② 瓶装商品，标签打贴在瓶肚与瓶颈的连接处；

③ 礼品，尽量使用特殊标价卡，最好不要直接打贴在包装盒上。因为送礼人往往不喜欢受礼人知道礼品的价格，购买礼品后他们往往会撕掉包装上的价格标签，因此可能损坏商品的外包装。

(2) 打价前要核对商品的代号和售价，核对进货单和陈列架上的价格卡，调整好打价机上的数码。

(3) 价格标签纸要妥善保管，为防止不良顾客偷换标签，即以低价格标签贴在高价格商品上，通常可选用仅能一次使用的折线标签纸。

(4) 商品价格调整时，如价格调高则要将原价格标签纸去掉，并重新打价，以免顾客产生抗拒心理；如价格调低，可将新标价打在原标价之上。每一个商品上不可有不同的两个价格标签。这样会招来不必要的麻烦和争议，也往往会导致收银作业的错误。

四、补货作业的管理

补货作业是指理货员将标好价格的商品，依照商品各自既定的陈列位置，定时或不定时地将商品补充到货架上去的作业。理货员补货作业流程如图 4-1 所示。

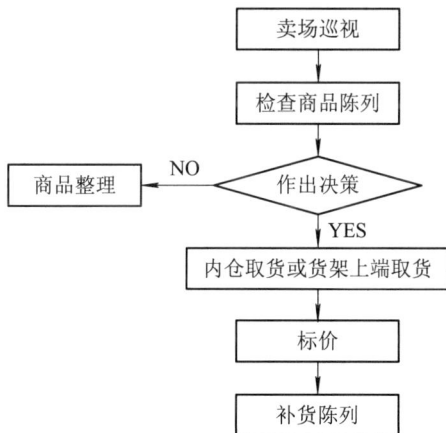

图 4-1　理货员补货作业流程示意图

定时补货是指在非营业高峰时的集中补货。

不定时补货是指只要货架上的商品即将售完就立即补货，以免由于缺货影响销售。

(1) 理货员在进行卖场巡视时，如不需要补货可进行商品的整理作业：

① 清洁商品。如理货员在巡视时手中的抹布不能离手。

② 做好商品的前进陈列，即当前一排的商品出现空缺时要将后面的商品移到空缺处，这样既能体现商品陈列的丰富感，又符合商品陈列先进先出的原则。

③ 检查商品的质量，如发现商品变质、破包或超过保质期应立即从货架上撤下来。

(2) 理货员补货上架时的作业流程如下：

① 根据商品陈列图，做好商品陈列定位化工作。

② 检查核对一下欲补货陈列架前的标签是否与要补上去的商品售价一致。

③ 补货时先将原有的商品取下，然后打扫陈列架(这是整理清洁货架里面的最好时机)，再将补充的新货放在里面，最后将原有的商品放在前面，做到商品陈列先进先出。

④ 整理商品排面，以呈现商品的丰富感。

⑤ 对冷冻食品和生鲜食品的补充要注意时段投放量的控制。一般补充的时段控制量是在早晨营业前将所有品种全部补充到位，但数量控制在预定销售额的 40%，中午再补充 30%，下午营业高峰到来之前再补充 30%。

任务二　店长对收银员的作业管理

收银作业是门店销售服务管理的一个关键点。收银台是门店商品、现金的"闸门"，商品流出、现金流入都要经过收银台，因而，稍有疏忽就会为企业带来不小的损失。收银工作是门店服务中一个非常重要的环节，不仅仅是一个单纯的结账服务，收银工作直接面对的就是顾客，在收取货款的过程中，也能体现出门店的服务形象和服务精神，要让顾客在购买商品的同时还能收获心灵上的满足感。

一、收银员的工作要求

收银员的工作要求如下：

(1) 态度和蔼亲切，面带微笑。

(2) 结账正确迅速。

(3) 不能以任何理由同顾客发生争吵。

(4) 积极主动、服务顾客。

(5) 不短收、超收顾客金额。

二、做好收银工作应具备的基本知识

1. 熟识门店的主要商品

(1) 熟识门店主要商品的分类及摆放位置。

(2) 熟识门店主要商品每期的特价和调价。

2. 熟练掌握收银机和读卡机的操作

(1) 对于收银机的操作，要求掌握以下技能：

① 输入商品资料。

② 更正输入商品资料。

③ 退货、换货(由门店店长控制操作)。

④ 取消整笔交易(如顾客突然取消购买)。

⑤ 更改售价(由门店店长控制操作)，包括临时改价(残次商品销售)和原价销售(特价商品以原价售出)。

⑥ 收款方式，包括现金收款，各种储值卡、提款卡及信用卡收款(按连锁企业总部规定接受使用)，以及礼券、现金代金券收款(按连锁企业总部规定接受使用，礼券回收后立即在正面的右上角加画"//"代表此券已作废，同时于其背后加签收银员姓名和日期)。

⑦ 其他操作功能。

⑧ 下班前结算。

(2) 对于读卡机的操作，要求掌握以下技能：

① 各种卡的输入使用方法。

② 成功接受交易的操作。

③ 不接受交易的操作。

④ 各种卡的真伪鉴别。

3. 现金找赎技巧

收银员应掌握的现金找赎技巧包括：

(1) 收取大面额纸币的找赎，先把收到的大额纸币压放一旁，找赎清楚后再把大额纸币存放好。

(2) 三唱一复。收银员在工作中应做到"三唱一复"，即唱收、唱付、唱零及复核。所有商品输入电脑后应快速、准确、响亮地说出应付金额，并询问顾客是否还有其他商品及采用何种方式结算。例如，"您好，有会员卡吗？"接过顾客会员卡后，先在读卡机上读出会员卡，然后根据会员的类别对商品进行优惠。同时，读出商品总价、顾客交款总额及找给顾客金额，将收银机票据连同找赎现金一同交到顾客手上。

(3) 识别假币和变造币。假币是指依照真人民币的纸张、图案、水印及安全线等原样，利用各种手段非法制作的伪币。变造币是指拼接的假币，即人为地将真币的一部分与假币的一部分拼接而成的一张假币，这种假币要仔细辨别。收银员可通过外观、声音、手感及机器检验等方式加以识别。

4. 为顾客装袋技巧

收银员为顾客装袋时应注意：

(1) 装袋并不是把商品放进袋子里就行了，装袋服务要按照一定的规范进行。

(2) 根据顾客购买商品的数量来选择袋子尺寸。

(3) 不同性质的商品分别装进不同的袋子。

(4) 容易出水或味道较强烈的商品，先用其他购物袋包装好，再放进购物袋内。

(5) 商品不能高过袋口，以免顾客手提不方便。

(6) 掌握好装袋顺序：重、大且底部不稳的商品放置于袋子底部，正方形或长方形的商品放在袋子两侧，瓶装和罐装的商品放在中间，容易碰损、破碎、较轻、较小的商品置于上方。

(7) 装袋后提醒顾客不要遗忘商品。

三、结账程序

收银员的结账程序如下：

(1) 应面向顾客，并说"欢迎光临！"

(2) 唱收唱付，"您总计应付 XX 元""收您 XX 元""找您 XX 元""请您点收""祝您中奖"。

(3) 顾客结账等候时间过长时，应说"抱歉，让您久等了"。

(4) 收银时应等顾客全额付款后，再点确定键。如顾客钱款不够时，应建议顾客退回部分商品，对已确定的应即刻找主管冲退。

四、收银员注意事项

收银员应遵守有关现金规定，通常包括：

(1) 上班时不可随便打开钱箱点钞；

(2) 注意伪钞判断及仪器鉴别；

(3) 当日现金溢短收超过 10 元时，须注明原因填于交班表中；

(4) 下机后清点现金仅限于在现金清点区进行，现金清点完毕后应迅速离开，现金清点时严禁非相关人员进入门店；

(5) 禁止上班时身上携带金钱，以免混淆。

有关收银规定如下所述。

(1) 收银过程中的要求：

① 结账时，须注意购物车内及下层商品是否全部取出结账；

② 每项商品须确认全部输入收款机内，注意漏扫或者多扫造成客诉问题；

③ 严禁与他人私通作弊，收银员对亲友收款应回避；

④ 随时收集顾客建议或抱怨事项，可填写于交班表中，由主管收集交至店长；

⑤ 收银动作要求：左手推商品，右手扫条码，不可用乘键，应逐一扫商品并查看屏幕，以确保质量。

(2) 收银员中途离台要求：

① 收银员有事需离开款台时，先向主管报告，否则以旷工论处；

② 收银员应熟记自己的密码，如怀疑密码泄露应及时更改，要保管好自己的钥匙；

③ 严禁员工上班中购物或购物后再进入门店。

(3) 指定收银台和收银员完成特殊业务的规定：

只能由指定收银台和指定收银员，进行退换货处理，接受退换货处理单，进行大量采购(团购)处理、员工购物结账处理及受理支票。

(4) 有关收银安全的要求：

① 收银台不可让闲人靠近，应提高警惕；

② 遇意外抢劫应保持沉着冷静、机智应变，并以自身安全为第一。

五、店长对收银员异常情况的处理

店长发觉收银员有下列异常情况时，应立即采取修正措施。

(1) 不告而别。员工不办辞职手续就离开，当员工不告而别时店长应采取下列行动：

① 马上清场。

② 更换锁，清点钥匙是否遗失。

③ 检查现金，看是否有短少。

④ 检查账面与实物货品数量。

(2) 发现现金。在收银机上或其他设备或高处的商品处发现额外现金时，店长应采取下列行动：

① 检查排班表，确认在此时段内轮班的员工。

② 将人员打散，避免串通。

③ 要贯彻执行每日现金清点作业与交接作业，并且当场立即询问员工该金钱的由来。

(3) 员工行为举止怪异，工作态度改变，店长应采取以下行动：

① 主动关心该员工，并询问其是否有工作上不如意、家中有事或感情纠纷等。

② 调动该员工轮其他班，谨防其违规。

◇ **案例精讲** 百货公司收银员用漏洞办虚假退货，私吞近600万

2013年6月，北京某百货公司财务人员核对账目时发现其公司发行的购物充值卡出现金额异常巨大的退货操作，经调查后发现公司收银领班胡某利用公司收银系统中办理退货服务的系统漏洞，两年间共侵占公司营业收入上百万元人民币。

据胡某回忆，2011年7月有一次她正在给客户办理退款业务时电脑突然死机，退款业务虽然办理成功但数据并没有上传系统，就因为这次偶然的机会胡某随即动了歪心思。几天后，胡某找到一张废弃购物卡，将1000元人民币退到这张购物卡内，并迅速在电脑中删除相关数据。胡某发现此后几天核算部并没发现这笔错账。一个多月后，胡某再次以同样手法试探性分两次转出两个5000元人民币，并以9.4折价钱卖给"黄牛"。这三笔异常退款直到当年年底也没被商场发现，胡某的胆子这才大了起来。2013年，胡某开始疯狂作案，仅2013年5月就退款209万元人民币，并用侵占来的钱在郊区购置了三套房产。

经商场方调查，首次发生购物卡异常退款情况是在2011年7月，金额是1000元人民币，与胡某回忆一致。统计结果显示，2011年7月至2013年5月胡某在担任百货公司收银员领班期间，利用商场计算机系统漏洞，通过办理虚假退货将资金转入废弃购物卡，并从"黄牛"处套现的方式共非法侵占576万元人民币。

资料来源：百货公司收银员用漏洞办虚假退货，私吞近600万.

http://politics.people.com.cn/n/2014/0918/c70731-25685431.html.

案例点评：

收银人员利用职务便利侵占本单位钱款的舞弊行为时有发生，其主要原因是内部人员深谙公司内部管理制度及操作系统上的漏洞，利用经手和管理货款的便利进行犯罪活动，隐蔽性强，有关单位往往是遭受巨额财产损失后才有所发觉。

本案例中，胡某通过收银系统进行办理退货，在短短22个月侵吞钱款达576万元人民币，平均每个月26万元人民币，平均每天8700余元人民币，如此金额不可谓不多。这样的情况发生在一家商场一个收银员身上，而且持续了近两年时间也没有被发觉，管理方面不能不说存在着很大的漏洞，这主要体现在以下几方面：

(1) 收银系统引入测试不严谨，存在重大设计缺陷。

收银员在退款信息未成功上传内部核算系统的情况下能办理购物卡退款，这说明收银系统存在着重大的设计缺陷。

目前社会上的各商场、超市及零售批发的卖场普遍上都使用了收银系统。该系统的开发商也是各种各样、参差不齐，而人们由于缺乏对信息系统安全性的基本认知，大多认为信息系统是便捷的、安全的和可靠的，但殊不知信息系统带来的不仅仅是方便，伴随着的

也可能是巨大的威胁。如果在引入信息系统时未能对系统的安全性进行充分测试，那就可能潜藏"不安全"因素，在日常使用过程中被"有心人"察觉后并加以利用，就必然会给企业带来损失。此外，作为收银员在电脑系统内的修改权限也需要进一步控制，绝对不能允许收银员随意删除电脑内任何已生成数据。

(2) 退货流程不规范，未实际退货就能办理退款。

一般商场或超市的退货，都会要求先办理退货再办理退款。这首先要求退回货物的接受人员不能是收银人员，而起码应当是实物的管理人员，这两者应做到绝对的分离。货物的接受人员在收到货物后应仔细检查包装、商标等的完整性，以保证可以进行二次销售。如因质量问题发生退货的，应按厂家要求填写质量问题记录或其他。收银人员在见到收货人员的签字后方可办理退款手续。

在本案例的细节描述中，无法得知该商场的退货是否经过了上述的流程，即先需收货人员的验收签字确认后才能办理退款。更为安全和严格的控制应该是办理退款手续由收银员发起，收银员领班进行复核后通过刷卡、指纹或其他方式进行授权后方可办理。当然也可由收银员将退货单据统一收好后，由中后台统一办理。

(3) 退款路径不控制，废卡均能随意接受退款。

在本案例中，胡某随意找了若干废卡，并将退款打至这些废卡后再次出售。这是对退款路径的控制不够严格，给予胡某可趁之机。一般的商场或超市发生退货，都会明确告诉买家，退款是按照当时购买商品的付款路径"原路退回"，即付现金的退还现金，刷银行卡的退还至原银行卡，刷购物卡的退还至购物卡。如购物卡丢失，则应由中后台办理一张新购物卡退还给顾客，如此可以有效地防范收银人员随意退款的现象。

(4) 商场库存商品日常盘点工作有待加强。

时隔 22 个月，发生了如此巨额的损失后商场方才察觉，这说明该商场日常工作未足够重视库存商品财务账、仓库实物账与仓库实物三者间的核对工作。柜员在日常工作中对于在销售时发现的账实不符的现象也未及时上报、调查，导致胡某的行为未被及时发现。所以商场定期(每月)组织盘货是十分必要的。

◆ 本 章 小 结

理货员的工作包括领货作业、陈列作业、标价作业及补货作业等。收银员的工作职责除了结算货款以外，还包括为顾客提供良好礼仪服务、现金管理、推广促销及防损等工作。店长对于门店员工的作业管理包含职业修养、作业活动规范、重点环节的管理等，以保证门店的有序经营，为连锁企业树立良好的社会形象。

★主要知识点

商品陈列作业　标签的用途　补货作业　收银作业　三唱一复

◆ 基 础 训 练

一、选择题

1. 下列选项属于门店经营管理的内容有(　　)。

A. 导购　　　　　　B. 客服

C. 收银　　　　　　D. 换货

2. 连锁门店店长对员工管理的内容有(　　)。

A. 出勤管理　　　　B. 服务管理

C. 效率管理　　　　D. 培训

3. 收银过程中应遵循的"三唱一复"原则中的"三唱"不包括(　　)。

A. 唱价　　　　　　B. 唱收

C. 唱付　　　　　　D. 唱零

二、判断题

1. 商品管理中补货区域的先后次序为端架→堆头→货架。(　　)

2. 缺货是连锁企业门店工作中最大的罪恶。(　　)

3. 收银员的职责就是给顾客结账,其他的事情可以不用问。(　　)

三、简答题

1. 谈谈理货员提高顾客服务意识的重要性。

2. 收银员应掌握哪些识别假币的技巧?

3. 收银员为顾客装袋有哪些注意事项?

◆ 实 训 项 目

一、实训任务

当一天收银员,体会收银工作。

二、实训要求

通过"当一天收银员"的实训项目,掌握收银工作的流程及工作内容。

三、项目考核

按表 4-1 进行考核。

表 4-1 "当一天收银员"实训项目考核评价表

项目	打 分 要 点	表现描述	得分
仪容仪表 (10分)	(1) 着装整洁,符合收银员职业形象(3分) (2) 佩戴工牌,工牌位置规范(3分) (3) 面容干净,头发整齐,指甲清洁(2分) (4) 精神饱满,态度端正(2分)		
待客用语 (10分)	(1) 使用普通话,语速适中,发音清晰(3分) (2) 礼貌用语,如"您好""请问""谢谢""再见"等(3分) (3) 耐心倾听顾客需求,主动提供帮助(2分) (4) 结账时,向顾客说明购物金额及找零(2分)		
作业纪律 (20分)	(1) 准时上下班,不迟到、早退(5分) (2) 工作时间不擅自离岗,不玩手机(5分) (3) 遵守公司规章制度,服从管理(5分) (4) 与同事保持良好沟通,协作完成工作任务(5分)		
收银设备使用、维护 (10分)	(1) 熟练操作收银设备,如扫描枪、POS 机等(4分) (2) 定期检查收银设备,确保设备正常运行(3分) (3) 发现设备故障,及时报告并协助维修(3分)		
大钞、零钱管理(10分)	(1) 正确识别真假币,防止收到假币(4分) (2) 合理调配大钞、零钱,确保找零顺畅(3分) (3) 保管好现金,防止丢失和被盗(3分)		
商品管理 (10分)	(1) 熟悉商品价格及促销活动,准确报价(3分) (2) 检查商品保质期,确保商品质量(3分) (3) 合理摆放商品,保持货柜整洁(4分)		
突发情况处理与应对(30分)	(1) 顾客纠纷处理:耐心倾听,公正调解,维护店铺形象(8分) (2) 设备故障应对:及时报告,协助维修,确保营业正常(8分) (3) 突发事件应对:保持冷静,按照应急预案处理,确保顾客及财产安全(8分) (4) 临时停电、网络故障等情况下的应急处理(6分)		
合　计			

项目五　连锁企业门店作业安全的管理

◆ 学习目标

通过本项目的学习，了解连锁企业门店损耗产生的原因及安全管理的重点；掌握门店防损和安全管理的常见途径，以及门店对员工偷窃和顾客事件的防范与相关处理方法。

◆ 引入案例

一位老店长的门店防损七妙招分享

十年前，我刚就职于一家上市公司，该公司为运作一个投资数亿元的商业地产项目，筹划先开设一家标准超市以提升人气。因我的人事档案中有曾就职于百货商场的经历，就派我去当这个标准超市的店长。

接受任命的当晚，我怎么也不能入睡，想来自己平时常去超市购物，对超市的相貌和结构似乎有印象，但对它的内部管理、运作流程却一点也不了解，就这样去当店长，能管理好一个几千平方米的门店吗？要是商品丢失了该怎么办？要是人气不旺、生意不红火该怎么办？类似这样的困惑，压迫着我的整个身心。

果然，在忙碌的第一个月结束后月底盘点，商品丢失 27 000 余元人民币，总公司派人来调查，店内的员工都人心惶惶。我经过反复查找，总结了损失的六大原因：一是顾客偷盗；二是员工内盗；三是供货商欺诈；四是员工在内场不付款使用商品；五是收银员漏录或不录；六是出入口混乱。

找出原因，我就对症下药，一个个地堵漏。为此，我采取了以下几种措施：

(1) 提高全员防损意识，凡抓住外盗，按所盗商品价值的十倍给予奖励；凡举报内盗，一次奖励 1000 元人民币。

(2) 及时调换部分收银员，在出入口设专人看管，并在出口处增设验票程序。

(3) 采用 POS 机纠错权限登记制。

(4) 在货物的进出库管理上采用"两验一核"的办法：两个人初验，货架理货员复核，三人分别在货单上签名。

(5) 当班员工限时购物、定机结算。下班前 30 分钟当班员工轮流购物，由当日值班长或收银主管监督，在指定的收银台结算。

(6) 内场不准使用商品，一经发现按偷盗论处。

(7) 特意定制了寄存柜，解决女员工随身携带的化妆品和护理用品的存放问题。

通过以上措施的实施，次月盘点结果十分理想，商品丢失率控制在 1.5‰ 以内，比公司总部限制的损耗标准还低了 50%，公司领导也因此给予了物质奖励。

如今十年了，我从外行转为了内行，从超市店长到卖场店长，我的付出得到同事们的认可和支持，也得到领导的肯定和赞扬。如今作为一名老店长，我没有什么丰碑，只有很多的感受。在此，我把我自己写的一首《店长三字经》奉献给同行的新老朋友们一起分享：

当店长，不轻松，官不大，责任重，心胸宽，多包容；
眼放亮，是非清，嘴多讲，言必行，手脚勤，事先行；
做家长，爱员工，任校长，培训兵，当队长，重带领；
好店长，抓经营，爱商品，品类清，畅滞销，分外明；
四季货，气氛浓，上帝来，笑脸迎，顾客走，好声送；
防火盗，保安平，任操劳，无怨情，苦在前，视为荣；
乐其后，树标兵，讲原则，杜私情，勤学习，立新功。

资料来源：十年店长经：如何防损.
http://www.ydzz.com/news.php?col=67&file=51371.

任务一　连锁企业门店损耗的防范与管理

一、门店防损工作的意义及损耗产生的原因

1. 门店防损工作的意义

"损耗"是一个在连锁企业经营过程中经常听到或论及的字眼。所谓门店损耗，是指门店接收进货时的商品零售总额与售出后获得的零售总额之间的差额。例如，某家门店收到了价值 10 000 元人民币的化妆品，完全售出后门店只实现了 9000 元人民币的收入，那么这批化妆品的价值则减少 1000 元人民币，即存在 10% 的损耗系数。

曾有调查显示，全世界零售业每年的商品损耗高达 1600 亿美元，而中国的这一数字也

已高达 250 亿元人民币。防损是门店利润的守门员,如果一个门店无法有效控制商品损耗,那么这个店很难赚到钱,保证损耗最小化是实现门店利润最大化的前提条件。据国内某些统计资料显示,国内商业连锁超市由于其竞争日趋激烈,目前其经营利润只有 1% 左右;而业内人士普遍认为,若能够将目前国内大卖场 2% 以上的商品损耗率降低到 1% 的话,则其经营利润就可以增长 100%,这相当于多开了一倍的门店数所能取得的效益。

2. 门店损耗产生的原因

由于大卖场营业面积大、部门众多,对员工的管理也相对比较混乱。绝大部分员工为一己私利或工作不认真、不负责而造成卖场损耗的事已屡见不鲜。境外有关统计资料显示:在卖场全部损耗中 88% 是由于员工操作失误、员工偷窃或意外损失导致的,7% 是顾客偷窃,5% 则属于厂商偷窃,其中尤以员工偷窃造成的损失最大。以美国大卖场为例,全美全年由于员工偷窃所造成的损失高达 4000 万美元,比顾客偷窃额高出 5~6 倍;在中国台湾,卖场员工偷窃比率也高达 60%。这些资料表明,防止损耗应以加强内部员工管理及员工作业管理为主。

二、门店的防损措施

一般来讲,门店易发生偷窃的场所主要有卖场的死角或看不见的场所、易混杂的场所、照明较暗的场所、通道狭小的场所及商品陈列杂乱的场所等。门店应尽量避免出现上述情况,也可采用下列措施进行防损。

1. 成立专门的防损部

随着社会的发展和进步,门店防损部的职责已经从预防偷盗向多样化方向发展。例如,承担门店的安全管理(如食品安全、消防安全、职业健康与安全等)、商品盘点、顾客服务、成本控制、风险控制及环境保护等工作,但门店防损仍然是一项重点工作。

防损部的工作人员又被称为内保人员,在门店营业期间身着便衣,并在店内各处来回巡视,通过"人盯人"、免费存包、店内广播等方式发现,并善意提醒或预防员工、顾客及供应商的不规范行为给门店带来的损耗。这些不规范行为的具体表现有:顾客的偷吃、偷拿,随身夹带、随包夹带,调换商品包装或标签,高价商品混杂于类似低价商品中,使收银员受骗等;员工的监守自盗,作业不当,随身夹带,与亲友串通不规范的购物行为等;供应商的随箱夹带,随同退、换货夹带,误记交货单位(数量),供应商套号,以低价商品冒充高价商品,混淆品质等级不同的商品,与员工勾结实施偷窃等。

全员参与门店防损要求全体店员提高警惕,加强责任心,能在各自的工作岗位上把好防损关。同时,门店也要加强员工自身的防损教育。作为门店店长,要充分认识到防损工作的重要性，树立"防损从我做起"的观念，将防损意识融入到日常工作中的每一个环节；教育员工严格遵守门店的各项规章制度，尤其是关于商品管理、现金管理、设备使用等方面的规定，从源头上降低损耗风险；加强现场管理，工作中要注意观察，以便及时发现异常情况，防止商品丢失、损坏等现象发生。

2. 门店前台收银区防损措施

收银员与亲友串通或有意作业不当对门店造成的损耗，具体表现为：

(1) 减少录入商品的数量和应收金额。当亲友来购物时，亲友购买了两件相同商品，但收银员可能只输入了一件商品，其余一件相当于免费赠送了。例如，当亲友购买一管高露洁牙膏，收银员却在系统中输入的是两面针牙膏的编码，这会给门店带来不明损耗。

(2) 采用取消功能。单品删除是指删除在交易进行中的某个单品。取消交易是指取消尚未付款的交易，在整笔交易结账之前将整单都取消。在门店中，取消交易和收款都应由收银主管完成，门店应避免收银员利用单品删除键、退货键或更正键来消除已登录的商品记录。

(3) 收银员可能通过不给顾客小票、主机断电、打印机色带问题、卡纸等方式将没有计入系统而多出来的钱，利用钱箱、服饰、护腕、中途兑款及下班后点款时的混乱机会及零钱袋等适当机会将钱带走，从而给门店造成营业额损失。因此，收银主管或店长必须紧密注意各收银台的金额进度。如果发现异常情况要先停止该机台的操作，进行彻底检查，并加强对收银员的作业纪律培训。

3. 门店出口处的防损措施

门店出口处是门店防损的最后一道防线，门店出口处要做好防损工作，服务至关重要。根据顾客的心理，核查等于是对他们的不信任、不尊重，往往会产生逆反心理。所以，出口处的保安要突出服务意识，让顾客支持自己的工作。当顾客走向出口时，保安要微笑迎接顾客，观察顾客所购买的商品，估算出大概的金额，并特别留意大件或较贵重的商品，这样会节省核查的时间，不至于让顾客反感。核查章上千万不能印成"核查"二字，可印成"谢谢惠顾""欢迎下次光临"等字样。这样令顾客感觉到商场是站在顾客的角度考虑问题，为顾客着想，也就会支持保安进行核查工作。

三、现代防损科技的进展

技术防损是连锁企业门店防损的主要手段。所谓技术防损，是指门店利用一系列现代化的设备进行防损的一种措施，具体有以下三种表现形式。

1. 店内安装各种监控系统

店内通过在各个角落安装摄像头、无线射频自动识别技术(RFID)、电视监控系统、大门报警器、防损人员随身携带对讲机等手段进行防损的一种措施。甚至有的门店为了抓住惯犯,还安装了面部识别程序及车牌辨别装置。虽然顾客可能觉察不出他最喜欢光顾的购物场所有什么太大变化,但可以肯定的是,门店正在注视着顾客的一举一动。为了打击盗窃行为,门店的监控系统正在朝小巧、智能及普及化的方向发展。

2. 商品 EAS 系统

EAS 系统(即电子商品防窃(盗)系统)于 20 世纪 60 年代中期在美国问世,最初应用于服装行业,现在已经扩展到全世界多个国家和地区,应用领域也扩展到百货、超市及图书等各行业。

EAS 系统主要由检测器(安检门)、解码器(收银台)和电子标签三部分组成。其中,电子标签分为软标签和硬标签。软标签成本较低,直接黏附在较"硬"商品上,不可重复使用;硬标签(又叫防盗扣),可重复使用,成本较软标签高,但需要配备专门的取钉器,多用于服装类柔软的、易穿透的物品。

目前,门店也会采用 RFID 标签来取代 EAS 标签,因为 RFID 标签可以更准确、更隐蔽地追踪销售区内的商品。这种标签形态各异,许多甚至比邮票还小。它们能够与手提设备之间进行信号传输,告诉员工某一特定商品的具体位置,像沃尔玛、麦德龙等目前仅把这种技术用于监控库存。如果 RFID 标签单位成本一旦降至合理的水平,可以监控库存并且控制偷窃行为的 RFID 芯片就有可能在未来取代大块头的 EAS 标签。

3. 推广使用智能购物车

智能购物车功能强大,会导购、算账、促销及防盗。美国加利福尼亚州某公司发明了名为 GS2 的系统,即镶嵌在购物车轮子里的 RFID 芯片及门店周围可以向芯片发射信号的天线。当购物车接近门店边缘时,它的轮子会自动锁住。只有拿着遥控设备的员工才能解锁,使窃贼无法推动购物车,他们必须把偷的东西从车里拿出来,然后步行离开。由于这种智能购物车成本较高,故目前国内连锁门店使用者并不多见。

四、其他防损措施

1. 加强员工日常作业管理

目前,在加强员工日常作业管理方面主要采取的应对措施包括:对高损耗商品加强盘点;定期检查商品价格标示有无错误或漏标现象;定期检查货架上商品的有效期限,做好商品的先进先出管理;由于顾客不小心或商品堆放不合理而造成的损坏或破包,各部门可针对这一情况在仓库里留出专门区域作为退货商品堆放区,并由资深员工负责退货和管理;定期检查商品库存,除畅销品外其他商品不要有太多库存或最好无库存;对于提价商品应该立即更换标签,更换时要先将旧标签撕下方能贴上新标签;定期检查仓库、门锁及防盗设施等。

2. 采用防盗性卖场布局与商品陈列方式

在采用开架自选销售方式的门店中，防盗性卖场布局与商品陈列技巧主要有：

(1) 将最容易失窃的商品陈列在店员视线范围内，即使店员很忙的时候，也能兼顾照看这些商品，这样会增加小偷作案的困难，有利于商品防盗；另外，最容易失窃的商品不应该放置在靠近出口处，因为这里人员流动大，店员不易发现或区分偷窃者。

(2) 可以采用局部封闭的方式，如在大卖场中将一些易丢失、高价格的商品集中到一个相当较小的区域，形成类似"精品间"的销售空间，也是一种很"安全"的商品陈列方式。例如，大型百货商场，对最易丢失的裘皮大衣、女性内衣、高档西服等商品采用局部封闭的保护方式，以便于安装电子防盗系统，确保最佳的防盗效果。

3. 小型门店可使用防盗镜

对于小型门店，安装电子防盗系统的必要性不大，可以广泛采取防盗镜进行保护。防盗镜一般安装在门店的各个角落，能方便店员监视整个店内情况，再配合安全的商品陈列及店长、店员的巡视，一般可以满足其对防盗的需要。

总之，不同类型的门店，在卖场设计时考虑防盗措施应有所不同。目前，中国连锁大卖场和超市防损的主要手段是人员防损。因为中国人力成本低、操作灵活，但实际操作起来易出现错抓、漏抓的现象，防损人员本身也可能会出现问题。技术防损手段能有效搜集证据，但购买设备需要大量资金投入，对专业盗窃者来说效果有时并不明显。总之，各门店应结合自身实际情况选择适合自身的防损措施。

任务二 连锁企业门店的安全管理

一、安全管理概述

一家良好的门店除了满足顾客的购物需求之外，还必须为顾客提供一个安全、舒适的购物环境。有效维护顾客在卖场的购物安全，是门店不可推卸的责任。但是，由于促销拥挤、硬件设施故障、管理粗放、安全意识薄弱等原因，连锁企业门店的安全管理问题仍然不容忽视。

安全管理是指连锁企业门店通过制定和实施一系列安全规章制度、操作规程和安全措施，对门店的人、财、物、信息等资源进行有效的保护，预防和控制各类安全事故的发生，确保员工和顾客的人身安全，维护门店正常经营秩序，保障企业财产不受损失的活动和过程。安全管理涉及风险评估、应急预案制定、安全培训、监督检查等多个方面，旨在创造一个安全、健康的工作和购物环境。

阅读链接 5-1 门店如何做到"全员安全"

安全工作重于泰山,"全员安全"是门店工作的重中之重,也是实现门店整体目标的基石。那么,该如何培养并提高全体员工的安全防范意识呢?

首先是在思想意识上重视。每一次安全事故的发生对连锁企业门店来说都是非常惨痛的教训。所以,门店店长应定期在班前会议上对全体员工进行安全意识的灌输,这是让员工提高防范意识的重要环节与手段。

其次,通过定期的安全操作培训,提高门店员工安全工作技能,使员工了解安全操作的重要性,懂得一些必要的安全防范措施,并在意识上高度重视;让每位员工知道安全工作是与大家息息相关的,从而减少安全事故的发生。

最后,在行动上制定安全责任制度并层层落实到人,使门店的每一位员工对安全工作都非常重视;坚持分时段进行门店安全巡视,督导全体员工进行安全生产,为员工营造一个安全和谐的工作氛围。"全员安全"是门店正常运营的保障,通过"全员安全"工作的开展使全体员工对安全工作有全新的认识,并能用自己的实际行动推进"全员安全"的工作步伐。

二、门店安全事故发生的主要原因及其防范

门店加强安全管理的作用主要体现在三方面:一是确保消费者购物安全;二是提供员工工作的安全环境;三是减少门店的财务损失。门店安全事故发生的主要原因一般有门店设备老化、员工基本常识不够及员工警惕性不足等。加强门店消防安全管理,主要可以从事前预防、事中处理和事后检查三方面入手。

(一) 消防安全管理

1. 事前预防

事前预防内容主要包括:

(1) 设立紧急出口及安全门,并随时保持通畅。若门店无其他出口,则大门口应保持畅通。

(2) 设置足够的灭火器,依消防规定设于门店的明显处,并定期保养及检查各项消防设备。

(3) 定期召集门店全体员工,讲解灭火设备的功能、使用方法及防火注意事项。

(4) 门店内一般禁止抽烟。

(5) 定期(如每半年一次)实施消防演习(含灭火器使用)。

(6) 随时检查插座、插头的绝缘体是否脱落、损坏。

(7) 打扫卫生、清理垃圾时,应注意其中有无火种等易燃物。

(8) 电器、插座和马达附近应经常清扫，不留杂物。

(9) 门店全体员工皆应知道总电源开关的位置及使用方法。

(10) 店内勿放易燃物，店内装饰应选用耐火材料。

阅读链接 5-2　门店预防火灾的检查要点

门店经营生产过程中存在的可能性火源，主要有顾客随手丢弃的烟头、油漆、烤房内的报纸及电线线路。针对这几个安全隐患，店长和门店管理人员要倍加留意，时刻关注。

(1) 禁止顾客抽烟时进入门店，发现抽烟顾客及时提醒顾客在指定地点熄灭烟头。最好要求顾客不要进入门店，特殊情况下要有专人陪同、指引。

(2) 调漆室禁止堆放报纸等易燃物品。因为油漆本身就是易燃易爆物品，所以切勿再同其他易燃物品混在一起。万一油漆起火，不可用水扑救，只能使用灭火器和沙子、泥土。

(3) 使用过的报纸、美容纸及时清理，不得留在烤房和门店内。

(4) 定期检查电路，及时更换老化、破损的电线。

2. 事中处理

事中处理内容主要包括：

(1) 关掉所有电器设备。

(2) 立刻拨打 119 火警电话，并报告店长。

(3) 以疏散所有人员为第一优先，立即疏散门店内顾客并迅速离开现场。

(4) 听从总指挥或消防人员的指挥，保持镇定，按平时消防演习抢救金钱、财务重要资料等，并迅速将现金及贵重财物转移到安全位置。

(5) 将受伤的顾客及员工立即送往医院。

(6) 人身安全第一重要，不要因收集现金或救火而危及自身安全。

(7) 抢救的金钱、财物及重要资料要有专人负责看管，以防歹徒趁火打劫。

(8) 如有浓烟出现应在地上爬行，迅速离开现场，尽量避免开电器设备，不要用手或身体触碰电器设备。

(9) 不要使用电梯，尽量走楼梯。

3. 事后检查

事后检查内容主要包括：

(1) 离开门店后，到附近指定地点集合，并迅速清点人数。

(2) 未获得消防人员许可，不可重新进入火灾现场。

(3) 店长应及时向上级主管提出报告。

(4) 清点财物损失，并列出清单。

(5) 配合公安、消防单位，调查火灾发生的原因。

(6) 对事件损失进行评估、检讨，并提出整改措施。

(二) 防抢管理

1. 容易被抢劫的门店的特征

容易被抢劫的门店一般具有以下特征：

(1) 商品堆放、陈列零乱，疏于管理，则遭抢的可能性就比较大。

(2) 灯光暗淡，卖场内一片昏暗。

(3) 橱窗乱贴海报，遮住了视野。

(4) 顾客稀少，服务员站在柜台内。

(5) 太多钱财外露，因为门店未设保险柜，现金(尤其是大钞)直接存放于收银机内，很容易引起抢劫。

(6) 店外马路的岔路多，有容易逃走的路线。

2. 门店防抢的措施

门店防抢的措施如下：

(1) 应随时避免以上六种状况的出现。

(2) 可装置监视器或安全系统。

(3) 建立投库制度，应规定收银机内的现金不得超过一定金额；超过则需投库，收到大钞则应立即投入保险柜内。

(4) 尽量保持店内的明亮度及店内外的整齐。

(5) 大门、玻璃上不得张贴太多海报、POP 广告，不得将物品堆置得太高。

(6) 提高警觉，发觉可疑人物时应尽快通知全体营业人员。

(7) 与警务机构或保安公司建立紧密的合作关系，并张贴告示。

(8) 平时要对店员进行教育与训练。

3. 遇抢时的注意事项

若遇抢劫，门店应做到以下几点：

(1) 不做任意的惊叫及无谓的抵抗，以确保顾客和店员的人身安全为主要原则。

(2) 双手动作应让歹徒看得清楚，以免歹徒误解而造成伤害。

(3) 不必试图说服歹徒。

(4) 为避免意外伤害，应告诉歹徒，仓库、厕所或其他地方是否还有同伴。

(5) 在不影响人身安全的情况下，尽可能拖延时间、假装合作。

(6) 可乘歹徒不备时，迅速按下报警器。

(7) 尽力记住歹徒的特征。

4. 门店遇抢的事后检查

门店遇抢的事后检查内容包括：

(1) 尽快通知连锁企业总部有关人员。

(2) 小心保持犯罪现场的完整性，不要破坏歹徒双手触摸过的物品及设备的现场。

(3) 立即填写歹徒外形特征和事件整体情况(见表 5-1)。

(4) 将遇抢过程写成报告，并呈送上级主管单位。

(5) 被抢之店往往很容易再度成为歹徒的目标，故更要针对事前防范的各项重点，检查原有的缺陷。

表 5-1　歹徒外形特征和事件整体情况

店名_____　　电话_____　　负责人_____　　地址_____

1. 身高	□150 厘米以下　　□150～160 厘米 □160～170 厘米　　□180 厘米以上
2. 脸形	□圆形　□方形　□瘦长形　□瓜子形　□其他
3. 身材	□矮胖　□瘦小　□中等　□瘦长形　□高壮
4. 口音	□普通话　□本地话　□方言　□其他
5. 抢劫工具	□刀　　□枪　　□瓦斯枪　□绳索　　□其他
6. 发型	男性：□西装头　□平头　　□光头　　□烫发　□其他 女性：□长发　　□短发　　□戴帽　　□烫发　□其他
7. 服装款式	□西装　□休闲装　□运动装　□套装　□洋装 □夹克　□背心　□牛仔装　□其他
8. 服装颜色	上半身____色　下半身____色
9. 鞋子	□拖鞋　□皮鞋　□其他　鞋子颜色___　鞋子品牌___
10. 面貌特征	□戴眼镜　□戴口罩　□有痣　□镶牙　□蓄须　□其他
11. 身体特征	
12. 交谈内容	
13. 抢劫装备	□手提袋　□麻布袋　□其他
14. 抢劫时驾驶的车辆	□出租车　□摩托车　□自行车　□货车　□徒步　□其他
15. 逃逸方向	车辆颜色____　厂牌____　车号____
16. 损失财物	金钱____元　____商品　其他____

资料来源：黄宪仁. 店长操作手册[M]. 北京：电子工业出版社，2012.

(三) 防骗管理

当今社会，骗人的花样不断翻新，骗子的骗术可谓千奇百怪，因而门店员工要随时提高警惕。常见案例有要求兑换零钱、送货、以物抵物，或是声称存放在寄物柜内的贵重物品失窃等。

1. 事前预防

事前预防内容主要有：

(1) 店员应避免与顾客过于接近，以免发生意外。

(2) 不要背对或离开已打开的钱财放置处或保险箱。

(3) 视线不要离开已打开的钱财放置处或保险箱。

(4) 收到顾客所付钱财，应待确定顾客支付金额符合后，才可将钱放入钱财放置处。

(5) 收到顾客的大钞时，应注意钞票上有无特别记号及辨识假钞。

(6) 注意顾客以"零钱掉落法"及"声东击西法"骗取你已打开的钱财放置处或保险箱。

(7) 收款一定要按既定程序进行，且必须唱收唱付。

(8) 若门店店员只有一位，且进仓库搬货无法照顾到收银机，那么除了熟客外，尽量不要离开卖场，并婉言拒绝顾客。

(9) 对各种骗术手法，应实施在职训练，以熟练防范技巧。

2. 事中处理

切记不可因人手不足、顾客拥入等原因，而自乱阵脚，疏忽了上述防范措施。

3. 事后检查

作成示范个案，通报门店注意，避免再中圈套。

◇ **案例精讲**　　老人促销活动中受伤　商家承担部分责任

2023 年 4 月 25 日，某电动车商家想趁五一假期促销产品，在浚县王庄镇某村搭建舞台进行促销演出。在商家发放小礼品时，由于群众较多造成拥挤，导致何某被挤翻在地受伤。因促销现场人员众多，何某也不知是谁将自己挤翻在地，多次找商家协商赔偿事宜未果后，以某电动车商家为被告，向浚县人民法院起诉，要求商家赔偿医疗费、护理费等各项损失共计 3 万余元人民币。

案件审理过程中，原告称商家在现场未采取任何安全措施，未作任何提醒。自己虽存在一定过错，但商家也未尽到安全保障义务。商家承认在促销活动中存在一定过错。经法官释法，双方均同意调解，但在赔偿数额上存在争议，各执一词。被告称原告系完全民事行为能力人，促销活动现场拥挤是客观事实，原告自愿参加活动，且为了获得小礼品而被挤伤，应直接找侵权人索赔。

在认真听取双方诉求和意见的基础上，承办法官决定将责任划分及赔偿金额问题作为突破口，并根据案件基本情况、双方的责任大小等，组织双方沟通调解，告知被告身为促销活动的组织者，负有安全保障义务；告知原告作为老年人，参加活动时应对自身能力多加考量并注意安全。经过一天的调解，双方自愿达成调解协议，被告于调解当天一次性赔偿原告医疗费、护理费等 2.5 万元人民币，双方纠纷得到实质性化解。

资料来源：李杰，李婷. 老人促销活动中受伤 商家承担部分责任[N]. 河南法制报，2023-06-06(13).

案例点评：

依据《中华人民共和国民法典》第一千一百九十八条规定，宾馆、商场、银行、车站、机场、体育场馆、娱乐场所等经营场所、公共场所的经营者、管理者或者群众性活动的组织者，未尽到安全保障义务，造成他人损害的，应当承担侵权责任。若因第三人的行为造成他人损害的，由第三人承担侵权责任；经营者、管理者或者组织者未尽到安全保障义务的，承担相应的补充责任。经营者、管理者或者组织者承担补充责任后，可以向第三人追偿。

每逢节假日，各类促销活动不断。各商超在开展促销活动时，应尽到安全保障义务，安排工作人员引导消费者，必要时，可通过设置警示标识、增加工作人员维护秩序等方式，避免发生拥挤、冲撞甚至踩踏事故。同时，提醒广大消费者和促销参与者，增强安全意识，注意自身安全，做到文明有序，切勿因小失大。

◆ 本 章 小 结

零售业连锁企业门店的"损耗"主要是商品损耗，是由盗窃、损坏及其他原因共同引起的。对门店的各类损耗加以严格控制，是提高连锁企业经营绩效的重要保证。此外，店长还要了解门店安全管理的基本内容及主要操作要点，着重掌握门店在消防、防抢、防盗、防骗等安全管理方面的一些规范要求。

★**主要知识点**

门店损耗　安全管理　防抢管理　防骗管理

◆ 基 础 训 练

一、选择题

1. 门店加强安全管理的作用有(　　)。

A. 确保消费者购物安全　　　　B. 提供员工工作的安全环境

C. 增加门店的营业额　　　　　D. 减少门店的财务损失

2. 对于主营食品、生鲜的超市来说，老鼠、蟑螂等"四害"也是造成超市商品损耗的一个原因，那么超市防鼠可以采取的途径有(　　)。

A. 养猫看店　　　　　　　　　B. 布置鼠药、灭鼠笼

C. 外包给专业的灭鼠公司　　　D. 对高价商品进行重点存放保管

3. 被称为门店防损的最后一道防线的是(　　)。

A. 导购员　　　B. 监控设备　　　C. 出口处安检　　　D. 收银台

二、判断题

1. 损耗是由盗窃引起的。(　　)

2. 收银员虚构退货而私吞现金，属于作业手续不当所造成的损失。(　　)

3. 意外事件引起的损耗包括自然意外事件和人为意外事件。(　　)

4. 由于重大安全事故发生的概率极低，故门店不需要考虑对大型促销活动的安全预案。(　　)

三、简答题

1. 防止门店商品损耗的途径有哪些?

2. 简述门店安全管理的意义。

3. 简述门店安全事故的主要原因。

4. 列举一些门店安全管理的工作要点。

◆ 实 训 项 目

一、实训任务

组织学生赴校外实训企业分组开展防损实训，每组针对某一防损主题(如收货作业防损、员工出入管理、顾客购物防损、商品安全管理、前台作业防损、生鲜经营防损等)选择实训岗位，进行门店防损与安全管理实训。

二、实训要求

顶岗实训结束后，每组同学提交实训报告一份。除对实训岗位进行总结，还要就所调研门店如何优化防损工作体系、提升防损效率提出建议。

下篇

数字化营销与门店服务

项目六　连锁企业门店数字化营销转型

◆　**学习目标**

通过本项目的学习，理解数字化营销的概念、特征以及连锁企业门店的数字化营销转型要点。

◆　**引入案例**

星巴克门店的数字化转型

2020—2022年蔓延全球的新冠肺炎疫情使依赖线下销售渠道的连锁企业门店经营大受冲击，很多原本还不显著的问题被暴露了出来。无论从短期挑战来考虑，或是站在新一轮技术和产业变革浪潮的战略高度，连锁企业都迫切需要变革，数字化营销转型就是方向之一。以星巴克为例，这家成立于1971年的企业一直在刷新自我，战略性地利用数据来保持竞争力。

数字化一直是星巴克的重要发展战略。2018年3月，星巴克CEO凯文·约翰逊在年度股东大会上宣布，未来10年，星巴克会将数字化投入、在中国市场的继续扩展，以及发展高端臻选线作为创新策略。

在约翰逊看来，零售业的转型正在加速，未来能留存下来的赢家不会很多。过去的几年中，美国零售业的收购战已经愈演愈烈，沃尔玛、亚马逊、麦当劳都在加速数字化布局。早在2016年，星巴克在宣布五年科技创新计划时就提出了数字化战略，并将之称为"数字飞轮"计划。在中国，数字化战略明显被放到了一个更重要的位置。2018年，星巴克和阿里巴巴达成合作，在35个城市提供外送服务，并与饿了么打通会员体系，用户在饿了么下单的同时也能积累星巴克会员积分。2019年6月，星巴克中国调整了管理架构，即数字创新部门和零售部门并行。这说明，星巴克中国对数字化的重视又进一步提升。

与大多数公司相比，星巴克更好地展示了数据、技术和商业之间的关系。图6-1所示的 5 个方面可以体现出星巴克是如何利用数据、人工智能、物联网和云计算等技术来改善自身业务的。

个性化促销
跨渠道产品开发
门店规划
动态数字菜单
优化机器维护

图 6-1　星巴克的数字化要点

(1) 个性化促销。客户数据的经典用法是根据个人消费者的偏好提供个性化服务，星巴克也不例外。2015 年，星巴克推出了 Mobile Order & Pay(手机下单服务)，将线上与线下打通，实现用户信息数据化，根据用户历史消费习惯进行产品预测，实现了用户的个性化营销和订单预测。

(2) 跨渠道产品开发。个性化的促销活动无疑是有效的，但对星巴克来说同样重要的是利用用户数据来开发产品。在一个企业里，有些方面的数字化转型比另一些方面来得快，而生产一般是比较慢的，这是因为扩张产品线和生产地点之前，需要做大量的用户和市场调查，而星巴克则是通过用户数据设计出一系列产品来适应用户消费习惯，从而加速了生产的数字化转型。

(3) 门店规划。星巴克的决策大多基于经验和判断。现在，星巴克利用大数据来选址，把选址转化成一项复杂的数据分析工作，这项工作的核心技术是基于位置的人工智能分析。对于星巴克而言，数据库里用户数量的增长和 APP 使用量的增加，有助于其精准地找到新店的最佳位置。此外，星巴克还会综合考虑人口密度、人口特征、距离其他星巴克门店的远近和交通状况等，来决定新店的位置。

(4) 动态数字菜单。星巴克使用数据的方式意味着它可以根据用户、地点和时间修改产品，这就会影响产品促销和定价。如果在柜台上方的印刷菜单上展示店内商品，那么就无法持续地调整商品种类，对星巴克来说，解决之道是在门店使用数字显示设备，通过计算机设置菜单内容，这样就可以在菜单中反映用户偏好，降低菜单成本，并且可以及时进行更新。

(5) 优化机器维护。典型的星巴克门店有交易单价较低、持续时间较短的特点，高客户吞吐量是门店成功的关键。如果一台机器出现故障，可能会严重影响业务绩效。时间就是金钱，效率就是生命，机器发生故障时，尽快修理坏掉的机器是最重要的。于是，星巴克开发了一种新的咖啡机——Clover X，不仅煮出的咖啡出类拔萃，而且能实现云端连接。这样一来，星巴克不仅可以更全面地收集操作数据，还能够远程诊断故障，甚至远程修复。

类似的概念也适用于其他机器。例如，星巴克在全球范围内的门店中都配备了标准的烤箱，是由电脑控制的，每当机器配置发生变化时就需要更新驱动程序，操作烦琐，而在未来，这些事情都会交给人工智能去做。

有人说，星巴克并不是伪装成科技公司的咖啡连锁店，而是一家用美味的咖啡和舒适感来吸引用户的科技公司。在数字化时代，企业的发展对技术的依赖程度越来越高。在消费者越来越习惯线上消费的今天，星巴克实现了和消费者的有效交流，快速跟上了消费者消费习惯的转变。

星巴克的数字化升级转型也不是一蹴而就的，是慢慢摸索并持续优化的。为了应对更多咖啡市场的新兴企业，这家咖啡龙头企业将如何持续创新，并发挥其品牌优势来抵御冲击，令人期待。

资料来源：李永平，董彦峰，黄海平. 数字营销[M]. 北京：清华大学出版社，2021.

任务一 ▶ 数字时代的市场营销

一、第四次工业革命与数字化营销

进入 21 世纪以来，大数据、人工智能、区块链、5G、移动互联网等数字化技术高速发展，学科交叉融合加速，新兴学科不断涌现，前沿领域不断延伸。以人工智能、虚拟现实、量子计算、量子通信、物联网、大数据、机器人、纳米技术、生物基因等为代表的新技术推动的第四次工业革命，正在不断取得更多、更新的成果，改变着人们的工作方式和生活方式。新技术带来的新工艺、新产品、新应用使人们产生了新思维、新行为。物联网、移动通信、光子信息等技术与大数据的结合，使移动支付、无人驾驶、智能穿戴、智能家居、语音识别、图像识别、趋势预测、深度学习和异构数据等得到了极大的发展，数字时代已然来临。数字营销的发展改变了品牌和连锁企业使用技术进行营销的方式。随着数字平台越来越多地纳入营销计划和连锁企业门店日常运营管理中，人们也越来越多地使用数字设备来代替实体店购物，数字营销活动已变得越来越普遍。

数字化营销是指借助互联网、计算机通信技术和数字交互式媒体来实现营销目标的一种营销方式。连锁企业的数字化营销是指使用网站、社交媒体、搜索引擎和电子邮件等互联网和其他形式的数字媒介促进品牌与潜在客户建立联系，配合其在线营销策略来投放广告和销售产品和服务的行为。

数字化营销的本质是借助数据与算法，依靠实时数据跟踪，使营销由粗放化向精准化发展，使渠道由单一化向多元化发展，使企业由经验决策转变为智能决策，帮助企业实现营销的精准化、智能化和营销效果的可量化，构建消费者全渠道触达、精准互动和交易的数字化营销平台。

二、数字化营销的特征

数字技术的强大驱动力推动着产品、价格、渠道、市场、连锁企业自身以及媒介组织形式等方方面面的更新和迭代，促进了各种形态的数字媒体的产生。在此背景下，营销媒介从传统媒体走向数字媒体，营销渠道由线下转为线上成为总体趋势，并形成了以精准化、个性化、定制化为特征的数字化营销。作为数字化时代的一种独特的营销方式，数字化营销拥有营销技术化、深度互动性、目标精准性、平台多样性、服务个性化与定制化、重实效及转化率等特点。

1. 营销技术化

营销技术化的演进几乎重构了整个营销体系。从大数据到人工智能和区块链，营销技术正在不断地向前发展，推动营销技术落地的则是一批行业数字营销公司，它们通过不断升级营销产品和服务，来更好地匹配广告主的需求。随着人工智能、AR、VR、物联网、大数据等技术的成熟，部分领先的连锁企业已经开始利用这些技术来提升用户的体验，降低运营成本。例如，在实体店内通过安装人工智能设备，结合摄像头、智能货架、移动支付等手段，对消费者的外貌特征、产品偏好、情绪变化、消费记录等信息进行汇总，以此实现线下流量的数据化。例如，苏宁的无人快递车"卧龙一号"、智能音箱"小Biu"等正是数字技术的产物。

从人工智能到新零售，数字技术在驱动消费变革的同时，也在驱动连锁企业营销的升级。企业营销亟待重构消费者体验，力争做到以消费者需求为核心，实现企业与消费者之间更紧密的连接。这也要求企业必须掌握更多的营销技术。当下，技术开始影响品牌营销的更多环节，形成了技术与营销逐渐融合的新局面。技术之于营销的核心在于数据，因此企业若利用大数据来"读懂"每个消费者的需求，将可以进行更精准的个性化营销，提升消费者体验。事实上，只将数据、技术和营销效果关联是极为片面的，数据、技术可以从用户关系管理、营销决策、投放等多个方面渗透到企业营销全链路。数据可以驱动更加智能、更加协同的跨屏营销，一旦跨屏资源被打通，对多方数据进行分析及挖掘，就可以完成更加精细的人群数据处理，这将成为企业最为宝贵的资产。受碎片化信息及渠道的影响，"数据孤岛"现象成为当下绝大多数连锁企业的痛点之一，企业亟待整合多方资源，使数据流通起来。因此，连锁企业建立自己的"大数据战略"尤为重要，加大对营销技术、数据等方面的投入，更自主地掌控营销，通过数据和技术打通多维营销场景，将帮助企业完整而全面地把握用户画像，从而科学地指导品牌决策，全渠道地触达用户，让营销更加智能化、个性化。

2. 深度互动性

对于连锁企业而言，需要通过数字营销提升企业的业绩，增强企业的核心竞争力。对和户而言，智能化、精准化的信息管理目标亟待实现。营销大师菲利普·科特勒指出，如今的营销正在实现以产品为中心向以用户为中心，再向以人为中心转变，如何与用户积极互动，如何使用户更直接地参与品牌价值的构建过程，是企业在数字化营销时代的新课题。这也带来了两个方向性的转变：一是消费趋势的转变，由功能导向型转变为参与体验式导向型；二是营销趋势的转变，由信息告知式转变为参与互动式。互动性是数字化营销的本质特征。在数字技术的推动下，绝大部分数字媒体都具有互动的功能，信息在其中沟通交互，使用户能够拥有双向或多向的信息传播渠道。在这里，互动与传统传播模式中的反馈有一定差别，它是存在于信息传播过程中的一种特性，在两者之间通过媒介完成信息的传达后，受众不仅用信息反馈的方式做出回应，而且在此基础上完成与传播者之间的信息交流。传播模式由直线模式转变为循环互动模式，使创意、营销与传播协同一体化。用户在拥有更多权利的情况下，可以完成从信息的搜集、参与互动到购买、反馈等一系列行为。在体验经济的大背景下，参与品牌的信息传播体验逐渐成为吸引受众的关键诉求点，建立在经济发展基础上的用户素养的提高，导致其对于品牌的分析、比较能力也有相应增长。商品的基本功能性诉求已经无法满足用户对于商品价值的完整性感知，从传播的角度来看，图文设计的单向传播模式也逐渐变成通过给予用户互动体验来完成传播的模式。

3. 目标精准性

随着技术的进步，互联网时代的大数据技术解决了以前未解决的诸多问题，主要表现在两个方面：第一，技术上的进步使得大数据技术应用的成本大大缩减，降低了使用门槛。大数据应用原来主要依赖 Oracle 等数据库，以二维表为基本元素，使用大型存储设备和小型机，而现在采集大数据主要使用 HDFS 等分布式系统及内存技术替代传统的万物互联，但数据分析的思路和原理跟原来是一样的，即得到原始数据后首先进行数据清洗，再依据目标进行数据建模，建立各种数据集市，最后以报表的形式呈现结果；第二，数据的容量、速度、多样性及价值与原来不同，原来主要是结构化的数据，现在则可以有非结构化的数据，如日志、消费者行为，甚至图片、声音文件等，这些非结构化的数据可以很快地与结构化的数据相关联，所有发生的事件都可以用大数据来关联分析，有助于快速得出结果，使数据发挥更大的价值。随着技术的发展，数字化营销背景下的互联网个性化传播特征明显，从传统的大众化"一对多"广播式传播到如今的通过媒介属性定位消费者特征传播，以及通过消费者属性定位目标受众传播；从传统的注重渠道曝光的营销模式到如今的以消费者需求为核心的营销模式，企业正通过多维数据驱动形成精准营销，并在场景化、电商化的背景下，形成完整的营销闭环系统。如何通过精准定位消费者实现资源的方向性投放，避免浪费，从而得到效果最大化，逐渐成为连锁企业追求的目标。因此，目标精准性成为数字化营销的又一特征。例如，国内的众多一站式营销平台就通过对大数据价值的智能挖掘，将消费者需求与企业的品牌营销目标有效结合起来，使品牌更积极、更主动地触达消费者。

目前，国内众多营销平台纷纷借助专业大数据分析技术，通过对渠道的投入产出比进行数据分析，再依据不同品牌的推广需求，对渠道进行再评估及整合优化，以实现最大限度的精准营销。精准营销包含 DSP(即数字信号处理)、用户画像、程序化购买、智能推荐等概念。精准营销可分为两个阶段：第一个阶段是通过精准推广获取更多数量的潜在用户；第二个阶段是通过精准运营实现潜在用户到用户的成功转化，并在形成交易的同时，提升用户对企业的忠诚度。

精准营销的核心是用户画像，而用户画像的核心是标签。那么，标签是什么呢？具体来讲，某些用户喜欢健身，他的标签就是"喜欢健身，阳光"；某些用户穿的衣服是修身型的，他的标签就是"修身"。若系统为某个用户贴上了这类标签，那么等他下次来的时候，系统就会为他推送这类产品，比如健身器材、修身的衣服。标签来自用户大量的基本数据，主要包括用户数据、消费数据、商品数据、行为数据和客服数据等，任何跟用户有关系的数据都可以作为数据源。数据源可能会涉及数据交换，即从其他网站等渠道通过一定方法拿到需要的数据。数据管理平台得到用户的基本数据后，就包括定义、编辑、审核、查询等，以及对应的分析工作；在此基础上再建立各种模型，包括用户购买力模型、群体画像模型、购买兴趣模型、促销敏感度模型等，通过这些模型得出的结果就是用户的标签，包括品类偏好、品牌偏好、促销偏好、价格偏好等。精准营销的应用具体包括以下几个方面：

(1) 个性化搜索。以电商平台搜索"手机"为例，不同的人搜索出的结果是不一样的，因为不同的人有不同的喜好，比如有的人使用苹果手机，有的人使用华为手机，也有的人使用小米或者其他品牌的手机，系统会基于用户的行为来猜测用户想搜索什么。而传统的搜索是要搜索"手机"时就只出现手机，然后加上一个业务权重。例如，如果最近电商平台想要推广苹果手机，就会把苹果的权重往上加，这些苹果手机就会出现在前列。个性化搜索不仅直接推荐用户想要的，也会猜测用户想要的然后进行推荐，相当于门店促销员的角色。

(2) 社交传播。以微信广告为例，微信广告不是向所有用户推送相同的广告。经过微信平台对用户行为的分析，若发现有些用户经常看汽车信息，就会给这些用户推送汽车广告；有些用户经常浏览服装，就会给这些用户推送服装广告。某位用户在微信上看到的广告，周围其他人不一定都能看到，这就是基于用户画像的精准营销。

(3) 热图工具。热图工具是连锁企业内部使用的基于大数据进行分析的工具，主要显示哪些地区热度高、哪些品类用户比较关注等实时状态。

(4) 会员营销。传统意义上的会员营销主要有短信、邮件、宣传单等方式，这些其实都是会员营销的应用，是基于大量数据分析的会员营销。

(5) 智能选品。当用户打开购物网站或者登录购物 APP 时，一个网站页面或者一个手机登录页面上，就会呈现某些商品在前面、某些商品在后面的情景，这就是智能选品的结果，也是根据用户画像来做的，甚至显示的定价也是智能定价。

(6) DSP 广告。DSP 即需求方平台，简单地讲 DSP 广告就是用户主动看过什么就会给用户推送相应的广告。比如，某用户看了一个杯子，接下来去浏览新浪、搜狐、微博等门户网站时，就会看到杯子的广告。

(7) 个性化推荐。个性化推荐与网站推荐类似，不同的地方在于它是实时的。某项调查结果显示，电商行业的个性化推荐转化率平均值是 3%，许多电商平台的个性化推荐转化率达到 17%～18%，有时候能达到 20%，已经算是很高的。转化率高说明推荐比较准确，核心就是用户画像比较准确。近年来，大数据及人工智能技术使数字化营销的作用发挥得淋漓尽致。依托为行业垂直深度定制的标签体系及大数据推荐算法，智能匹配系统可以通过营销端、客户端的用户画像和人工智能推荐算法，共同提炼一个包含用户心理态度、品牌、产品、媒体渠道调性特征等多种维度的创新性 IP 标签库，并进行动态交叉匹配，以制定最合理的资源匹配及传播策略。

4. 平台多样性

随着消费需求的迭代升级，消费者看中的不再仅仅是产品本身，还包括背后的情感化满足与个性化匹配。许多曾在电视端投入大量精力并呈现诸多经典广告的企业纷纷开始作出改变，尝试利用新的营销方式抓住"90 后""00 后"等消费主力，而要真正抓住"90 后""00 后"，就必须在大数据算法和数字技术的驱动下，充分利用新媒体，掌握新的传播方式和内容营销方式。数字时代，数字化营销的渠道和平台逐渐多样化，除了传统的网站和微博、微信等，还有迅速走红的移动直播平台、短视频等。移动互联网的崛起，使得媒体进入社交化时代。人人都是内容生产者，任何一个移动终端都能成为传播渠道，微信、微博、今日头条、抖音、快手等各种移动化应用成为用户交流消费信息的平台。媒介融合的生态环境下，数字化信息的承载与表达呈现多样化的特征，话语权的下放推动"人人都是自媒体"时代的来临。在这种大背景下，数字化营销在丰富企业营销触角的同时也带来了很多新问题，如多入口、多平台的管理与整合，以及各种渠道沉淀下来的数据分析与利用问题等。企业在营销传播的过程中，需要关注每一类营销传播的主体和接触点，积极构建全方位的营销传播平台，从而打造连锁企业独有的信息传播生态系统。

5. 服务个性化与定制化

得益于知识付费、移动电商、O2O 的推动，消费者的消费认知和自主意识均有大幅度提升，消费偏好也更加多元化、个性化，更加强调小而美，企业与消费者的关系不再局限于单向的传播和影响，而是呈现出交互共建的特征。

在数字化营销时代，企业需要不断创新来保证产品的新鲜度，但产品本身的创新虽能提升产品自身的竞争力，却无法支撑品牌的全面发展。因此，企业要从消费者的角度出发，对产品进行从生产模式到终端平台的全方位营销创新，才能驱动品牌的长远发展和持续发展，而这种创新的源头正是对市场与消费者的洞察和研究。服务个性化与定制化是伴随网络、电子商务、信息等现代数字技术的发展而兴起的。随着市场环境与消费者需求的变化，个性化消费、品牌体验式消费已成为消费升级的趋势，企业需要与消费者进行更为深入的沟通及交流，才能打造"千人千面"的营销服务体验。服务个性化与定制化是在大数据分析基础上，从策略层面精准定位数字时代的消费者，从而制定适合消费者的最佳营销方式。数字时代，用户不仅是信息的接收者，更是信息的传播载体，而不同用户的需求正是精准描绘用户画像之后制定营销策略的本源。以服务换数据的互联网产品设计思路，使得品牌能够获取多个平台上的消费者数据，这成为提供个性化服务的前提。同时，由于消费者更加相信来自朋友和 KOL(关键意见领袖，营销学概念)的口碑传播，购物社交化的倾向越来越明显，这也为企业构建全维度的用户画像提供了社交数据。

6. 重实效及转化率

迫于业绩和营收压力，宝洁、联合利华等传统广告金主们开始不断裁撤外部代理商的数量并优化广告预算，可口可乐等公司的营销负责人积极由 CMO(市场营销官)向 CGO(首席增长官)转型，市场营销从纯粹的成本支出转向更多关注销售转化和业绩增长，以至于"增长黑客"一时成为行业"显学"。微博、微信、直播、短视频等新型移动社交互动平台的兴起，使所有的广告投放效果可以通过阅读数、转发量、点赞数等最直观的数字形式来呈现，这使得广告主和营销公司对广告投放效果的追求变得直接而急迫。最明显的一个特征是，近几年，"品效合一"的概念越来越热，各方都在试图寻找实现品效合一的最佳解决方案，使品牌的长期价值和广告效果的转化更好地协同。2018 年，全球最大的广告主之一的宝洁公司调整了与代理公司合作的模式，目的是获得更具本地化、时效性、高质量、低成本的广告。阿里巴巴集团旗下的数字营销平台阿里妈妈提出了"品效协同"的概念。在传统的营销领域，一般认为品牌广告是为了使消费者形成对品牌和产品的认知度和好感度，效果广告的目的是直接促进销售转化。"品效协同"就是要打破固有的营销思维，将以创意为核心的品牌广告和以促销为目的的效果广告相结合，同时兼顾品牌影响力的提高和营销效果的转化，是一种全新的营销思路。市场的这种变化源于大数据等技术的发展消除了原先广告主和营销公司之间信息不对称的问题，此外，所有营销方法的可行性、广告投放取得的实际效果都可以在短时间内被验证。

三、连锁企业门店数字化营销转型的要点

数字化营销是连锁企业门店数字化转型的重要突破口。连锁企业应尽可能地利用先进的技术，以最有效、最节约成本的方式谋求市场的开拓和消费者的挖掘。总体上来说，连锁企业门店数字化营销转型应把握以下要点：

(1) 数字为王，重构企业营销生态。互联网正在重构绝大部分企业、行业和产业。这样的变化使得服务成本极大地降低，人们可以用更低的价格享受更好的生活。从消费者层面来看，最新数据统计，平均每 4 分钟看一次手机成为常态，并且手机延伸了人的视听功能。随着 5G 智能终端、家居智能终端等的发展，手机的功能也许会被这些智能终端所取代。从这个意义上讲，手机和智能终端应用是连锁企业门店实现数字化转型的重要方向。

(2) 数字化的关键是价值的重构与升级。从互联网发展的角度来看，消费互联网市场已趋于稳定与饱和，而对实体资源有充分把控能力的企业仍有很大探索空间，它们已经开始与移动互联网融合，创造全新的价值经济，进而推动互联网行业迈向产业互联网时代。消费互联网的商业模式以"眼球经济"为主，即通过高质量的内容和有效信息的提供来获得流量，从而通过流量变现的形式吸引投资商，最终形成完整的产业链条。然而，随着虚拟化进程逐渐从个人转向企业，以价值经济为主要盈利模式的产业互联网逐渐兴起。有别于消费互联网的"眼球经济"，产业互联网的商业模式以"价值经济"为主，即通过传统企业与互联网的融合，寻求全新的管理与服务模式，为消费者提供更好的服务体验，创造出不仅限于流量的具有更高价值的产业形态。

(3) 服务产品化、产品用户化、用户"粉丝"化、"粉丝"社群化。服务产品化能够更好地提升服务质量，不断地优化、规范服务产品，还可以根据用户的需要提供个性化、定制化的服务，让用户体验到不断提升、不断改进的卓越服务。服务的可重复利用和产品化已成为大势所趋，服务产品化转型最主要的挑战来自企业内部，企业需要在模式、流程、人员和文化等方面做好准备。不管是互联网市场的产品，还是传统行业的产品，都需要产品用户化。产品用户化，从用户层面来讲，包括吸引用户、获取用户、转化用户和改变用户 4 个阶段。连锁企业对于自己的核心用户群应时刻保持巨大的吸引力，并且尽可能提高这些核心用户的活跃度及转换率，甚至更进一步，把这些用户打造成自己的"粉丝"，并让"粉丝"形成强大的部落。随着移动互联网的快速发展，我国社会全面进入社交媒体和移动互联时代，个体消费者的影响力显著提升，消费者的消费权利和个性得以充分释放，而受日益碎片化的渠道以及资讯入口的影响，消费者的注意力也变得愈发分散，难以聚焦。在这样的商业背景下，任何一家企业要想成功，拥有一批关注企业品牌的忠实"粉丝"就显得尤为重要，因此"粉丝"忠诚度的打造就成了企业竞争中非常重要的一环，企业必须

强化与"粉丝"的互动。许多品牌的腾飞正是因为"粉丝"的赋能,"粉丝"的价值和贡献已经很难从单一相度来衡量,他们不仅贡献购买力和贡献传播口碑,有的甚至参与品牌产品的研发和设计,更有甚者,在危机时刻,"粉丝"还能力挺品牌渡过难关。可以说,未来的品牌只有两种,即有"粉丝"的品牌和没有"粉丝"的品牌,显然,没有"粉丝"的品牌在市场竞争中将会非常被动。用户"粉丝"化和"粉丝"社群化的价值是巨大的,既可以为消费者带来难以抵挡的专业价值和贴心服务,还可以为消费者带来极佳的过程体验和完整交互过程,亦可以为消费者带来长期的、持续的吸引力。

任务二　连锁企业门店的数字化营销转型

随着中国互联网的基本普及,消费者的基础观念与使用习惯已经养成,移动端正在成为连锁企业门店数字化营销发展的重要引擎。

一、营销生态及链条重构

传统的营销链条中,产品从企业流转到消费者手里要经过市场、渠道、交易、消费及服务等环节。在数字经济时代,由于消费的场景化、渠道的多元化、产品与服务的一体化,企业开始利用"互联网+"思维重构营销链条。它以客户价值为核心,打通研发、营销、销售和服务等环节,通过对消费者进行全方位洞察和全生命周期管理,使业务与数字形成营销闭环,达成业务到数字的一体化、数字到业务的运营化,从而提高获客数量、提升客户价值。

企业要重构数字营销链条,首先要打通所有销售通路,包括渠道类(B2B)、电商类(C2C)及线下门店类(O2O),将客户信息、商品信息、交易信息、合同信息等汇聚到统一的平台上;其次,通过对数据的多场景分析,管理用户生命周期,制定用户运营策略,根据消费者消费习惯和行为分析实现精准场景、精准渠道、精准业态的营销活动,根据数据分析和运营结果支持新产品研发、营销决策、业务运营,从而提升企业发展的新格局。

二、大数据与人工智能赋能营销

人工智能、大数据、机器学习等一系列前沿技术不断发展,并在医疗、制造、安防等传统行业领域得到广泛应用,企业数字化转型逐渐在各个行业爆发。我国宏观经济的下行压力、经济结构的转型升级推动生产要素成本上升,同时激烈的市场竞争、用户多元化消费习惯的养成、行业盈利点的转变等也倒逼企业进行数字化转型升级。在此背景下,我国涌现出诸如阿里巴巴、腾讯、华为、海尔、海康威视等一批优秀的企业数字化转型实践者,它们从市场营销、供应链、生产制造到内部管理等多方面为其他企业提供了数字化转型解决方案的样本，企业数字化转型行业生态初步形成，我国正在逐步成为数字化变革的引领者。数字化营销正在被数据所驱动，传统的单一渠道已不能支撑市场的变化。打通全渠道，让数据孤岛融入场景，将数据转换为个性化营销、差异化服务成为企业新一代的竞争利器。企业在通过大数据、人工智能等技术手段，精准找到目标客户，并根据历史表现数据和行业参考数据的沉淀，科学地计算边际递减效应的最佳临界点，从而以更有效的方式触达消费者，再利用更原生化的方式来整合广告和内容以影响消费者。其中，大数据技术是实现数字化营销变革的基石，企业在通过构建用户画像、结合推荐算法构建消费者全触点场景，精准触达消费人群。此外，大数据营销监测可以实现营销成果转化追踪，实时修正营销方案，进一步吸引消费者，促使消费者作出购买决策。

海量数据的产生、深度学习算法的演进、图形处理器在人工智能领域的使用，以及专用人工智能芯片的开发，使人工智能技术成功商业化。目前，人工智能技术已经在搜索引擎、图像识别、新闻稿撰写和推送、金融投资、医疗诊断、无人驾驶汽车等诸多领域获得实际的应用，并为企业创造出巨大的价值。在数字化营销领域，智能创意、智能营销成为当下热词，人工智能技术在一定程度上剥夺了数字化营销公司赖以生存的创意和策划能力。这是因为人工智能技术能够在挖掘并积累大量用户数据的基础上，从核心用户群数据中提取有用的数据，形成用户画像，通过大数据分析和人工智能算法剖析得出消费者行为偏好，为个性化产品推荐和媒介选择提供决策依据，在实现消费者洞察的基础上进行精准营销，让数字广告投放更加精准、高效。同时，基于机器学习算法，人工智能成功实现了程序化广告的投放和程序化创意的制作。与机器相比，人的作用越来越小。过去，机器和软件被广泛引入工厂，手工艺人与体力劳动者逐渐感到他们的身份和角色受到了威胁。如今，程序化创意的流行也使创意工作者的独特性受到了影响。面对不断增长的内容营销需求，如何运用新技术进行创意制作和精准投放成为传统营销公司面临的难题，缺乏技术、产品和运营思维的数字化营销公司面临着巨大的生存风险。在创意数据驱动之下，人工智能正在通过语音识别、图像识别、趋势预测、深度学习和异构数据为营销带来前所未有的创新。数据驱动的人工智能营销首先带来的是创意能力的提升，为营销带来精准的用户分发能力，能够讲述更多成功的企业和消费者故事，同时也为企业打造了更为友好的用户互动界面，而实时数据的运用更能让营销大放异彩。如今，消费者的心动时刻越来越随机与分散，有数据显示，目前企业与消费者的媒介接触点年增长达 20%。许多购买决策产生于资讯、娱乐、场景关联、口碑传播等非商业场景，互动体验、社群交流、网红评测、开屏曝光、明星推介、户外屏幕等环节中，每一个接触点都有可能直接转化为消费者的购买行为。在数据驱动之下，数字化营销能够更好地帮助代理商和企业实现消费者的购买行为的转化。

2017 年 9 月初，IBM 为麻省理工学院出资 2.4 亿美元建设人工智能研究实验室，成为全球人工智能研发领域一次大手笔的投资。此前，IBM 推出的"沃森"为某品牌制作上千条创意广告并通过 Facebook 投放的"神操作"震惊了营销业界。Facebook 也在声明中表示正在使用人工智能技术识别、捕获和校验虚假广告，并且已经撤下了成千上万条对用户产生误导的虚假广告。同时，Google 将人工智能与广告科学融合并应用于零售业的案例也吸引了业界的关注。当今时代，数字化趋势已不可逆转。在数据的加持下，经过科学选择的品牌和代言人相互助力将带来双赢效果，人工智能将给数字化营销应用带来无限的想象空间。数据的使用正在智能化，人工智能技术将大幅提高数据的精准性，让原本无力挖掘的数据被运用。随着数据应用技术的革新和发展，关联数据在人工智能技术的加持下，将实现"千人千面"，精准推送。人工智能对于连锁企业营销的影响是渐进式的，将在以下几个方面发挥明显的作用：

(1) 精准化数据支持。对于广告主而言，营销或许从未像现在一样"重口难调"，"一场全案营销打天下"的传统营销方式已经成为过去式。在消费人群越来越精细化、媒介环境越来越复杂的今天，找到"TA"和找对"TA"变得越来越难，而技术的发展却可以很好地解决这一难题。人们利用技术将大量的数据存储起来，再通过技术算法追踪消费者的行为路径、生活习惯，能够更精准地分析和理解消费者的需求，从而制定出个性化的营销方案。

(2) 强化交互体验。在营销层面，人工智能技术带来的最直接的变化就是使用户在营销体验时更有带入感，得到沉浸式的体验。被人工智能赋能的创意可以使用户和广告直接互动，甚至可以让用户主动参与其中。

(3) 丰富了创意的表现形式。与传统创意的表现形式相比，融入人工智能技术后的创意有更多的呈现形式。比如"麦当劳——改造未来餐厅"这一案例，通过升级"未来 2.0"门店餐厅，结合科技和人员驱动顾客全新用餐体验，当顾客在自助点餐机上点餐时，屏幕上的菜单一目了然，操作轻松便捷。点餐页面还可以缩小至屏幕下方，让儿童也可以加入点餐行列。顾客可以根据自身需求在自助点餐机上对产品进行部分调整，如饮料去冰、汉堡去酱等，不用再到传统的柜台操作，非常方便。

(4) 精准触达，让营销效果可视化与可检测。衡量营销效果的标准必然是营销效果的转化。随着广告主对营销效果的要求越来越高，可通过技术的加持，精准投放广告，有效识别、过滤虚假流量，反映更真实的营销效果。人工智能技术不仅将数据、技术、内容融合在一起，还通过语音、图像等让企业与消费者进行深度交互，最终利用动态分析能力，与消费者多层次沟通，实现品牌传播和效果精准转化，助力营销效果最大化实现。

百度已开发包括图像识别、人脸识别、AR 在内的 110 余种人工智能交互技术，并结合人工智能技术实现了多种营销模式。比如很多案例都采用了全意识整合营销数字平台 Omni Marketing，将百度人工智能技术与整体营销体系紧密联结起来，将人工智能技术融合在营销前期、中期、后期乃至整个闭环中。随着人工智能时代的到来，整个营销领域都将发生翻天覆地的变化，它不仅会影响绝大部分连锁企业的营销行为，而且会影响每一位消费者。技术的升级迭代、数据的管理分析、创意内容的生产以及传播的动态匹配，这些都是企业营销必须关注的新趋势。

三、数据构建营销竞争力

在信息时代，智能传感器、移动互联网、物联网等技术的发展使数据的产生速度、规模出现了爆发式增长，使低成本的数据生成、采集、传输、存储成为可能。同时，大数据、人工智能等技术的发展极大地提高了数据处理的效率，使海量的非结构化数据的获取、分析、使用成为可能。数据成为信息时代最关键的生产要素，谁掌握了数据，谁就在市场竞争中占有优势。在数字营销中，广告主掌握着用户画像、销售报表等第一手核心数据，数字媒体掌握着以投放效果为主的第二方数据，第三方监测机构及相关技术公司掌握着第三方数据资源，而大部分数字化营销公司只有在代理相关广告业务时，才有可能从这三方获取相关的部分数据。数据来源的不充分为营销方案的合理推导增加了难度，其预估效果的准确性也难以保证。在以消费者为中心的互联网时代，采集到符合标准的用户数据无疑将为后续的数据分析提供极大的便利。同时，数据越丰富，发现问题和改进流程的可能性就越大。连锁企业拥有自己的数据工具，将业务和数据紧密地整合在一起，利用数据对业务进行持续性调整和改进，是数字化营销取得良好效果的基本要求。目前，仅有一小部分拥有良好技术基础的数字技术公司具有采集、分析核心数据的能力。大部分企业因为资金、人员、技术服务能力较弱，对接的互联网资源较少，服务质量难以保证，凭借自身力量进行数字化营销转型的困难较大。由于把握核心数据的能力缺失，数字化营销"中介"被边缘化的趋势明显。

四、短视频激发用户分享

在过去的 20 多年间，互联网内容从文字到图片，再到视频不断更迭，并形成日益复杂的组合，表现形式更加丰富，互动性和可视性越来越强。随着数字技术的发展和用户习惯的改变，从长视频到短视频，内容生产的门槛越来越低，从 PC 端到移动端，用户观看与制作视频的便利性却越来越高。与直播、长视频相比，短视频的短小精悍更符合当下时间碎片化场景需求，用户在短时间内即可观看并分享视频，周期更短。同时，视频长度的缩短降低了制作的门槛，普通用户即可随时用移动设备拍摄、制作视频，短视频成为受众更乐于传播的社交语言。与传统图文广告相比，在内容营销的时代，更具三维立体感的视频可以让用户更真切地感受到企业传递的情感，这就意味着企业使用短视频作为与消费者交流的语言将更容易被接受，更容易实现品效合一的传播效果。

　　我国的短视频行业在近年迎来爆发，成为新时代互联网社交平台之一，日益成为销售业绩的新爆发点。从社会环境来看，我国移动互联网的发展逐步成熟，用户在移动端的使用频次已大大超过 PC 端，智能手机的普及为短视频的传播搭建了良好的平台。同时，社交媒体的普及使用户更加热衷于体验分享与评论带来的自我满足，以娱乐的态度获取资讯；经济环境方面，短视频行业得到了大量投资，融资多集中在 A 轮和天使轮，投资方向集中在内容创作和社交分享等领域；技术方面，5G 网络的推广为短视频的发展带来机遇，流量、宽带费用降低，智能移动终端的拍照、摄像技术不断提高，短视频的制作、分发、观看门槛越来越低，这一切都为短视频行业的发展带来了机会。对于广告主而言，如何选择头部 IP 制作符合品牌格调并能打动用户情感的视频内容，如何准确地找到平台入口实现流量变现，已成为当前的重要课题。

　　经过近几年的发展，我国短视频用户规模已超 8.5 亿，用户使用时长在移动互联网用户使用总时长中的占比已达到 10.5%，已成为移动互联网最重要的流量高地之一。目前，短视频行业的竞争格局趋于稳定。短视频行业的算法推荐持续优化，MCN(Multi-Channel Network，多频道网络)快速崛起。短视频由于其多数为碎片化时间的泛娱乐消费，算法分发可以很好地帮助用户从纷繁的内容中进行筛选及决策。MCN 的崛起将提升 PGC(专业生产内容)和 PUGC(专业用户生产内容)的质量。此外，"短视频+社交+电商"成为发力点，短视频平台基于兴趣，以头部主播为中心的陌生人弱关系社交闭环已形成，未来短视频平台将不断强化以头部主播为中心的社交体系扶持。传统电商流量红利已经见顶，短视频拥有巨大的流量，又急需拓展变现能力，所以"短视频+社交+电商"变现模式逐步成型，并快速发展。短视频不仅是长视频在时长上的缩短，也不只是非网络视频在终端的迁移。当前语境下的短视频具备创作门槛低、社交属性和互动性强、消费与传播碎片化的特性。和长视频相比，短视频在互动性和社交属性上更强，成为用户表达自我的一种社交方式。和直播视频相比，短视频在传播性上更强，便于全网内容的分发和消费。

　　短视频行业近年来的快速发展是外部环境和内部驱动力共同作用的结果，其中外部环境对短视频行业的推动表现在两个方面：第一，短视频监管力度加大，行业生态的不断规范，促进了行业的良性发展；第二，智能手机和 5G 网络的普及，打破了视频消费的时间和空间限制，是短视频得以发展的土壤。短视频行业的内部驱动力表现在三个方面：第一，短视频比图文承载的信息量更大，表达内容更丰富，成为用户更加喜欢的内容传播方式；第二，内容生态日益规范，短视频内容的数量和质量都得到很大提升，也吸引了更多的用户参与短视频的生产和消费；第三，短视频商业模式的想象空间大，流量获取成本低，吸引了大量资本进入，平台补贴扶持内容生态，驱动行业发展。

　　目前，短视频行业商业模式主要为广告变现、电商变现和用户付费，其中广告是应用最多的变现方式。未来，垂直内容付费是用户付费突破口，短视频行业在垂直领域的内容将愈加丰富和细化，同时短视频平台将迎来洗牌期，内容分发渠道将更加精细化，内容推荐机制将更加智能化，短视频营销也将更加规范化。

五、内容营销成为重点

内容营销是指以营销为目的，以内容为载体的商业传播行为。随着各个内容时代的发展，内容营销的范畴和类型也愈加丰富。尤其在网络内容时代，内容营销在传播上的爆款效应愈加频繁，在内容上的长尾价值凸显，在效果上的品效合一的结合也愈加紧密，各类互联网平台也开始不断探索和创新内容营销布局，带来了更加丰富多彩的内容营销玩法和生态。互联网重构了用户浏览内容的习惯与偏好，基于社交媒体的去中心化内容传播已经成为当前重要的传播方式。因此，内容营销的发力点也不再仅仅作用于内容本身，而是深入到内容传播的各个链条和场景中，甚至创造新的衍生内容来服务于内容营销，最大化地扩大内容营销的传播效果。可以说，企业未来内容营销的策略重心不只是在内容中更好地呈现营销信息，更要在内容外设置更多的营销信息传播点，让内容营销本身能够成为被讨论和分享的传播爆款。随着媒体环境的丰富和消费者内容偏好的多元化，要打造覆盖各个圈层的主流受众的头部内容将是一件越来越困难的事情。一方面，少量的头部内容变得愈加珍贵和稀缺，成为各大企业热衷的内容营销合作伙伴；另一方面，过于密集的营销信息也会让消费者的注意力分散，影响实际的营销效果。从内容营销的角度来看，尽管未来头部内容的营销价值仍在，但企业应该更多地结合自身品牌特征、目标受众以及营销诉求，寻找小而美的中长尾内容展开内容营销合作，在拥有更多创意空间的同时，也可以对垂直领域的消费者群体产生深度更深的情感链接。内容营销可以承载深度更大、内容更丰富的营销信息，同时能够结合内容产生更强的情感共鸣，因此当前企业对内容营销的价值期望仍然主要集中在建立品牌形象、传达深度营销诉求、建立消费者情感链接的目标上。随着媒体方的不断努力，内容营销的价值开始突破品牌传播的枷锁，通过增加内容消费属性、强化即时转化的便捷性、打造消费内容场景等方式实现企业销售转化的诉求。因此，未来企业对内容营销的价值认知和评估体系也会更加丰富、成熟，会综合评价内容营销在各个维度上带来的营销效果。在营销方式的对比中，内容营销成为企业关注度及落地成功率最高的营销方式；在广告形式的对比中，植入广告成为最被业内看好的广告形式；在社会化营销重点推广形式的对比中，社交内容的传播被推向了最受重视的位置。内容，成为营销者公认的、最值得关注的营销话题，随着内容创作的爆发，高价值的内容获取反而成为难题，资讯"爆炸"带来的劣质信息泛滥的问题，已成为消费者的痛点。在消费者注意力越来越碎片化的情况下，只有优质内容才能引起消费者共鸣，自带话题激起消费者主动转发，才能在消费者心中留下长久的印象。

六、从支撑型向驱动型转化的 IT 组织能力

传统的连锁企业 IT 部门以项目交付为主，而在数字化时代，IT 部门掌握着大量的连锁企业门店的经营数据，既是企业高层进行战略规划的基础，又是企业战略落地的执行者，因为它不仅能为企业研判未来发展路线提供丰富的样本，还可以根据战略规划和数据分析制定相应的技术路线和实现手段，从而为企业冲刺业绩提供保证；同时还是生产效率的改良者，因为它能够利用数字化技术将人力资源进行系统的量化，实现精准管理。

任务三　连锁企业门店店长的数字化营销能力

一、数据分析能力

数据分析能力是连锁企业门店店长必不可少的技能之一。店长通过对运营数据进行监测与分析，能够了解消费者反馈，分析消费者行为变化并据此优化调整门店的推广营销策略。数据分析不仅仅是指观察、记录数据，还要根据所得的数据，分析存在问题的原因，不断完善推广营销方案，从而达到理想的效果。

二、文案写作能力

文案写作是新媒体营销的灵魂。没有文案，再炫酷的营销手段也难逃"空壳"的命运。这生动地说明了文案在连锁企业门店借助新媒体开展营销活动中的重要性。无论是运营图文账号，还是视频账号，都需要优秀的文案作为支撑。在文案中巧妙地嵌入产品信息，让读者在不知不觉中了解产品的特色和优点，提升顾客黏性，从而为门店营销目标的实现打下基础。那么，如何写出吸引人的文案呢？首先，需要清晰的逻辑和思路，确保文章结构合理，重点突出。其次，要注意文章的布局和排版，使图文搭配更和谐，提升阅读体验。最后，内容要富有创意，才能抓住顾客的眼球。

三、新媒体账号的运营与维护能力

作为连锁企业门店店长，对有关门店的新媒体账号进行日常的维护和运营是非常重要的。好的账号需要始终保持活力，这样才能尽可能地留住粉丝群体。新媒体营销要与用户建立良好的关系，时常与用户交流，明白用户真正的需求，改进、创新产品功能，不断提升用户体验。

阅读链接 6-1　餐饮门店的新媒体营销化改造

传统的餐饮企业门店经营正不断受到新媒体营销方式的影响。对此，上海星禾益公司通过利用新媒体短视频平台如抖音、快手等实现了门店经营媒体化。

(1) 将"潮州卤水鹅"制成视频在抖音、快手平台宣传。

星禾益公司将"潮州卤水鹅"作为主打食品，制作成短视频在抖音、快手平台宣传，吸引了外地的许多消费者购买。

(2) 将"卤水鹅"及其配食包装制成视频在抖音、快手平台宣传。

为了适应消费者"送礼"的需要，和方便外地客户消费，星禾益公司将鹅翅、鹅肉、鹅爪、鹅杂、鸡肉、牛肉分别装在六个食品盒，组成一个美食"礼包"，在"第二分店"销售，并将其制作成"礼品"视频在抖音、快手平台宣传。

类似上述礼品礼盒的食品还有"四大天王"礼盒(即岐山臊子面、杨凌蘸水面、biangbiang面、羊肉泡馍四大热销食品组合)、"面面聚到"礼盒(由岐山臊子面、手工拉条子、大块牛肉面组成)、"烫捞四季"礼盒等。

(3) 将"陕西星禾"系列面食制成视频在抖音、快手平台宣传。

为了扩大陕西面食在上海店铺的销售量，星禾益公司将祖传的口味独特的面食汤汁确定为"星禾汁"加进"陕西面食"中，开办星禾益公司"第三分店"，专门销售"陕西星禾"系列面食，包括手工油泼面、手工拉条、大盘鸡拌面、杨凌蘸水面、岐山臊子汤面、大块牛肉面、炸酱面等。同时，将店铺最受欢迎的这些系列面食做成视频在抖音、快手平台宣传，用以吸引更多的顾客前来品尝。

(4) 将汤汁特色面"干货化"真空包装制成视频在抖音、快手平台宣传。

一些外地顾客看到了星禾益公司第三分店汤汁面的视频后反映，能否将特色汤面制成干货对外销售。星禾益公司很快想出了两种办法：一是做成去汤干面，即将最受顾客欢迎的岐山臊子汤面的原料(没有汤的材料)，即拉面、岐山臊子(肉丁、豆丁、萝卜丁、木耳等)、"星禾汁"小包装，一起做成"真空包装袋"，用特快专递销售给离店铺路途较近的顾客；二是做成烘烤干面，即将拉面、岐山臊子脱水干燥后和星禾汁小包装一起真空包装后，用特快专递销售给离店铺路途较远的顾客。

(5) 将麻辣烫"绿色化"制成视频在抖音、快手平台宣传。

麻辣烫是当代年轻人很喜欢的食品，为了提高麻辣烫食品的质量，星禾益公司开办了"第五分店"，在麻辣烫食品中增加了许多蔬菜供顾客选择，如增加了金针菇、香菇、黄豆芽、绿豆芽、海带丝、娃娃菜、土豆片、豆腐泡、青花、菠菜茼蒿、粉丝、莴笋叶、西兰花、香菜、玉米粒、倭瓜等，并制作成视频在抖音、快手平台宣传。

此外，星禾益公司还开发了 APP 并开通了微信公众号，为顾客提供便捷的线上预订、外卖、优惠信息等服务，以此来增加品牌曝光度和客户黏性，还通过美团、饿了么等互联网线上外卖平台，为顾客提供更便捷的点餐、外卖服务，拓展业务范围。门店经营经过媒体化运作，季收入比以往提高了 20%。

资料来源：徐乾益，朱学义.论传统餐饮企业创新之道：以上海星禾益公司餐饮店铺为例[J].中国集体经济，2023(36)：84-87.

四、运用数字营销工具的能力

数字化营销的工作内容和环节很多，作为连锁企业门店店长，要学会熟练运用各种数字营销工具来解决问题，使用工具可以节省大量的时间，并高质量地完成各项工作，提高工作效率。

◇ **案例精讲**　　　如何把"好货卖便宜"？　数字化成折扣店必备生存技能

奥特莱斯，即 Outlets，原意是"出口、出路、排出口"，在零售商业中专指由销售名牌过季、下架、断码商品的商店组成的购物中心，因此也称为"品牌直销购物中心"。奥特莱斯最早诞生于美国，迄今已有近一百年的历史。

近年来折扣店业态备受关注，大到奥特莱斯等百货行业，小到街边零食店，都迎来了高光时刻。2023 年，国内奥特莱斯销售额超 1300 亿元人民币。中国百货商业协会《2022—2023 中国奥特莱斯行业白皮书》显示，2022 年中国奥特莱斯业销售增速 8%，高于其他零售业。与此同时，零食折扣店大热，"零食很忙""赵一鸣"等零食品类折扣店疯狂扩张，遍布大街小巷。截至 2023 年 10 月，"零食很忙"在全国门店数突破 4000 家，4 个月内就新增了 1000 家门店。

在商超领域，永辉超市也启动了渐进式变革，在门店增设"正品折扣店"；盒马鲜生更是全面变革采销体系，掀起一场深度"折扣化"变革，门店超过 5000 款商品常态化八折。

尽管折扣店增长预期呈现喜人态势，但并不是简单靠低价就能取得突破，把"好货卖便宜"才是折扣店的重点。当前用户消费更趋于理性，在这种趋势下，折扣业态显示出穿越经济周期的坚韧生命力。

在消费者眼中，折扣店就是"卖得便宜"。从经营者的角度，要实现低价的方式方法有很多，但真正的折扣店是低价与品质一样都不能少。本质上，实现低价与品质共存是零售商持续优化供应链和商品运营能力的结果。

折扣店如何才能把"好货卖便宜"？最为重要的是选品，商品数量和销量如何平衡并达到效率最大化，至关重要。

第一，折扣店可以通过其智能选品系统，结合目标群体画像以及总品项数，智能规划品类结构。依据在目标群体中商品动销率排名等一系列数据，对商品进行打分，并匹配品类结构来确定选品名单。

第二，对于折扣店来说，极度精简的品项数决定了每一款在架商品的销售表现都至关重要。通过智能选品系统的选品回顾，线上线下消费者的购买行为变成可视化的数据，不仅是单品动销率，还有部类维度和货架组维度的动销率，以及线上销售占全渠道销售的比例、指标趋势和环比情况等都一清二楚。另外，消费者在某个货架的停留时长、上次结算和本次结算购买商品有什么区别，周期性都有哪些变化也清晰可见。在线上，APP 及小程序的热搜词和搜索无结果等都反映了消费者真实的需求，成为商品调整的参考。

第三，折扣店背后反映的是整个供应链的逻辑，如找好货、去掉中间商、垂直供应链、精选商品等，零售商只有通过这样不懈的努力，才能让消费者用最少的钱尽可能买到最好的商品。每一分在供应链运营做到足够精细而缩减的成本，都会让消费者心中的决策天平发生更大角度的倾斜。

全球采购是国内零售商需长时间才能锻造的能力，但一定是未来折扣店发展的必然方向。零售商收回定价权，回归零售本质，在全球范围为消费者筛选与布局低价质优的好商品。折扣店表面看似是简单的"低价"，但背后要打好数字化地基，才能建好供应链、做好商品管理，才是折扣店穿越经济周期的密码。

资料来源：王小月. 如何把"好货卖便宜"？ 数字化成折扣店必备生存技能[N]. 中国消费者报，2023-11-28(04).

◆ 本 章 小 结

信息技术的发展不断推动营销技术、架构、方式的变革，同时，以消费者为核心的数字化营销也促进了连锁企业门店促销方式的发展、产品的创新与迭代，不断扩大的数字化营销版图不仅是数字经济发展的新风口，也成为连锁企业门店竞相追逐的新蓝海。因此，数字化营销技能成为连锁企业门店店长和核心员工必须不断思考和学习的能力；在思考中领悟，在领悟中创新，在创新中进步，这样才能做好数字化济下的门店促销与服务提升。

★ 主要知识点

数字化营销　新媒体　人工智能　连锁企业门店促销策划　转型升级　数字化赋能

◆ 基 础 训 练

一、选择题

1. 在过去的20多年间，互联网内容从文字到图片，再到( )不断更迭，并形成日益复杂的组合，表现形式更加丰富，互动性和可视性越来越强。

A. 商品　　　　　B. 视频　　　　　C. 顾客　　　　　D. 新媒体

2. 在连锁企业门店店长应当具备的数字化营销能力中，不包括( )。

A. 计算编程能力　　　　　　　　B. 文案写作能力

C. 运用数字化的营销工具能力　　D. 数据分析能力

3. 随着中国互联网用户的基本普及，用户已经习惯了使用社交软件、电子商务、在线视频等，用户的基础观念与使用习惯已经养成，( )正在成为连锁企业门店数字化营销发展的重要引擎。

A. PC端　　　　　B. 移动端　　　　　C. 云端　　　　　D. 共享端

二、判断题

1. 企业的新产品发布会属于新媒体。( )

2. 连锁企业门店数字化营销升级的第一个步骤是计算机软硬件升级。( )

3. 数字化营销通常是为配合某个数字开展的营销活动，例如在法定节假日、民俗节日及地方习俗而举办的促销活动。( )

4. 文案写作能力是借助新媒体开展门店营销业务的"刚需"。( )

三、简答题

1. 简述门店数字化转型的背景及数字化营销的作用。

2. 简述连锁企业门店精准数字化营销的步骤。

3. 简述AI、大数据将如何为连锁企业门店促销活动赋能。

4. 简述数字化营销的特征。

◆ 实 训 项 目

一、实训任务

结合本地情况，自行选择一家具体的连锁企业实习或进行实地考察(或者由教师拍摄连锁企业的考察景像并播放)，然后完成如下任务：

(1) 分析该企业门店促销的现状及特点，并指出其优点和不足。

(2) 总结该企业的数字化营销升级思路及方案。

(3) 为该企业制定一份虚拟的数字化营销升级方案。

(4) 根据该企业的特点，针对某一节假日，确定促销主题，并制定一份较为详细的新媒体营销计划。

(5) 教师对学生制定的新媒体营销计划及相关作业进行点评，做好信息反馈，使学生能力持续上升。

二、实训要求

4～6 人一组，以小组合作的形式进行。任务达成期间，学生要注意团队意识的培养，明确每一个人的任务。

三、实训成果

提交一份完整的新媒体营销活动设计方案。

项目七　连锁企业门店的商品管理与陈列方法

◆ 学习目标

通过本项目的学习，了解连锁企业门店商品品类管理的有关知识；掌握品类优化和畅销商品培育的管理技巧；熟悉门店中各个主要的磁石点的商品配置要点及商品陈列的方法。

◆ 引入案例

德国阿尔迪折扣店的经营启示

阿尔迪折扣店是总部位于德国的硬折扣连锁超市，成立于 1913 年，是全球第五大零售商。所谓硬折扣，是指通过供应链优化，减少中间环节，降低经营成本而实现的低价策略。低价与商品质量无关，而提供有限的商品种类是硬折扣模式中最关键的支柱。那么，阿尔迪的秘诀是什么？它如何在零售业的折扣模式中获得成功？通过调查和分析，阿尔迪具有 10 个经营要点。

(1) 店铺面积：一般为 1600 平方米左右，选址多位于人口密集的贸易区 3 英里范围内，交通便利，每天的车流量超过 2 万辆。

(2) 营业时间：一般为 9 时至 21 时。

(3) 店内陈列：全部为竖排割箱陈列，以更好地展示产品，没有横排陈列；食品和非食品明显分开；摒弃了多余的装饰元素，而是依靠墙壁和架子上清晰可见的通知来吸引眼球；在不同区域，产品重复摆放；自有品牌产品和名牌产品相邻摆放，增加价格对比效果。

(4) 快速结账：阿尔迪虽然也有自助结账设备，但主要为人工结账，且以结账速度快闻名，比其他零售店快 40%左右。快速结账的秘密是：增加结账传送带长度；产品有多个条形码，方便扫描；店员不负责装袋，而是在出口设立专门的装袋处。

(5) 限定自有品牌：阿尔迪会专门为复活节、圣诞节等节日设立限定自有品牌。

(6) 极简货架：门店直接拆箱陈列，不需要员工把产品一个个地从箱子里拿出来挨个摆放，节省时间，从而减少员工。

(7) 人员精减：根据其招聘指南，阿尔迪每家门店只有 4 个不同的职位，即商店经理和经理实习生、轮班经理和商店助理，他们可以做任何事情，从收银到补充货品到清理货架。这种人员配备也是它能够保持低价格的原因之一。

(8) 付费的手推车：阿尔迪的购物车为投币使用制，用完还回原处取回硬币，以达到人员精减、增加效益的目的。

(9) 严格的质量检测：由于阿尔迪在可负担性上建立了声誉，因此很容易将其与廉价商品联系起来。但它非常重视质量。阿尔迪有一个完整的 QA(质量保证)团队，他们遵守严格的产品政策，每种产品上架之前需要测试 30 次左右。他们对每种上架产品至少每年进行一次重新测试，同时，每当竞争对手推出类似的产品时，团队就会再次进行测试。

(10) 精简产品：阿尔迪陈列近 2000 件产品，在产品数量上少于正常的零售商超。

消费者一般主要关注两个参数：成本和质量。硬折扣零售商的目标是以最低的价格为消费者提供基本的日常需求商品，同时保持高质量标准。这通过 4 个基本策略来实现：一是有限的产品种类；二是增加低价自有品牌的比例；三是建立和维持高的质量或性价比，即高质量低价格；四是高效的运营。

提供有限的商品种类是硬折扣模式中最关键的支柱，因为它可以让零售商提供大量的基本产品，有助于高效运营。这涉及限制产品类别和门店售卖的 SKU(最小存货单位)数量。硬折扣零售商提供的产品种类很少，每个类别的 SKU 数量也很少。他们专注于自有品牌产品，比如阿尔迪的商品中只有约 10% 是品牌商品。据了解，阿尔迪从 20 世纪 60 年代开始建立自有品牌，目前为止有 100 多个自有品牌，近 4000 个 SKU，涉及食品、服装、美容、婴幼儿产品、户外装备、宠物、家电、五金等各个品类，且每一个细分品类如食品中的糖果、巧克力、饼干等，都为一个单独的品牌。

数据和技术公司 Numerator 的自有品牌趋势跟踪器显示，杂货、家居、健康和美容产品的自有品牌在阿尔迪占据主导地位，占其总销售额的 77.5% 以上。阿尔迪门店中大约 90% 的商品都是自有品牌。

零售商使用自有品牌产品有两个主要优势：一是可以降低成本，从而实现更低的价格；二是给了零售商与供应商更大的杠杆，使其可以更容易地替换合作的工厂。自有品牌可以让商超去中间化，并根据其意愿实施质量控制。

然而，自有品牌也有两个主要缺点：一是产品质量的责任从制造商转移到了零售商；二是消费者往往更难以认同或识别自有品牌，这就使产品质量和"物有所值"的感觉变得至关重要。

硬折扣零售商秉承"质量胜过数量"的理念。他们非常强调自有品牌产品的质量，同时提供有限的产品范围：一般折扣店只提供 1000 多个单品。所以，自有品牌供应商必须进行严格的质量控制。根据市场上供应商所提供的质量和服务，硬折扣零售商可以迅速更换供应商，这使得零售商得以保持供应商之间的高度竞争并平衡成本与质量。同时，减少 SKU数量可以使零售商专注质量而不是数量，并尽可能提高运营效率。

资料来源：安琪.德国折扣店与自有品牌的启示[J].销售与市场(管理版)，2023(11)：29-31.

任务一　连锁企业门店的商品管理

一、品类管理的定义及作用

1. 品类管理的定义

品类是指消费者认为相关且可相互替代的一组特殊商品或服务。品类管理是指把所经营的商品分为不同的类别，并把每一类商品作为连锁企业经营战略的基本活动单位进行管理的一系列相关活动。它通过强调向消费者提供超值的产品或服务来提高企业的营运效果。

在商品同质化的今天，连锁企业门店面临的最大挑战就是培养忠诚的消费者。推广品类管理将有助于提高消费者满意度，只有不断提高消费者满意度，才能建立起消费者的忠诚度，也才能具有长久的竞争力。品类管理就是将品类作为战略业务单位来管理，通过对消费者需求的分析和研究，获取一定的差异性，从而更好地满足目标消费者的需要。品类管理的核心是在于通过满足消费者的需求来提升业绩。

2. 品类管理的作用

下面以全聚德烤鸭店为例来说明品类管理在连锁企业门店中的运用：

要想对全聚德的门店产品进行优化，第一步是对全聚德的全部产品进行分类，如"目标类"产品、"常规类"产品、"替代性"产品和"辅助性"产品等。烤鸭是全聚德餐厅的招牌菜，对于消费者而言，烤鸭是"目标类"产品。但一只烤鸭有可能不能满足消费者的消费需求，餐厅会根据就餐人数搭配不同类型(品类)的其他菜品，即"常规类"产品。例如，4 个人消费，则有多个 4 个人就餐的搭配方案可供选择；10 个人消费，就有多个 10 个人就餐的搭配方案可供选择。这些菜品虽然不是招牌菜，但不可或缺。此外，消费者或者还可能需要酒水、饮料、主食、纸巾或毛巾等，这些对餐厅而言是配套商品，对消费者而言是一次完美就餐的"辅助性"产品。"辅助性"产品甚至包括停车、引座、刷卡等。"辅助性"产品不是本次消费的目标，但是如果没有它，本次消费可能会被取消，或者无法实现，或者令消费者感到不完美。第二步是对菜品的销售量贡献率(菜品累计购买率)及利润率等指标进行分析。例如，通过销售数据可能发现某家门店有 80% 的销售量是由大约 25%

的菜品贡献的，这就意味着其余 75% 的低效产品占用了大量的资源。第三步是根据按照消费人数和消费金额两大要素，结合全聚德原有菜品的自然属性、工艺属性和经济属性的品类分类结果，分别对该门店不同品类的菜品进行末位淘汰，剔除无贡献或低贡献的菜品。当然，如果某品类的菜品数量与其他品类的相比较明显偏少，那么消费者在消费此类菜品时选择的余地就小得多。此时需要的不是末位淘汰，而是"适当增加"。最后一步是设计出各品类菜品合理搭配的若干新方案，在提升消费者消费体验的同时也有利于增加门店的利润。这样门店的营运效果就通过科学的品类管理得到了优化与提升。

上述案例说明了品类管理在门店营运管理中具有以下作用：

(1) 在保证消费者选择空间没有受到明显影响的前提下，优化商品结构和商品线；

(2) 进一步突出主打商品的地位；

(3) 精简商品，使门店采购、储存、加工、培训等工作的有效性得以提升，节约资源、减少浪费，降低运营成本；

(4) 帮助企业发现现有商品的不足，从而找到开发新品的依据和方向。

二、门店品类管理的优化

连锁企业门店通过逐步开展品类管理，不仅可以实现商品销售的最大化，还可以合理地安排商品的货架陈列与库存周转，既不积压门店的资金，又不会使畅销品断货。品类管理能够帮助门店负责人理性决策，取代情绪化、人情化、经验性决策，提高管理水平。

门店的品类优化工作主要从两方面入手：一是，通过不断调整优化商品经营目录，根据现有的商品资源，结合市场的消费需求和门店消费群体的特定状况加以组合，定期对商品品类进行调整，引进主力商品和新品，淘汰滞销、平销商品，挖掘门店一切货架资源，充分展示商品，使门店的整体销售业绩在不断优化商品结构中得到提升；二是，加强对单个门店商品品类结构的分析与研究，通过对典型门店目标顾客群、商品的品牌、SKU 数、陈列空间、价格带等多个方面进行分析研究并适时进行调整优化，跟踪调整后门店各品类商品的销售情况，不断总结经验，以点带面进行推广。

当门店销售额出现下降时，大部分门店店长首先想到的是如何调整货架及布局，如何搞好促销……事实上，门店业绩不理想，80% 的原因都是由于商品本身存在问题。门店的销售出现问题，店长第一个应该考虑的是商品品类结构是否有问题。毕竟顾客到门店是购买商品的，如果商品本身不好的话，你怎样布局、怎样促销都是无用的。门店营业整体销售业绩不理想的根本原因在于：门店的内核——商品品类结构存在问题。商品品类结构不合理、A 类畅销品缺乏而 C 类滞销品品种数及库存额占比很大，都是影响门店销售业绩增长的重要因素。

在进行商品品类结构优化之前，店长首先进行的是对门店外部商圈的分析研究(即外在分析)，确定门店的消费群体，并将某一类消费群体作为门店的目标顾客群，再根据目标顾客群适时调整门店商品的基本结构，最后对门店的商品销售数据进行必要的分析与研究(即内在分析)。

例如，有的门店整体或某品类结构中 40%的商品实现了 60%的销售额，有的门店整体或某品类结构中 10%的商品实现了 90%的销售额，这说明门店的商品品类结构存在着问题，前者的商品品类结构中缺乏带动整体销售的主力畅销商品，后者的商品品类结构表明顾客的购物目的性强，购买的商品主要集中在某些品类的商品上，没有带动相关品类的商品销售，导致销售毛利水平较低，此类门店应该弱化顾客的目的性购买，优化其他商品的品类结构。

在门店的商品品类结构中，如果 20%～30%的商品能够实现 80%销售额，则表明门店的商品品类结构基本正常。若不正常，门店不仅要考虑淘汰滞销商品引进新的畅销商品，更需要深入分析研究门店的商品品类结构，这样门店的整体销售业绩才会稳步上升。

对门店进行品类结构调整优化可以从以下几个方面进行：

(1) 提高门店管理者对开展品类优化管理重要性的认识。

对于国内竞争愈来愈激烈的连锁超市来说，开展品类管理的重要性是不言而喻的。但每个门店自身的资源和门店管理者对品类管理的认识不同，导致他们进行品类管理的具体做法大相径庭。有些门店管理者认为只有在门店自身规模比较大、人力物力资源比较宽裕时，才有必要实施品类管理。但是，对于国内区域零售商来说，由于面临外资大卖场和本土超市的双重夹击，如果不对自己所经营的商品作出正确的选择和安排，所选择经营的商品的品种、规格及其陈列空间都一样的话，那么销售业绩良好的商品便会缺乏足够的资源支持，而销售业绩不好的商品则对有限的资源造成浪费。即使经营再多规格、品种的商品，也不可能带来销售业绩的提升。

因此，门店管理者需要充分认识到品类管理在经营中的重要性，通过与企业相关部门及供应商的紧密合作，以高效、连续而顺利的商品供应和有效的货架陈列，最大限度地满足消费主体的需求。门店只有实施品类管理，才能使经营的品牌和货架的安排达到最大的投入产出比，才能实现货架上陈列的商品就是顾客所喜欢的、所需要的，从而吸引顾客购买，增加销量，获得利润。不少门店对目标顾客群的定位不清晰。如有的门店希望吸引中高收入的目标顾客群，而在商品的选择、陈列及促销方面却倾向于低档的或不知名的品牌。因此，在制定品类结构策略时不仅需要注重客流量的增加，也需要注重客单价及忠诚度的提高。品类结构优化管理的目的是面向顾客需求，优化商品组合，挖掘高利润、高流转的产品，淘汰劣势产品，提高每一个货架单元的销售额及利润贡献额，减少资金闲置和占用，推动门店商品管理、订补货等多个门店基础运营管理工作的提升。因此，要通过对门店相关销售数据进行充分的分析与研究，合理地安排商品的货架陈列位置、陈列空间及商品库存，来满足顾客需求，从而实现商品销售的最大化。

(2) 根据门店具体状况合理优化品类结构及货架管理。

一些大供应商在品类管理方面，其货架陈列原则主要是品类的销量。此方法确实会使销售额有一定程度的提高，但并没有给门店带来更多的利润，获得最大利益的只是供应商，而门店将会因此而损失很多通道利润。假设有两种商品，在过去一段时间内都有相同的销售额，但是两者的利润贡献可能不一样，因此两者的陈列空间也不应该相同。假设两种商品的利润一样，但是两者的周转速度、商品包装体积、季节性变化特征、是否促销、是否有替代产品等情况均不一样，那么两者的货架排面数应有所差别。因此，门店更多地应该从自身的实际情况(如商品的销售情况、产生的利润情况、带来的通道利润等方面)综合考虑。

阅读链接 7-1 服装连锁企业门店的"货品管理口诀"

1. 一三六买货比

货品分为基本款、流行款和陈列款。按照正常的销售经验，基本款销售额应该占到销售总额的约 60%，流行款约为 30%，陈列款约为 10%。基本款(如商务休闲装)销售期长，适应顾客范围大，保底销售较有保障；而流行款(如户外休闲/时尚休闲装)一般为本季主打款，跑量为主，利润较高，但其季节性较强、销售期较短；陈列款(如个性休闲装)一般设计比较前卫，点缀性较强，价位较高，可有效提升品牌个性、品位、档次及吸引力等。陈列款有可能转换成流行款，流行款也可能转换成基本款，如户外休闲装曾是陈列款，几年后变成流行款，现在已成基本款。很多时尚款式刚出世时，被称"有伤风化"；一段时间后，变成"很前卫"；再后，若穿者大量增加，则开始"流行"；再过几年，可能就有点"老土"了。门店在订货时一般比较保守，基本款订得偏多，而陈列款订得偏少，目的是基本款赢市场、流行款赢利润、陈列款赢形象。

2. 二八现象和二十大法则

二八现象即指少数货品产生大部分利润；二十大法则即指每季货品中大约有 20 个款式，要占到 70%以上的销售额。每个品牌都要找出它的二十大货品并加以研究改进。一般而言，消费者的嗜好是渐变的，所以今年畅销的款式稍加改变后，明年销量依然会不错；大家都看好的款式一般也不会差到哪里去，所以很多牌子在订货会后排出定量前 10 名，订得较偏的加盟商可以纠偏。更为保险的是，在开季之初发现市场上畅销的款式而快速跟进生产，这就是后追款，如靴子，市场反应良好，其他品牌纷纷买样模仿生产；当然，自己品牌中畅销的款式，也会追加生产。因此，连锁企业的商品开发部需要多跑市场，争取能多买到畅销款样板。为了在销售季节内能不断推出畅销款，工厂必须预留一定产能的车位，以建立"绿色通道"。

3. 三四三分析

连锁企业总部应每周做一次新品销量分析。销量占到前 30%的货品属于畅销款，须及时补货，如果畅销款都已分配给各门店，那么需要时仍要将其集中到最畅销门店；排名中间 40%的货品属于普销款，须加强推销；排名后 30%的货品，须及时调货、促销、减价，实在不行就打包退仓，以免占据新货出样空间及降低门店货品形象。

4. 四两千斤原理

此原理最初常应用于货品陈列。对于货品管理而言，四两千斤原理是指畅销货品在门店之间进行配补调货时，优先分配给最畅销门店；在门店陈列时，陈列于橱窗、展台等黄金区域，同时亦可二次、三次重复出样。因此，对于重点货品可设立专区销售，如商务休闲专区、户外休闲专区、靴子专区及时尚个性专区等。

5. 五适原则

五适原则指适当款式的货品，以适当的数量在适当的分销渠道，以适当的价格销售给适当的人。例如，款式很基本的货品(部分是旧货)，占到门店 70%的数量，在二、三级商圈门店主要以 5~8 折销售给该商圈特价型的顾客。所以，不同类型与级别的门店应设置在不同的商圈，面向不同层次与嗜好的顾客群，订购不同档次、时尚度的货品，以不同折扣的价格进行销售；对于量贩式大众休闲品牌而言，在百货商场可多卖流行款与高价款，而在大卖场或超市则可多卖基本款与特价品。

6. 六正原则

六正原则指新货一般以正价(7 折以上)销售六周，六周能够涵盖单位时间内最多的有效顾客。六周过后，由于是季节晚期，顾客的消费意愿会降低。如 9 月初上架一款浅口或单皮鞋，到 10 月中下旬天气渐冷，顾客买了之后也只能穿个把月，因而觉得不划算(鞋子的使用价值降低)，除非降价降至他觉得划算才会买。新货一般以周五晚出样为佳。如果将上货习惯定在周一，看的人多，但买的人少，待到客人周末来买时，会发现这是几天前看过的"旧货"，从而降低购买欲。国内很多门店的货品甚至卖 6 个月以上，常常是冬天卖凉鞋，夏天卖靴子。成功品牌一般采取的销售策略是 2~4 周以原价出售，3~6 周以 8 折出售，5~8 周以 5~7 折出售，季末以 5 折以下出售，最后货底占 10%~20%。

7. 七减原则

七减原则指每年的 7 月份(冬季为 1 月份)开始进行减价销售。国际品牌的直营门店一般是一步到位(今年的商品打 5 折)，去年的商品打 4 折，前年的商品打 1~3 折——必须将前年的存货彻底清零。减价的原则：流行款与陈列款(非配件)低于成本价销售，而基本款则不宜折得太狠，以免伤了品牌的筋骨。减价也有学问，数据管理到位，减价就比较精准。此外，减价宜分品种区别对待，不同品种不同价格，强势产品及基本货品不宜减价过大。

8. 八清原则

八清原则指每年的 8 月份(冬季为 2 月份)开始换季清货。以特许经营为主的品牌，其门店从季末开始陆续向总部退换货品，故其清货期相对较长。很多国际品牌对于其门店难以处理的旧货，一般以批发价的 3～6 折(相当于零售价的 1～3 折)回收。实在清不完的则由员工超低价内购或捐赠。对于国内品牌而言，部分货品可用于门店开新店时铺货。总之，清货要有目标。业界常见的清货标准：今年的货品清至总量的 10%～20%，去年的当季货品最好清零，在此基础上决定折扣的力度及清仓渠道。

9. 九新原则

九新原则指每年的 9 月份(春季为 3 月份)开始陆续推出新货。一般而言，北方换季较南方早。新货推出后，旧货、减价货品则同时让出黄金区域，退到内场。

通常，上新货后过季货品可逐步退出(而非一次性全部退出)，并予以一定的折扣以吸引减价型的顾客。

(3) 进行较为合理有效的数据分析。

品类管理是一个以信息为基础对品类经营活动进行分析、计划和实施的过程。实施品类管理就是要通过对目标顾客群的界定、消费需求的研究，以及对同类产品中的不同品牌进行严谨的数据化分析，将品类中最为有效的品牌保留并加以扩大，摒弃那些无效品牌。合理、有效的货架摆放与管理，有利于顾客对所陈列的商品更加易见、易找和易选，从而真正实现满足顾客的最终需求，提升门店整体销售业绩的增长。因此，门店在进行品类管理时，应充分利用现有的信息系统对庞大的数据信息进行有效的收集、存储、管理和分析，以作出正确的决策。

(4) 加强门店负责人数据分析等相关技能的提升。

门店的负责人如果能坚持在日常工作中采用信息系统，对销售数据进行分析、发现新的畅销商品、发现新的增长点、选择和调整销售策略，就能为本店发展寻求新的思路和方向，尝试新的方法。

(5) 建立快速信息反馈机制。

在门店品类优化管理中，快速信息反馈机制的建立分为两方面。一是商品部门与门店间的信息互通反馈，商品部门适时对门店品类销售数据进行分析研究，并及时将品类优化调整建议及方案告知门店，同样门店在商品经营目录执行及品类结构优化调整的实际操作中若出现问题，也要及时反馈至商品部门并加以解决。二是对重要顾客建立快速信息反馈机制，重要顾客包括对购物满意的顾客和强烈不满的顾客。对处理顾客投诉与抱怨，要严格按标准规范操作，提高顾客满意水平；建立对重要顾客的追踪访问记录和信息反馈，增强顾客满意度，增加再次购买的机会。营销大师科特勒教授曾经说："除了满足顾客外，企业还要取悦他们。"今天的连锁企业门店面临着更加激烈的竞争，如何赢得顾客战胜竞争对手，答案就是在满足顾客需求，使顾客满意方面做好工作。

门店存在的核心意义就是"卖东西的"，商品品类结构是门店的"内核"。当发现门店利润下滑、业绩不理想时，首先要做的不是调整货架，也不是搞大规模促销，更不是一味地根据销售排行去淘汰滞销品、引进新品，而是要仔细分析研究门店的商品品类结构，然后再根据商品的纵深度管理模式、商品品类定位管理分析、商品品牌定位、功能定位及价格线定位等，调整优化商品分类及商品的配置。

三、畅销商品的培育

连锁企业的经营活动是围绕如何以其商品和服务来满足顾客的需求这个中心环节来进行的。门店要生存和发展，关键在于其商品对顾客需求的满意程度。为了适应顾客需求变动和市场发展趋势，门店应及时调整商品策略，不断更新经营品种，大力引进和培养畅销商品，形成自己鲜明的经营特色。

畅销商品是指市场上销路很好、没有积压滞销的商品。任何商品，只要受到顾客的欢迎，销路好，都可称作畅销商品。新商品进入市场有其投入期、成长期、成熟期和衰退期。畅销商品是指处于成长期和成熟期的商品，对于门店来说其经营的商品是否得到社会承认、能否在市场上畅销，直接关系到门店在激烈的市场竞争中能否站得住脚。门店经营面积有限，对商品品种的选择就尤为重要，而其所经营的每种商品不可能总处于畅销阶段。因此，门店应该掌握商品的发展规律，不断挖掘和培育符合自身特点的畅销商品。

1. 商品畅销因素分析

商品畅销的原因主要是因为它对顾客有吸引力，能更好地满足顾客需求。其主要取决于以下因素：

(1) 商品功能：商品的用途对于顾客来说至关重要，缺之不可而又不能被替代。

(2) 商品质量：同类商品中质量的佼佼者，最有可能成为受顾客欢迎的畅销品。

(3) 商品价格：在保证质量的前提下，价格便宜的商品容易畅销。

(4) 商品包装：包装上体现便利性的商品容易被顾客接受。

(5) 商品品牌：名牌商标是商品畅销市场的通行证。在同类商品差别化逐渐缩小，市场出现大量不同品牌的今天，商标知名度便成为决定顾客购买行为的重要因素。

(6) 售后服务：是商品销售的延续，服务做得好可以打消顾客的各种后顾之忧。

2. 门店畅销商品的选择

当一种新商品出现在市场上时，需要考察其市场销售潜力，并对其进行综合评估。常见的方法有：

(1) 打分法。将多种因素量化成数字来评估某一新上市商品，高于某一水平的即可列为门店培养的对象。当然，有些因素很难用数字表示，而且不同商品的各因素所占比例也不一定完全相同，如日用品应注重质量与价格，礼品应多考虑包装，服装类商品应多关注品牌与款式，电器类商品则侧重于售后服务。

(2) 历史记录法。门店过去销售统计资料也是选择畅销商品的一个重要依据。门店可以将每一时期销量排列在前 10 位的商品作为重点畅销商品培育，同时建立商品淘汰制度，将每一时期排列在最后几位的商品定期清除出场，并补充新商品。香港百佳超级市场的采购计划值得借鉴：为确保采购适销对路的商品，总部每年都要制定详细的滚动商品计划，其步骤是首先收集上一年超级市场发展形势、顾客购买频率、购买金额、顾客消费心理和要求等资料，然后统计过去 5 年的营业额增长率和行业发展趋势，在销售的 1 万多种商品中找出最受欢迎的商品，最后在对社会及经济环境变化作出全面分析的基础上确定下一年的采购计划。

(3) 竞争店借鉴法。例如，门店的竞争对手很多，不仅包括其他超市连锁集团，还包括争夺同一类市场的其他零售业态，如百货商店、便利店等，这些门店同样也面临着培养开发畅销商品的问题。因此，从竞争对手的营销推广活动中去发现新的畅销商品不失为一条捷径。一般来说，几乎所有门店都会将销路最好的商品陈列在最显著的位置，或者为了推广某种商品在门店张贴各式各样的 pop 广告，因此经常到竞争店里观察，可以更为全面地了解畅销商品。

(4) 追赶潮流法。门店在选择畅销商品时需要充分了解市场上的流行趋势，最好到国内经济发达地区进行考察。如广州、上海、深圳等发达城市的超级市场，销售的大多商品都是比较超前的流行商品，对开发畅销商品有一定的借鉴作用。

值得注意的是，一个门店的畅销商品并非一成不变，而是应随着季节的变换、供应商供货因素的影响及顾客需求的变化而作出相应调整。一般来说，门店畅销商品目录在一年中通常会做 4 次重大调整，每次被调整的商品约占前一个目录总数的 50% 左右，即使在同一个季节也会由于特殊节日、气候变化等因素的影响而使畅销商品目录发生变化。

3. 畅销商品的优先策略

畅销商品的优先策略体现在以下几个方面：

(1) 采购优先策略：在制定采购计划时，应充分保证畅销商品供货数量的稳定性和供货时间的准确性，在所有门店和各个时间都不能断档缺货。

(2) 采购资金优先策略：连锁企业总部及各门店要与畅销商品的供应商建立良好的合作伙伴关系，并承担及时足额付款的义务，以保证充足的货源。

(3) 储存库位优先策略：在配送中心要将最佳库存位置留给畅销商品，尽量保证畅销商品在物流环节的线路最短，保证主力商品准时、安全送达，这也是连锁企业降低物流成本的需要。

(4) 陈列优先策略：畅销商品一般应该配置在卖场中的展示区、端架及主通道两侧货架的磁石点上，并根据销售额目标确定排面数，保证足够大的陈列量。不仅如此，好的商品陈列更可以为门店创造可观的营业外收入，即俗称的"信道费"，如端头陈列费、堆头陈列费、专柜陈列费等。由于零售业竞争愈加激烈，有的地区零售业已经进入微利时代，如何降低成本、增加"信道费"成为门店促销策略的重中之重。例如，对于 2000 平方米左右的门店而言，如果门店布局与商品陈列到位的话，可创造 10～20 万元人民币/月的"信道费"。

(5) 促销优先策略：畅销商品的促销应成为门店促销活动的主要内容，各种商品群的组合促销也应该突出其中的畅销商品。

四、门店商品管理的数字化升级

对连锁企业门店的各个业务环节进行数字化升级，包括商品管理、订单处理、库存管理、会员管理、营销活动等，目的是提高工作效率和数据准确性。尽管目前连锁企业的信息化水平和智能化程度已经较为成熟，但企业仍然要根据自身的业务模式和需求进行数字化功能的选择和梳理，并延伸贯通到每个业务环节。

具体而言，数字化商品管理包括但不限于各种商品信息的联通、数据采集与汇总；顾客购买行为档案建立、趋势分析、建议措施等；对顾客进行数智化管理，分析目标客户群体特征、消费习惯、消费频次等信息；对企业制度进行数字化对标，使数据场景化，优化流程，提高效率，形成数字商业模式；以数字化手段，强化商品、物流管理，实现加工流程实时可视、商品实时定位和追溯等，完成门店服务功能性、个性化定制，结合顾客使用场景精准定位，满足高端个性需求。

连锁企业目前正在从门店商品管理的数字化逐渐实现门店管理的数智化，通过门店商品的实时监测和智能预警，及时发现经营过程中的异常情况，实现前台、后台实时监测。如根据前台的需求和销售数据可以及时指挥并调配库存，而当后台的库存情况、库存商品周转率、低于成本销售时，可以通过库存商品变化趋势制定市场营销策略，以便管理者迅速采取应对措施。从数据积累到模型优化，再到应用升级，连锁企业门店应逐步完成营销数字化及商品管理能力的迭代式优化升级。

任务二 ▲ 商品陈列的原则和方法

一、商品陈列的基本原则

所谓陈列，就是将商品摆放到适当的地方，目的是创造更多的销售机会，从而提高销售业绩。商品陈列的基本原则主要有以下几种。

1. 易见易取原则

所谓易见，就是要使商品陈列于容易让顾客看见的，一般以水平视线下方20度点为中心的上10度下20范围。

所谓易取，就是要使商品陈列容易让顾客触摸、拿取挑选，与此关系最密切的是商品陈列的高度及远近。按商品陈列的高度可将货架分为三段：中段为手最容易拿到的高度(男性为70~160厘米、女性为60~150厘米)，有人称这个高度为"黄金位置"，一般用于陈列主力商品或有意推广商品；次上、下端为手可以拿到的高度(次上端男性为160~180厘米、女性为150~170厘米，次下端男性为40~70厘米、女性为30~60厘米)，一般用于陈列次主力商品，其中次下端顾客屈膝弯腰才能拿到商品；上、下端为手不易拿到的高度(上端男性为180厘米以上、女性为170厘米以上，下端男性为40厘米以下、女性为30厘米以下)一般用于陈列低毛利、补充性和体现量感的商品，上端还可以有一些色彩调节和装饰陈列。放在前面的商品要比放在后面或里面的商品更容易拿到手，为使里面的商品容易拿取，常用的办法是架设阶层式的棚架，但要考虑到其安全性，以免堆高的商品掉落下来。

2. 分区定位原则

所谓分区定位，就是要求每一类、每一项商品都必须有一个相对固定的陈列位置。商品陈列的位置和陈列面很少有变动，除非因某种营销目的而修正配置图表。这既是为了使商品陈列标准化，也是为了便于顾客选购商品。因而应注意：

① 要向顾客公布货位布置图，并按商品大类或商品群设置商品标示牌，使顾客一进门就能初步了解自己所要需商品的大概位置。

② 为便于顾客购买日常生活小商品，可在开架陈列区外设立便民服务柜，进行面对面销售。

③ 相关商品的货位布置要邻近或面对面，以便于顾客相互比较，促进连带购买，如录像机与录像带、照相机与胶卷，再如果蔬、肉禽蛋、调味品与鲜肉制品等可放在邻近的区域。

④ 要将相互影响大的商品货位适当隔开，如串味食品、熟食制品与生鲜食品、化妆品

与烟酒、茶叶、糖果饼干等。

⑤ 同类商品纵向陈列，即从上而下垂直陈列，使同类商品平均享受到货架上各段位的销售利益。图 7-1 是某家超市的啤酒陈列示意图。

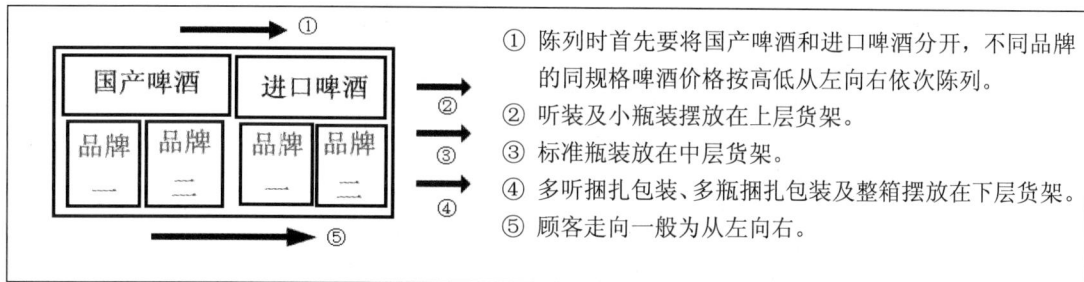

图 7-1 某家超市的啤酒陈列示意图

① 陈列时首先要将国产啤酒和进口啤酒分开，不同品牌的同规格啤酒价格按高低从左向右依次陈列。
② 听装及小瓶装摆放在上层货架。
③ 标准瓶装放在中层货架。
④ 多听捆扎包装、多瓶捆扎包装及整箱摆放在下层货架。
⑤ 顾客走向一般为从左向右。

⑥ 商品货位要勤调整，分区定位并不是一成不变的，要根据时间、商品流行期的变化随时进行调整。但调整幅度不宜过大，除了根据季节及重大的促销活动而进行整体布局调整外，大多数情况不做大的变动，以便于老顾客凭印象找到商品的位置。

3. 前进陈列原则和梯状陈列原则

所谓前进陈列，就是要按照先进先出的原则来补货。营业高峰过后，货架陈列的前排商品被买走，这时门店工作人员就必须把后排的商品往外移，从后面开始补充陈列商品，这个动作叫作前进陈列。如果暂无补充货源，也应进行前进陈列，以保持陈列的丰满。前进陈列时应注意做好商品的收集、整理及清洁工作，将商品干干净净地呈现在顾客面前。所谓梯状陈列，就是要求商品的排列应前低后高，呈阶梯状，使商品陈列既有立体感和丰满感，又不会使顾客产生被商品压迫的感觉。一般来说，过分强调丰满陈列和连续性，会使顾客被商品压迫的感觉增强，可采取倾斜、阶梯、突出、凹进、悬挂、吊篮等方法，适当打破商品陈列的连续性，反而能使顾客产生舒适感和亲切感。

二、商品陈列的基本方法

1. 量感陈列

量感陈列一般是指将商品进行大量堆放，产生视觉冲击，引发顾客购买行为的陈列方法。目前这种方法的运用正在逐渐发生变化，从只强调商品数量转变为注重陈列的技巧，从而使顾客在视觉上感到商品很多。所以，量感陈列一方面是指"实际很多"，另一方面则是指"看起来很多"。量感陈列一般适用于食品杂货，以亲切、丰满、价格低廉、易挑选等优势吸引顾客。量感陈列常用的手法有店内吊篮、店内岛、壁面敞开、铺面、平台、售货车及整箱大量陈列等。其中整箱大量陈列是大中型超市常用的一种陈列手法，即在卖场辟出一个空间或拆除端架，将单一商品或2~3个品项的商品做量感陈列。量感陈列一般适用于下列情况，如低价促销、季节性促销、节庆促销、新产品促销、媒体大力宣传及顾客大量购买等。图7-2为某卖场水果陈列的要点图。

点评：
1. 同一个类别的水果一个个纵列集中摆放。
2. 用合适规格的框子摆放水果，使其保持良好的秩序。
3. 水果陈列应突出层次感。

资料来源：本书作者摄于大润发超市厦门文艺中心店，2014

图7-2　某卖场水果陈列的要点图

2. 展示陈列

展示陈列是指门店为了强调特别推出的商品而采取的陈列方法，这种陈列一般适用于百货类和食品。虽然陈列成本较高，但能吸引顾客的目光和兴趣，营造门店的气氛。常用的陈列场所有橱窗、店内陈列台、柜台、手不易够到的地方(如货架顶端)等。体现展示陈列魅力的基本要点：一是明确展示主题，弄清楚要表现什么或要向顾客展示什么，如新鲜还是营养、时尚还是廉价；二是注意构成手法，商品陈列的空间结构、照明与色彩应相互有机配合；三是注意表现手法，采用一些独特的展示手法才能吸引顾客的注意力。

展示陈列常用的手法有突出陈列、端头陈列、岛式陈列、去盖包装整箱陈列、悬挂陈列、树丛式陈列、散装或混合陈列等。

(1) 突出陈列：将商品放在篮子、车子、箱子或突出板(货架底部可自由抽动的搁板)内，陈列在相关商品的旁边销售，主要目的是诱导和招揽顾客。突出陈列应注意：第一，突出陈列的高度要适宜，既要能引起顾客的注意，又不能太高，以免影响货架上商品的销售效果；第二，突出陈列的商品不宜太多，以免影响顾客正常的行进路线；第三，不宜在窄小的通道内做突出陈列，即使是在比较宽的通道，也不要陈列占地面积较大的商品，以免影响通道顺畅。

(2) 端头陈列：端头即货架两端，这是销售力极强的位置。端头陈列可以是单一商品，也可以是组合商品，以后者效果为佳。端头陈列应注意：商品不宜太多，一般以5个为限；商品之间要有关联性，绝对不可将无关联的商品陈列在同一个端架内；在几个组合商品中可选一个商品作为牺牲品，以低价出售，目的是带动其他商品的销售。

(3) 岛式陈列：运用陈列柜、平台、货柜等陈列工具，在适当位置展示陈列商品。岛式陈列强调季节感、时令感和丰富感，应注意：第一，陈列工具应与商品特征相配合；第二，陈列工具一般适宜放置在门店的前部和中部，这样就能向顾客充分展示商品，如果陈列在门店的后部往往会被货架挡住视线；第三，陈列工具不宜太高，以免影响顾客的视线；第四，陈列工具最好装有滑轮和搁板，以便根据需要而调整；第五，陈列工具要牢固、安全。

(4) 去盖包装整箱陈列：将非透明包装商品(如整箱的饮料、调味品等)的包装箱上部切除(可用斜切方式)，或将包装箱的底部切下来作为商品陈列的托盘，以充分显示商品包装的促销效果。

(5) 悬挂陈列：用固定或可以转动的装有挂钩的陈列架，陈列缺乏立体感的商品，一般适用于日用小商品，如剃须刀片、电池、袜子、手套、帽子、小五金工具、头饰等。

(6) 树丛式陈列：用篮、筐或桶，将商品随意插在里面，陈列于门店出入口或端头，常用于价格十分低廉的整篮、整筐或整桶商品的出售。

(7) 散装或混合陈列：把商品的原包装拆下，或单一商品或几个商品的组合在一起陈列于岛型陈列工具内出售，往往采用统一的价格，也能使顾客产生一种降价促销感。

三、磁石点与商品陈列

所谓磁石，就是指在连续企业门店中最能吸引顾客注意力的地方。磁石点理论是指在门店中最能吸引顾客注意力的地方，配置合适的商品以促进销售，并能引导顾客逛完整个门店，以提高顾客冲动性购买比重。磁石点就是顾客的注意点，要创造这种吸引力就必须依靠商品的配置技巧来实现。

例如，典型的超市卖场中通常会设置五个"磁石点"，这些磁石点分别是针对顾客购买过程中的种种心理特征而设置的。一般而言，卖场的通道划分为主通道和副通道。主通道用来诱导顾客行动的主线，而副通道是为消费者在店内移动的支流。良好的通道设置往往是为了引导顾客按照设计的走向，走向卖场的每一个角落，尽可能地接触所有的商品，从而引发最大程度的购买行为。

磁石点理论设计遵循"完整性"原则，使超市卖场具有自然引导顾客购物的效果。超市卖场中的第一个磁石点往往是最能引起顾客注意力的地方，这个地点通常位于卖场主通道的两侧，是每一位顾客的必经之地，也是商品销售最主要的地方。第二个磁石点往往位于卖场通道的末端，比如大型卖场一楼和二楼进行转换的区域。位于第二个磁石点的商品所肩负的是诱导顾客走入卖场最里面的任务，当顾客购买必需品和流行品的喜好都满足后，要想继续激发顾客的购买行为，就需要运用一点策略对顾客进行"刺激"了，这就是第三个磁石点需要承担的功能，第三个磁石点通常设置在面对卖场出口或主通道的货架两端。卖场的第四个磁石点往往会特意陈列大量的商品，比如有意把商品堆成不同的造型，或者放上巨大的广告宣传，在长长的陈列线中引起顾客的注意。当顾客快要走到结算区，准备到收银台消费的最后一小段路程，精明的商家同样也不会忽略，而这一段区域就是第五个磁石点区域。超市会根据不同的节日进行大型的展销或销售一些特卖产品，激发顾客在卖场中最后的一点消费欲望。超市卖场的磁石点分布及相应的商品陈列要点如图7-3所示。

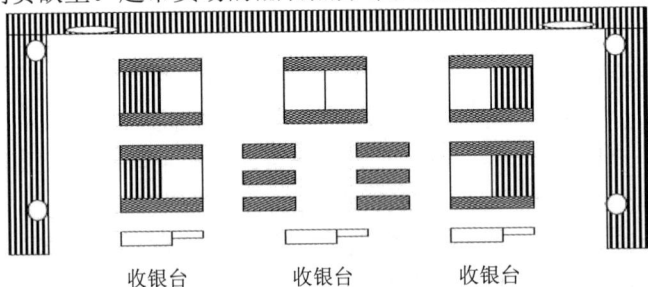

收银台　　　收银台　　　收银台

磁石点	门店位置	配置要点	配置商品
第一个磁石点	主通道两侧，是顾客的必经之地，是商品销售的最主要位置	由于特殊的位置优势，不必刻意装饰即可达到很好的销售效果	主力商品，购买频率高的商品，采购力强的商品
第二个磁石点	主通道的末端、电梯出口、通道拐角，穿插在第一个磁石点中间	有引导顾客走到卖场最里面的任务，需要突出照明度及陈列装饰	最新的商品，具有季节感的时令商品，明亮、华丽的商品
第三个磁石点	货架两头的端架	卖场中顾客接触频率最高的地方，盈利机会大，应重点配置，商品摆放时三面朝外	特价品，高利润商品，厂家促销商品
第四个磁石点	副通道的两侧	重点以单项商品来吸引顾客，需要在促销方法和陈列方式上体现	热销商品，有意大量陈列的商品，广告宣传的商品
第五个磁石点	收银台前的中间卖场	能够吸引一定量的顾客，烘托门店气氛，展销主题需要不断变化	占地面积小的商品，特卖商品，节日促销商品

图7-3　超市卖场的磁石点分布及相应的商品陈列要点

磁石点理论能够帮助门店运用科学的手段，在最能吸引顾客注意力的地方，配置好顾客最有可能购买的商品，让顾客一旦走进门店，便可牢牢地被"磁石"吸住，从而提高门店的销售业绩。

四、店长对商品陈列的检查事项

连锁企业门店的督导及店长、组长等对商品陈列负有检查、指导和督促的任务，检查的主要事项有：是否按商品配置标准来陈列；商品陈列是否随季节、节庆等的变化而随时更换；是否注意到商品的关联性；陈列商品是否整齐、有条理；商品的形状、色彩与灯光照明是否能有效地组合；商品的价格标签是否完整、符合要求；陈列的商品是否便于顾客选购；陈列的商品是否让顾客有容易接近的感觉；陈列的方式是否能突出丰富感及商品的特色；商品是否有灰尘；是否能显示出门店所经营的主要商品；促销商品能否吸引顾客的兴趣；商品陈列的位置是否在店员视线所及的范围之内；货架上的商品出售以后，补货是否及时；是否有效地利用墙壁和柱子来陈列商品；商品的广告海报是否破旧；各部门陈列的商品，其指示标志是否明显；引导顾客的标志是否易见、易懂；陈列设备是否与商品相称；陈列设备是否安全可靠；破旧的陈列设备是否仍然在使用；员工对陈列设备的使用方法是否详细了解。

◇ **案例精讲**　　　　名创优品的门店布局与商品陈列

◎名创优品无锡万象城店简介

名创优品万象城店所在的商场是由华润新鸿基房地产有限公司投资建设，集酒店、办公、商业街、住宅为一体的城市综合体项目，地处中心城区、蠡湖新城和太湖新城三城交界，是无锡"后运河时代"首个高端滨湖城市综合体项目。商场西部是综合商业区，包括购物中心和沿湖所建的滨湖商业街，面向地铁和金石路，人流量很大；商场东北区域沿湖是酒店、办公区，面向蠡湖，风光旖旎；商场东南侧区域是居民区，贴近湿地公园居住人口较多。名创优品门店面积达 180 平方米，门店定编有 6 人，主要经营季节性产品、美妆工具、生活百货、创意家居、数码电器等多个品类。门店位置较好，在屈臣氏的旁边、JINS眼镜店的对面，离卫生间很近，可以带来很多客流，主要消费群体女性偏多，有附近居民、游客、学生等。

◎门店商圈分析

万象城所在的太湖新城商圈位于无锡城市南部，总面积达 150 平方公里，是无锡导入中高端人口的新区，具有商贸、行政、办公、金融、科教等多重功能，是无锡高端商务、金融机构、企业总部、休闲居住、专业服务的集聚区。发展到现在，万科、华润新鸿基、融创、绿城等品牌打造的中高端社区早已步入正轨，相应的商业配套也逐步完善，可以满足现有居住人口的消费需求。万象城所在的位置处于商圈中心区，是整个太湖新城最重要的部分之一，整体面积约 55 平方公里。

万象城商场的定位是走高端路线，但同时又要接地气，符合无锡市民的喜好。所以万象城在无锡首次引进了目前高端百货业推崇的"买手制"——对高端奢侈品有经验的"买手"直接向供应商进行购买。整个商场共有五层，包括负一楼，商场一楼主营运动服饰、快时尚服装与一些高端珠宝，不是那么奢侈又保证了品质感；商场二楼的店铺种类比较多，如绿茶餐厅、西北莜面村、OTT 咖啡、单农、TBF 女装等，大都是一些有知名度的连锁店铺；商场三楼有金宝贝、思妍丽美容纤体 SPA、水星家纺、瑞泰智能生活馆、星际传奇等品牌，主要是儿童教育、美容健康、科技生活类型的店铺；商场四楼有橙天嘉禾、Coco 都可、小龙坎火锅，主要是娱乐放松类型的商铺；商场负一楼有新石器烤肉、食其家、KFC、阿吉豆、三福、名创优品、Ole 等，主要是一些餐饮、时尚休闲百货类型的店铺和华润旗下的精品超市。这些不同业态的店铺带来了大量的客流。

◎ 名创优品万象城店店铺布局与商品陈列分析

1. 店铺布局分析

名创优品万象城店的整体店铺布局形式采用最经典的布局——直线型布局形式。这种布局是空间利用率最高效的一种布局，能够陈列展示较多的商品，便于顾客拿取商品，也方便顾客一目了然地选购商品。由于店铺面积小，所以通道的设计把进口处和收银处设在一起，卖场中岛货架较低，边墙货架较高，可以让顾客对商品一览无余。店铺通道的设计遵循了平坦、没有障碍物的原则，保证顾客提着购物篮能顺利地擦肩而过。

名创优品万象城店卖场分为三个区域，分别前场、中场、后场。前场是黄金销售区域，对店面整体销售起决定性作用，陈列容易吸引顾客的产品，像彩妆产品可以吸引女生、盲盒玩具比较吸引男生，还有季节性产品。中场是引导顾客消费的主力商品位置，也是销售最容易达成的位置，陈列热销产品、有一定认知度的产品，如洗脸巾、电子产品、香氛等。后场是顾客最后到达的地方，陈列有杯子、毛巾生活必需品等，而且店铺边墙上方的货品都色彩鲜艳，可以吸引顾客向店铺深处走去。

2. 磁石点

名创优品万象城店的第一磁石点陈列有美妆台和盲盒展示台，美妆台的入口处陈列有香水和香水试用装，能够吸引女性顾客进店试用。盲盒展示台是由亚克力盒与长展桌组合而成，在店铺左侧入口处，长展桌上陈列有名创优品与其他品牌联名的各种盲盒玩具，亚克力盒内展示的是对应商品的样品，可以吸引男性顾客及儿童进店购买。

店铺的第二磁石点一般陈列有新品、连裤袜、手套等具有季节感的商品或者店铺之间PK 的商品，这些商品不断变化，会吸引顾客走入门店的最里面。

店铺的第三次磁石点主要指端架商品，要刺激消费者消费，所以店铺陈列有洗脸巾、牙刷、耳机、香薰包等高利润或购买频率高的商品，促进消费。

店铺的第四磁石点主要是在门店副通道的两侧，比较容易引起顾客的注意，所以店铺在这个位置陈列了热门商品，有香薰蜡烛、玩偶、收纳用品等。

店铺的第五磁石点则是收银区旁边的促销架，一般放有收银台做连带销售的产品或者根据季节进行调整的季节性产品。

3. 店铺内部装饰设计

名创优品万象城店门店的内部装饰设计在照明、色彩和声音上有着与其他同类型店铺不同之处。

照明的主要作用要以方便顾客选购、突显商品为主。名创优品万象城店在负一楼，店铺照明以人工照明为主，整个店铺使用镶装暗射灯光，使整个店铺光线轻柔；边墙货架上方采用聚射灯光，突出显示货架上层的商品，能够让顾客在一个柔和、愉快的环境中挑选商品，延长逗留时间。

名创优品门店因其简约的色彩使用，使重点商品可以在五颜六色的其他产品中脱颖而出，吸引了更多顾客的购买欲望。不同的色彩及其色调的组合会使人们产生不同的心理感受，例如红色会给人一种热情、温暖的心理感受，使人产生一种强烈的心理刺激；黑色具有神秘、寂静、深沉的感觉，但大面积使用会让人感到沉重、压抑；白色具有纯净、明快、纯真的感觉，在店铺装饰中会被大面积使用。店铺将纯净的白色与热烈的红色结合，店铺墙面与天花板大面积使用白色，用红色作为 pop 与代言人海报的底色，在纯净、明快的店铺中又可以感到温暖，减少了顾客在购物过程中因色彩变化过多而带来的视觉疲劳，同时醒目的红色在顾客进店的第一时间传达出店铺正在举行的促销活动。

声音也是店铺内部装饰设计里重要的一部分，声音不仅影响顾客的情绪也影响着营业员的工作态度。名创优品万象城店一般会播放柔和而节拍慢的音乐，节拍较慢的音乐会使顾客的脚步慢下来增加销售额；除了音乐的播放外，还有电视的播放，包括商品促销活动、优惠信息、代言人视频等，既可以吸引顾客对商品的注意，又可以指导顾客选购商品促进商品销售。

资料来源：尹航升，徐付保，陈海云，等.名创优品万象城店店铺布局与商品陈列研究[J].商场现代化，2022(04): 5-8.

案例点评：

在零售企业竞争日趋激烈的环境下，名创优品运用自己独特的门店布局和商品陈列方法，成了时尚休闲百货行业的领跑者。名创优品万象城店应用了很多陈列方法，像主题陈列法、端头陈列法、悬挂式陈列法、定位陈列法等，根据商品来货量以及销售情况改变商品的陈列方法，给顾客新鲜感。根据国外的一项调查结果显示：将单一的商品陈列改为组合式的商品陈列，销售业绩会提高很多，所以在端头陈列方面，可以以陈列组合式关联性强的商品为主，特价商品、重点推荐商品为辅，改变陈列方法，给顾客新鲜感。对于名创优品万象城店而言，要想在竞争中获得持续的竞争优势，不仅要运用好自己独特的门店布局和商品陈列方法，还要及时发现解决店铺存在的问题，及时吸取其他店在经营上的好经验及创新举措，及时作出改变与调整，才能在激烈的竞争环境中创造更大的效益。

◆ 本 章 小 结

　　商品是连锁企业经营的基础，连锁企业门店的商品管理是增强连锁企业竞争力的主要内容。本项目先介绍了门店商品品类管理的有关知识，然后对商品品类的优化和畅销品的培育等问题做了阐述，最后重点介绍了门店商品的陈列与展示方法。

主要知识点:

品类管理　品类优化　畅销商品的培育　商品陈列的基本方法　磁石点理论

◆ 基 础 训 练

一、选择题

1. 连锁门店店长要提高销售业绩，可以采用主要方法有(　　　)。

A. 提高销售额　　　　　　　　B. 降低运营成本

C. 对员工进行奖惩　　　　　　D. 减少商品品类

2. 为方便管理，超市的商品大分类以不超过(　　　)种为宜，这样比较容易管理。

A. 5　　　　　B. 10　　　　　C. 15　　　　　D. 20

3. 某超市中设立的熟食品专柜是按照(　　　)组合的商品群。

A. 消费季节　　　B. 消费便利性　　　C. 商品用途　　　D. 价格

4. 位于超市卖场中主通道的两侧，是顾客必经之地，这里适合设置(　　　)个磁石点。

A. 第一　　　　　B. 第二　　　　　C. 第三

D. 第四　　　　　E. 第五

二、判断题

1. 门店货架上商品的补货应采取先进先出的原则。(　　　)

2. 门店商品销售不佳，都是由于促销没有做好。(　　　)

3. 量感陈列是指将商品进行大量堆放，产生视觉冲击，引发顾客购买行为的陈列方法。量感陈列通常适用于廉价商品的陈列。(　　　)

三、简答题

1. 简述连锁企业门店品类管理的作用。

2. 如何对连锁企业门店的商品结构进行优化?

3. 简述超市卖场中商品陈列的主要方式。

4. 简述超市卖场中磁石点分布及相应的商品配置要求。

◆ 实 训 项 目

一、实训任务

[阅读材料分析问题]：寒假伊始，小唐一家就带着刚上小学的儿子踏上了广州长隆之旅。一家三口在经历了难忘的两天旅行之后，小唐惊讶地发现这次旅游预算居然在不知不觉中超支了，而且游玩结束后，爸爸还答应儿子明年寒期还要带孩子到珠海的长隆海洋世界再次游玩。……这让小唐十分好奇：长隆究竟有何魔力，能够像磁铁一样牢牢地吸住孩子的心，让游客在收获童趣的同时又不知不觉地消费？这一点是如何做到的呢？于是小唐认真回忆并整理了一家人的两日广州长隆行程及花费的明细，如下表所示：

日期	景区	时间段及主要行程	花费及其明细
第一天	长隆欢乐世界	9:30～16:00 欢乐世界内游玩各种游乐设施	① 门票 250 元/人(儿童优惠票价 175 元)，三人共计 675 元； ② 景区内餐厅用午餐，三人共消费 200 元；
	长隆酒店	16:20～18:30 入住酒店、酒店自助餐厅用餐	① 长隆酒店家庭房一间 1800 元/天，共计 1800 元； ② 白虎自助餐厅 278 元/人(儿童 158 元/人)，三人共计 714 元；
	长隆国际大马戏	19:00～21:00 观看马戏表演	门票 280 元/人(儿童无优惠)，三人共计 840 元；
第二天	长隆野生动物世界	9:30～12:30 入园，乘坐小火车游览《爸爸去哪儿》拍摄地，参观侏罗纪森林、长颈鹿园、考拉馆等	① 门票 250 元/人(儿童优惠票价 175 元)，三人共计 675 元； ② 购买旅游纪念品考拉帽子一顶，共计 99 元；
		12:30～13:30 熊猫餐厅用午餐	三人共消费 180 元；
		13:30～17:30 步行游览大象园、儿童天地、非洲森林、百虎山等，观看河马剧场、花果山剧场等动物表演，返程	购买旅游纪念品白虎毛绒玩具一只，共计 150 元；
合　计			5333 元

请根据本项目中学习到的商品品类和布局陈列的相关知识，通过登录长隆集团官网(https://www.chimelong.com/)查阅广州长隆度假区的地图及其他介绍获取相关资料，帮助小唐分析一下：长隆集团是如何做到让游客在快乐游玩的过程中不知不觉消费的？

二、实训要求

(1) 通过互联网全面搜集长隆集团的相关信息，力争做到分析有理有据。

(2) 四人一组，每组要有一份完整的分析报告，结构合理，内容详略得当，要求有纸质和电子两种形式的作业资料。

(3) 报告中包含对长隆集团的旅游景区布局、定位、商品组合、品牌营销的分析及对其他城市旅游业发展的启示等。

提示：不妨将旅游视为产品，对游客在长隆景区内的"食、宿、游、娱、购、行"进行全面的组合与搭配。例如，游客在长隆野生动物园一定会乘坐小火车游览《爸爸去哪儿》的拍摄地，但这只是大约 40 分钟的线路，不足以让游客在动物园内逗留一整天，因此还要对游客的步行线路进行规划和预测，估计出游客大约在何时会游玩至何地点，应当在该地点配置何种产品？何时何地享用午餐？带走何种旅游纪念品？白天游玩结束后如何安排晚上的活动……

项目八 连锁企业门店的促销方式

◆ 学习目标

通过本项目的学习，明确连锁企业门店的主要促销方式；熟悉 POP 广告的概念、作用、引导消费三部曲，以及门店 POP 广告的设计与实施。

◆ 引入案例

三步教你让闲逛顾客买单！

一般来讲，进店的顾客可分为三种类型：想买的、不想买的和可买可不买的。闲逛顾客主要是指可买可不买的这类型顾客，该类顾客在进店顾客中所占比例较高。那么，如何让闲逛顾客买单呢？

★ 第一步：吸引顾客

如果没有顾客进店，再厉害的销售高手都只能纸上谈兵，想要吸引顾客进店，就要从门店的两个"吸客区"入手。

一般门店分为五大区域：导入区、陈列区、休息区、服务区和仓储区。导入区包括店招、橱窗、进出口；陈列区包括货柜、货架、中岛、流水台，主要指陈列商品的区域；休息区指的是给顾客提供临时休息的区域，有沙发、座椅等；服务区主要指的是收银台、试衣间等区域；仓储区指的是存放商品的库房。吸引顾客的区域主要是导入区和陈列区。

对于这两个区域的布置应该注意以下几点：

店招：店招犹如一个人的脸面，让人一见就知道是你而不是其他人。因此，店招设计需要醒目、大方、整洁，随时保持干净。门店应尽可能选择 LED 发光店招，这样即使在夜间也能清晰地显示，便于顾客识别。

橱窗：橱窗犹如一个人的双眼，透过双眼可以看见内心世界。同理，橱窗的设计及陈列也反映了门店的商品风格，因此橱窗的设计及陈列是吸引顾客眼球的重要部分。橱窗的灯光要明亮，展示的商品要精致美观，从而让顾客有看到就喜欢并想进店一探究竟的冲动。

一般来说，橱窗的陈列设计要注意如下几个原则：

(1) 陈列当季主打风格的商品，不能陈列过季商品。

(2) 陈列码数齐全的商品，不能陈列断码断货的商品。

(3) 陈列整体要协调、讲究，除了体现本店主打风格之外，更要赏心悦目。因此，一般都要求专业的设计师进行指导。

进出口：门店的进出口要保持干净、整洁，有时还可以放置POP广告展示板，起到宣传吸引的作用。有些门店促销期间在进出口铺上红地毯或POP广告宣传海报，其目的也是吸引更多的人进店消费。

陈列区：即顾客能够看到的商品陈列区域。这对于顾客而言也很重要，因此陈列区要整洁、规范，看起来要赏心悦目、舒服，要利用各种陈列的手法和颜色给顾客营造出视觉冲击的效果。

灯光：一定要明亮，绝对不能为了节省电费而关掉部分灯源，这样做会得不偿失。顾客一般都喜欢往亮的地方走，而不喜欢黑暗的地方。

导购：要特别注意形象，要有正确的站姿，要有活力，要热情微笑。如果导购死气沉沉，很难吸引顾客进店。在没有顾客的时候也不能什么事情都不做，如可以整理商品、打扫卫生等。

★ 第二步：留住顾客

顾客一旦进店，导购就要想办法多让顾客在门店停留，这样可以增加成交机会，同时也能聚集本店的人气。当人气很旺的时候，就会形成良性循环，吸引更多人进店。

那么，留住顾客需要做哪些工作呢？

• 要有工作激情与服务热情。

顾客一进店，导购就要热情并微笑着接待，给顾客正确的指引与介绍，不能视若无睹、不理不睬、态度怠慢。

• 要有休息区。

不能为了多陈列几件商品而取消休息区，因为休息区能让顾客在店里多停留一些时间。休息区的座椅要舒适，还要放置必要的顾客喜欢看的杂志及公司的宣传品，这样顾客才不至于无聊而老催促自己的同伴离店。

• 要有音乐。

有证据表明，顾客在播放音乐的门店停留的时间会比没有播放音乐的门店要长得多。门店播放音乐的音量要适中，以人们之间说话能清晰听见为宜，播放的音乐要与本店的风格相吻合，还要顾及目标顾客群的喜好。

• 注意接待顾客的站姿。

导购接待顾客的站姿很重要，能起到让顾客多停留的效果。一般的原则是：导购始终站在离店门口最近的位置(相比顾客而言)。也就是说，导购在顾客进店后要马上"尾随其后"，不能站在顾客的前面挡住顾客的去路；在顾客向店门口移动时，导购要偶尔站在顾客的前面介绍而有意挡住去路，但要注意时机和次数。一般来说，导购可以一边给顾客介绍，一面面向顾客并随着顾客移动。

• 要有扎实的基本功。

扎实的基本功指的是导购对自己所卖的商品的性能、价格及优缺点必须了如指掌，商品存放的位置也必须清楚，同时还应知道哪些商品是滞销款和畅销款，哪些商品有货，哪些商品处于断货断码状态。只有掌握扎实的基本功，才能对顾客的提问对答如流。如果一问三不知，顾客多半就会立马走人。

★ 第三步：打动顾客

即使留住了顾客，但要让顾客买单成交还远远不够，必须要打动顾客，让顾客心动，最终行动。想要打动顾客，应该做到如下几点：

• 热心周到的服务。

热心周到的服务很重要，没有哪位顾客喜欢冷漠、不理不睬的态度和服务。通过热情的服务，可以增进彼此的信任和好感。做生意的一个不变的规律就是：交谈—交流—交心—交易—交情，这个过程是由浅及深的变化过程，因此先服务、后销售是必然的。热心周到的服务包括一杯水服务、热情微笑、问候寒暄、帮助顾客解决疑难及寻找共同话题等。

• 熟练的销售技巧。

销售是个技术活，不能蛮干，需要导购具备必要的销售技巧。一般要求导购要做到：口才好、服务好、心态好、形象好。导购必须学会自我总结，不断总结推销失败的经验教训，不断演练推销术语，不断提升推销技能，才能成为一名优秀的推销高手，交易才会水到渠成。

• 聚焦顾客的买点。

聚焦顾客心目中的买点犹如中医的望闻问切一样，要对顾客进行买点诊断。只有明确顾客想要买什么样的商品，才能对症下药，最终卖对商品。

导购要正确诊断顾客的买点，需要做到眼快、心快、口快、手快及脚快，要学会目测和注意顾客的细节，以及聆听顾客的心声，要目测顾客的风格打扮，揣测顾客从事的职业，聆听顾客的需求，正确诱导和询问顾客，最终才能正确把握顾客的买点，从而将对应的卖点介绍给顾客。

• 物有所值的产品。

物有所值并非仅仅指价格上的便宜，而是让顾客产生一种值得的感觉。顾客所谓贵，就是买了不值得买的东西。即使再便宜，如果不是顾客所需，他也不会花钱购买；即使再贵，如果顾客觉得值得拥有，那么他也会一掷千金。

任务一 ▶ 门店的促销方式

在连锁企业门店的销售中,促销作为一种提升销售额的有力武器,已经被广大门店广泛采用。据统计,门店做促销销售额比不做促销的平均要高出 30%~50%,这说明促销对于提升门店销量有明显的拉动作用。但是,不同的连锁企业经营业态其销售特点各异,门店促销因此也有一些不同的操作方法。同时,不同的促销方式所能达到的效果也是不一样的。

一、堆头促销

当顾客走进超市、大卖场时,可以看到各种单独陈列而且非常新颖的品牌商品。这种摆放方式被称为"堆头",即门店中商品单独陈列的形式,有时是一个品牌单独陈列,有时会是几个品牌的组合。一般都是放在花车上或箱式产品直接堆码在地上。堆头是商场和超市重要的促销方式,这些富有创意的堆头设计带动了商品的销量。堆头不但要主题新颖、码放干净整齐,而且要让顾客一目了然、方便挑选。图 8-1 是一家书店对某款新书进行促销摆放的堆头效果。

资料来源:本书作者摄于厦门市外图书城,2014 年 12 月。

图 8-1 书店的堆头促销

堆头太低和太高都是不好的，而且堆头高度运用得当可以增加门店错落有致的感觉。堆头是最能突出商品表现力的陈列方式。堆头太低，顾客只能看见商品的"瓶盖"；堆头太高，顾客取货不方便。当一个顾客推着购物车稍弯腰时，视线的高度一般在 1.3～1.7 米，所以，确定堆头高度时应考虑以下几个原则：

(1) 主通道的堆头高度不得超过 1.3 米，以增强卖场的通透性。

(2) 货架端头的堆头后部可与货架同高，但前部不得超过 1.3 米；也可以采用上部为货架层板、下部为堆头的形式。

(3) 靠墙堆头可采用梯形陈列，后部可达 2 米高，但前部不得超过 1.3 米。

二、捆绑促销

捆绑促销是指将多个相同品牌或多种不同品牌的商品组合销售和定价，是一种薄利多销的商业手段。这些联销品要求既要有相似属性，又要有一定的使用价值，这样才能将畅销品和滞销品同时销售出去。捆绑促销的效果取决于捆绑商品组合对比单独购买的商品是否能更有效满足顾客的需求，并能为顾客带来额外的物质或精神上的利益及效用，从而使顾客认同和愿意购买捆绑商品。因此，为实现捆绑促销的有效实施，应做好以下几点：

1. 针对相关商品或配套商品进行捆绑

顾客购买捆绑商品的动因之一，就是降低满足某一消费需要而分别购买各种商品所花费的时间、体力和精神成本。因此，企业应尽可能实行相关商品或配套商品的捆绑促销，即将能够满足顾客同类需要或在使用上具有配套性、兼容性、互补性的商品捆绑在一起，由此才能满足顾客的需要和降低顾客的非经济成本，进而吸引顾客购买。如果企业将无关商品(如牙膏与电话机)或非配套商品(如接口不统一的灯具与灯泡)捆绑在一起销售，不仅不能满足顾客的需要，而且还无端增加顾客的开支，那么对顾客就缺乏吸引力。其次，将完全无关甚至互相排斥的商品(如保健品与卷烟)捆绑在一起销售，甚至会对顾客造成心理伤害，从而招致顾客的抵制。

2. 与同档次商品或同级别企业进行捆绑

企业内部捆绑，无论是企业自己生产还是委托其他企业代工，也无论是同一品牌商品还是不同品牌商品，必须保证捆绑商品具有大致相同的档次或质量水平，由此才能树立统一的商品形象，进而吸引目标顾客购买。如果捆绑的商品质量水平差别较大，一是会模糊捆绑商品的定位，进而失去顾客；二是会破坏高质量商品的形象，影响该商品在独立市场上的销量。

企业之间捆绑，应尽量选择同档次企业之间进行合作，由此才能相互促进和让顾客感受到"整体大于部分之和"的效果。如果合作企业之间档次、实力及形象差别较大，难免引起顾客对捆绑商品持怀疑和排斥态度。

3. 明确捆绑组合商品定位

顾客由于受年龄、性别、职业、收入、文化程度等因素的影响，其购买行为和对象存在很大差别，捆绑组合商品应明确自身定位，针对同一目标顾客进行捆绑，有效吸引目标顾客购买。因此，捆绑在一起的各个独立商品的目标顾客应一致或接近。如果差别较大，一是会造成捆绑商品的定位和形象模糊；二是有些顾客购买捆绑商品后可能会将那些与自身形象不相符的商品弃之不用，从而造成浪费，最终可能会失去顾客。

企业应对捆绑商品采用多种不同的组合方式来满足目标顾客不同层次的需求。例如，企业可将两种及其以上的家庭用品(如抽油烟机与煤气灶)或满足家庭不同成员需要的同类商品(如运动手表和球拍)捆绑在一起销售，由此就能够较好地满足家庭或各个成员的消费需要。

4. 杜绝捆绑欺诈现象

顾客在购买商品或相关商品时，若对其中一种商品产生不良印象，则会影响顾客对相关企业其他商品的印象和感知。在捆绑商品或服务中，一定不能以欺诈的形式或行为来骗取顾客购买。比如，在超市中，生产色拉油的企业将 5 公斤装的筒装大豆油用透明胶带裹上附赠的一瓶色拉油，价格却维持不变。虽然很多顾客不假思索便立即购买，但回到家后看到大豆油离保质期还有不到一个月的时间，根本无法用完，而粘贴色拉油的位置即为印有大豆油生产日期的位置。可想而知，顾客在下次购买时一定会尽量避免选购同企业和同品牌的该类商品甚至相关商品。

📖 **阅读链接 8-1** 捆绑销售快过期的食品是超市的"潜规则"吗？

"买一赠一"式捆绑销售是商家常用的促销手段，但有些捆绑食品的生产日期被遮得严严实实。其实，这些捆绑食品很有可能快过期了。

经常在超市购买酸奶的邓小姐就有过被"潜规则"的经历。她说，某周日在超市买酸奶，看到某品牌酸奶正在搞活动，买一排酸奶赠送三小盒。"当时三小盒酸奶与一排酸奶是捆绑在一起的，我也没太注意看生产日期，结果拿回家打开一看，赠送的三小盒酸奶还差一天就过期了，这不蒙人吗？"

超市的打包促销商品大部分是盒装、罐装和袋装类食品，如将牛奶与饮料捆绑销售、酸奶"买三赠一"等。另外，有的捆绑包装的食品，印有生产日期或保质期的一面一律朝内，顾客很难看到。

某大型超市一位工作人员透露，"通过混搭促销减少食品过期带来的损失已经成的超市的一种'潜规则'，短时间内很难改变。毕竟很少有人会买快到期的商品，如果明示快过期，就意味着不能卖了。况且，'临界食品'何时到达'临界点'，也没有具体规定，超市在执行过程中很难把握。"

对于"临界食品"销售，有无相关政策法规呢? 2007年，国家工商总局(现为国家市场监督总局)发布《关于规范食品索证索票制度和进货台账制度的指导意见》，其中首次提出对即将到保质期的食品应当在陈列场所向消费者作出醒目提示。但这一规定不是强制性措施，只是指导性意见。

不过，商家在不告知消费者的情况下销售临界食品，会使消费者对商家的信誉产生怀疑。因此，国内的超市卖场或食杂店应对临界食品设立专区并作出明示，这样既可以让消费者放心消费，增强对商家的信任，又方便商家的日常管理。

5. 分散优惠及折扣

芝加哥大学行为科学教授查德·塞勒曾经提出"心理账户"的概念。根据心理账户的心理预算规则，当有多个所得时，各个收益应当分开，并且消费者总是易于接受使他们更加愉悦的结果。比如，假定在捆绑促销的商品和单独销售的商品中，消费者总的获得和付出是一样的，但他们会认为购买捆绑商品获得的是多笔收益而不是一笔，即在第一笔收益的基础上获得了额外的收益。因此，很多商家在做促销时常常使用此心理预算规则，不实行一次性折扣，而是"8折之后再9折""9折之后再满300送100"等，这样会使消费者在评价决策分析中感受到额外收益，获得最大的心理满足。

在定价和促销过程中，企业应当注意将价格促销分散到各个捆绑商品中。比如在折扣总额确定的条件下，捆绑商品的组合折扣和各组合商品的单独折扣对消费者的感知和影响是不同的。同样，消费者对捆绑商品的熟悉度和重要性认知也是不同的。因此，在折扣总额确定的条件下，对于消费者熟知或认为相对重要的商品及服务应给予较大的优惠或折扣。比如在购买牙膏和牙刷的捆绑体中，顾客一般认为牙膏比牙刷重要，因此在总额确定的情况下，牙膏4元、牙刷1.5元的定价效果会优于牙膏4.5元、牙刷1元的定价效果。

6. 合理设置参考或对比商品

可参照或参考的捆绑商品和独立商品越多，对比性就越强，进而影响顾客购买决策。因此，企业在设置捆绑商品时，应至少选择一种价格信息不明确或不易对比的商品。比如选择企业新推出的尚未大规模推广的新品作为捆绑商品之一，从而既能增加顾客的感知价值，又能有效地促进新商品的销售。另外，企业也可以在捆绑商品的周围设置引导性对比商品，从而引导顾客的消费认知与选择。比如某型号的吉列剃须刀标价为25元，在同一货架上陈列着几乎一样的吉列剃须刀并捆绑一片刀片，同样售价25元，则顾客将可能如此解读该捆绑组合的价格信息：剃须刀原价销售，免费赠送刀片(估价 2～4 元)；或是剃须刀折价 10%～15%，刀片原价销售。无论哪种解释，都会增加捆绑商品的价格吸引力，从而促进该组合商品的销售。

三、特价促销

促销活动的主要内容就是价格促销，门店可以选择一些商品以非常低廉的价格招揽顾客，各种节假日就是特价促销的大好时机。在众多的促销手段中，特价促销是最基本的形式，重点就是要薄利多销。

特价促销最容易引起顾客的注意，能有效地促使顾客购买，特别是对于日用消费品来说，价格更是令顾客敏感的购买因素，很多门店在做促销的时候，全凭感觉拟定特价商品，全然没有任何的策略，以至于特价不特，特价不销，毫无感觉。由于特价促销的主要作用就是吸引顾客进店聚集人气，那价格就一定要让顾客感觉真心实惠，有很大的便宜可占。所以门店在挑选特价商品时，一定要考虑这些商品相对顾客而言，必须具备如下特点：

(1) 购买的概率相对较高；

(2) 购买的人群相对较大；

(3) 价格很容易做对比。

例如，超市常见的特价促销商品有特价鸡蛋、特价蔬菜、特价水果等。

四、DM 广告促销

DM(Direct Mail Advertising，直邮广告)是指向目标顾客通过邮寄、赠送等方式发布广告，将宣传品送到顾客手中。它有着很强的针对性，同时成本低廉，还有一定的灵活性。

DM 广告促销的策划要点如下：

(1) 主题鲜明。每期 DM 广告促销都会有一个鲜明的主题，如周年店庆、洗发水节、新学年装备更新等。

(2) 尽可能减少单位销售额小的商品。单位销售额小的商品销量再大，对提高客单价及门店销售额也起不到明显效果。

(3) 促销周期以 7～14 天为宜，配合重大节假日。

(4) 版面相对固定、简洁明了，设计以商品为主，力求商品价格、销售单位等信息一目了然。

(5) 图片和文字的比例适中，如非食品及百货以 7：3、食品以 4：6 适中，顾客熟知的商品可仅用文字。

(6) 所选商品组占的比重应与销售份额同比。

(7) 封面和封底可为商品做专题宣传，以增加"信道费"的收取。

(8) 重复减价行动应在广告期结束后 3 周才宜进行。

(9) 突出季节性、时效性、节日消费等特点，从而不断挖掘顾客的消费潜能，引导顾客超前消费。

五、节假日促销

节假日促销是指在节日期间，利用顾客的节日消费心理，综合运用广告、公演、现场售卖等营销手段，进行的商品和品牌的推介活动，旨在提高商品的销量，提升品牌形象。

我国的节假日和双休日占全年时间的 1/3，而这 1/3 的时间却能够创造全年二分之一的销售额。统计显示，商家在双休日的营业额一般是平时的 1～3 倍，在春节、五一、中秋、十一、元旦等重大节日期间更能创造销售高峰，节假日促销成为众商家争夺市场份额的重头戏。

六、主题促销

主题促销是一种非常规促销，通常是指在某个特定时间段围绕一个主题而展开的促销活动。不同的主题促销活动针对的促销商品是不一样的，促销商品需要与主题相符，促销的目的需明确。针对主题活动进行促销宣传时要注意下面四个方面：

(1) 促销画面元素及活动主题需要与整个大环境协调。例如，大润发超市针对圣诞节的主题促销采用的是白色系的瑞冬主题，以此告诉顾客冬天来了。

(2) 促销商品需要与主题有关联。例如，在大润发超市的圣诞节主题促销中，卖场入口的促销墙摆放的是圣诞主题促销商品，与圣诞主题的关联商品(如红酒和巧克力)在促销墙后半段突出陈列。

(3) 检查营业员的终端执行力。活动期间，店长明确了促销内容并张贴好了 POP 广告，但这并不意味着店长就可以坐等收益了。在活动期间营业员的终端执行力尤为重要，店长需要时不时地提醒进店的顾客目前有什么活动内容，让他们了解自己可以得到什么优惠，从而提高门店的成交量。例如，某眼镜连锁店在一次国庆促销活动期间，店长要求验光师在验光过程中和顾客聊家常，内容包括"最近有没有出去玩啊""在家里看电脑的时间长不长啊，眼睛会不会很累""是否有戴防蓝光、抗疲劳的镜片啊"等，验光师需要在整个交谈过程中不错过提及活动的机会。

(4) 增加二次进店几率。二次进店意味着门店的客户有了第二次消费的可能性，如何创造这个机会要看门店在活动期间做了什么。例如，门店可以通过直接赠送或有奖竞猜获得优惠券等方式来吸引顾客。此类措施可在活动结束后增加个别获奖顾客的二次来访，增加再次消费的机会。

七、其他促销方式

1. 以旧换新促销

高露洁牙膏曾经做过这样一次促销活动：在指定商场凭任何其他品牌的空管牙膏 1 支，即可以半价换购高露洁新品牙膏 1 支，每人每次限换购 2 支，换完为止，高露洁牙膏的空管不得换购。显然，此次活动的目的在于吸引竞争对手的目标顾客，通过半价换购活动使他们尝试高露洁的新品。对于使用以旧换新促销的厂家或卖场来说，回收来的旧商品通常没有多大经济价值；以旧换新的目的主要是消除旧商品形成的销售障碍，以防消费者因为舍不得丢弃尚可使用的旧商品而不买新商品。

2. 会员卡促销

会员卡泛指普通身份识别卡，包括商场、酒店、健身中心等消费场所的会员认证。会员制促销也是现在连锁企业门店中流行的一种促销方式，可以提高顾客的回头率和顾客对企业的忠诚度。很多的服务行业都采取这样的服务模式，会员制的形式多数都表现为会员卡。一个连锁企业发行的会员卡相当于企业的名片，在会员卡上可以印刷企业的标志或图案，为企业形象做宣传，是企业进行广告宣传的理想载体；发行会员卡还能起到吸引新顾客，留住老顾客，增加顾客忠诚度的作用；通过会员卡积分管理将顾客购买商品的数量和钱款转变成积分，并且根据每个顾客积分的多少给予不同程度的折扣，积分越高，折扣就越低。这种积分方式极大地振奋了顾客购买商品的欲望，也使门店紧紧地将顾客抓在自己手里。由此可见，会员卡促销是一种确实可行的增加效益的途径。

3. 娱乐活动促销

游戏促销是当今比较流行的促销方案之一。因为对于顾客来说，游戏本身就具有娱乐性和足够的吸引力，所以能吸引顾客前来参加门店组织的促销活动，不仅无形中提高了门店的知名度，还有利于提高门店的销售量，如喝啤酒比赛等。此外，还可以举办一些竞赛性质的活动，如卡拉 OK 比赛等。除了可热闹卖场外，还可以借此增加顾客的话题，加深顾客对门店的印象等。

4. 有奖征集促销

有奖征集是门店营销者通过一些征集的形式来扩大门店的影响力，并且配上精美的礼品，提高顾客的积极性，从而引导顾客进入门店的促销方式。这种促销方式主要利用顾客的好奇心来完成，门店所要征集的东西可以很多，比如说店庆的广告词、店庆的宣传稿等。当然，这种征集需要的仅仅是一个过程，而不是结果。只要人们开始关注门店和品牌，这个促销就算成功了。

任务二 ▶ POP 广告促销

一、POP 广告的概念

POP 广告也称卖点广告，凡是在销售场所设置的提供商品与服务信息的广告物(如门店装饰、橱窗陈列、货架布置、招贴及录音播放等)都属于 POP 广告。它的任务是简洁地介绍商品，如商品的特色、价格、用途与价值等。

商品销路与 POP 广告关系密切。因为 POP 广告会营造出良好的店内气氛，并且随着我国顾客审美情趣的日渐提高，顾客对音乐、色彩、形状、文字、图案等 POP 广告越来越表现出浓厚的兴趣。在连锁企业门店或超市卖场，当顾客面对诸多商品无从下手时，摆放在商品周围的 POP 广告就会持续不断地向顾客无声地提供商品信息，起到吸引顾客及促成其购买决心的作用，因此 POP 广告被誉为"第二推销员"。成功的 POP 广告不仅能提高商品的知名度，还可进行企业形象宣传，在销售终端起到树立和提升企业形象的目的，进而保持与顾客的良好关系，增强顾客对商品的注意和对企业的好感。

如图 8-2 所示为一组 POP 广告。

图 8-2　一组 POP 广告

二、POP 广告的作用

POP 广告主要有以下几种作用：

(1) 传达商品信息。其主要体现在吸引路人进入门店；告知顾客店内正在销售什么商品；告知顾客商品的位置配置；告知顾客最新的商品供应信息；告知顾客商品的价格；告知顾客特价商品；刺激顾客的购买欲望。

(2) 创造购物气氛。随着人们收入水平的提高，顾客购买行为的随意性增强。POP 广告既能为购物现场的顾客提供商品信息，又能美化环境、营造购物气氛，在满足顾客精神需要、刺激其采取购买行动方面具有独特的效果。

(3) 突出门店的形象，吸引更多的顾客来店购买。顾客的购买阶段分为注目、兴趣、联想、确认和行动。所以，从众多的广告中成功吸引顾客的眼光，达到使其购买的目的，POP 广告功不可没。表 8-1 所示的是某超市运用 POP 广告宣传效果的调查结果。

表 8-1　某超市运用 POP 广告宣传效果调查

商　品	没有用 POP 广告标语的一周销售数量（个）	利用 POP 广告标语的一周销售数量（个）	增加率(%)	陈列位置高度	POP 广告短语内容
麦芽啤酒	51	75	47.1	脖子	味道丰实的麦芽啤酒创造了味道丰实的晚餐
饭前水果	2	8	300	脖子	代替水果沙拉的饭前水果，简单的水果冷盘
浓缩橘汁	7	15	114.3	眼睛	浓缩橘汁是有益于健康的冬季饮料

商品	没有用 POP 广告标语的一周销售数量（个）	利用 POP 广告标语的一周销售数量（个）	增加率(%)	陈列位置高度	POP 广告短语内容
西红柿汤	37	63	70.3	眼睛	想把汤做得更好吃吗
洗衣粉	8	21	162.5	腰部	到浴室洗短裤时可以带的洗衣粉量
芥　末	23	42	82.6	膝部	芥末是每个家庭的必需品
清洁剂	123	222	80.5	底层	你总是能把清洁剂用完吗

资料来源：黄宪仁. 店长操作手册. 北京：电子工业出版社，2012 年版.

三、POP 广告引导消费三部曲

"顾客在实际购买中，三分之二左右的商品属非事先计划性随机购买，约三分之一的商品为计划性购买。"POP 广告除了能制造出轻松愉快的销售气氛，使顾客事先了解商品特性产生购买冲动外，最重要的就是能够诱导顾客消费，提高门店的销售额。

1. 吸引顾客进店浏览

由于在实际购买中有三分之二的顾客是临时作出购买决策的，所以终端门店的销售与顾客流量成正比。因此，利用置于店头的 POP 广告，如看板、站立广告牌、实物大样本等，极力展示商品的自我特色和产品个性，是促成顾客购物的关键一环。

2. 促使顾客观察商品

促成顾客购买的第二个环节，就是让 POP 广告产生使顾客驻足细看的力量。比如，一些具有冲击力和煽动性的手绘 POP 广告就会让顾客不由自主地停下来。这样，在抓住顾客兴趣点的同时，销售员以现场操作、免费赠送、试用样品等方式来配合工作，就能充分诱导顾客产生购头行为。

阅读链接 8-3　手绘 POP 广告的制作技巧分享

一、正字书写规则

正字书写的规则是横平竖直，各边齐平，尽量让字看起来在一个正方形中。让字充满整个正方形，与传统汉字书写规则不同时，按需而变，但前提是字可识别。注意笔画交接处的自然完美，不要有参差。使用笔为油性笔粗头，运笔平滑，不要过于使劲，这样会导致笔画颜色有明显深浅，加大笔头与纸面的摩擦，以至停顿。建议初学者练习"米"字，让整个字充满正方形，并各边齐平。图8-3为手绘POP广告制作过程示例。

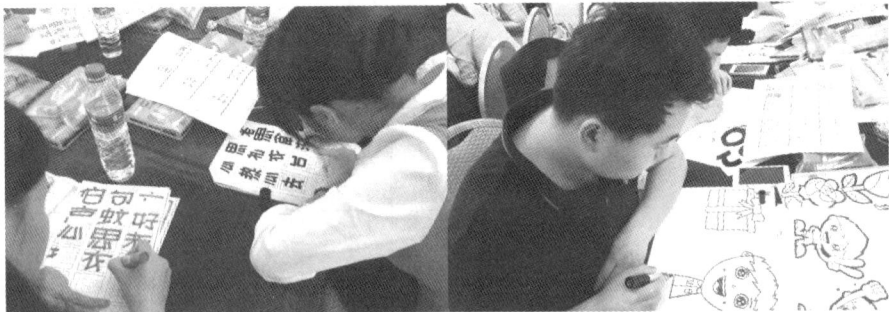

图 8-3　手绘 POP 广告制作过程示例

二、风格插图绘制技巧

首先，将需要画的图形以最简单线框图画出，开始不要注意细节，尽量画大。其次，将图形内部单线条添为双线条，但不是都要添，自己把握尺度。空旷地方使用实心或空心圆点、平行线、螺旋线、几何图形等装饰图案填充，最后整个图形内部以饱满结束，偶尔也有留白或其他装饰。但要注意所画填充图案均用细线条勾勒。最后，用水性笔填充喜欢的颜色。颜色涂完后，用粗线条(一般用黑色)将整个图形的外轮廓加边。假若使用剪切法制作时，贴好后用浅色或荧光笔在图案左右、底部做相应色块和线条的装饰。

三、标题字底色技巧

标题字是先写字，还是先打底色？若是浅色底、深色字，就可以先打底、再写字。如果要选用"吃色"搭配，则最好先写字、再画底，注意是画，所以就要注意画的样式和细小处的填充，不是一笔从字上掠过。总体来说，先写字后打底较麻烦，先打底后写字较方便，但要注意颜色的搭配。创作POP广告不是做作业、套公式，而要靠经验和创新。

四、避免描边染色技巧

避免描边染色的方法如下：

1. 一般用油性笔写字，水性笔描边。

2. 用胶版纸写标题。

描边染色是因为不熟练，描的时候为什么会描到其他颜色上去呢？是手不稳。解决办法：描的时候尽量将描的边和字的边之间留一小点白的空隙，一直要练到空隙基本等宽，接着再靠近字的边描，自然不会染色了。图8-4为手绘POP广告作品示例。

图 8-4　手绘 POP 广告作品示例

资料来源：手绘 POP 制作技巧.

http://mt.sohu.com/20161224/n476793563.shtml.

3. 刺激顾客最终购买

激发顾客最终购买就是 POP 广告的核心功效，也是 POP 广告的最后冲击力量。这时就要利用有效的 POP 广告，针对顾客的关心点进行诉求与解答，达到有无专人介绍产品，都可产生 10 倍销售力量的效果，实现顾客的最终购买。

四、活用各种 POP 广告

1. 门店普遍使用的 POP 广告的类型

(1) 招牌 POP 广告：主要包括店面、布帘、旗帜、横(直)幅、液晶显示屏等，其功能是向顾客传达门店的识别标志，传达门店销售活动的信息，并渲染这种活动的气氛。

(2) 货架 POP 广告：主要用来展示商品广告或立体展示售货，这是一种直接推销商品的广告。

(3) 张贴 POP 广告：类似于传递商品信息的海报。张贴 POP 广告要注意区别主次信息，严格控制信息量，建立起视觉上的秩序。

(4) 悬挂 POP 广告：主要有悬挂在门店中的气球、吊牌、吊旗、包装空盒、装饰物等，其主要功能是营造门店活泼、热烈的气氛。

(5) 标志 POP 广告：即店内的商品位置指示牌。其主要功能是向顾客传达购物方向和商品位置信息。

(6) 包装 POP 广告：商品的包装具有促销和门店形象宣传的功能，如附赠品包装、礼品包装、若干小单元的整体包装等。

(7) 灯箱 POP 广告：门店中的灯箱 POP 广告大多稳定在陈列架的一端或壁式陈列架的上面，主要起到指定商品的陈列位置和品牌专卖柜的作用。

2. 销售型 POP 广告与装饰型 POP 广告

销售型 POP 广告是指促使顾客了解商品的有关资料，从而作出购买决策的广告。装饰型 POP 广告是用来提升门店形象，进行门店气氛烘托的广告。这两种广告对比如表 8-2 所示。

表 8-2　装饰型 POP 广告与销售型 POP 广告

名　称	装饰型 POP 广告	销售型 POP 广告
功　能	营造店内的气氛	代替店员出售商品 帮助顾客选购商品 刺激顾客的购买欲望
种　类	形象 POP 广告 消费 POP 广告张贴画 悬挂小旗	手制价目卡 拍卖 POP 广告 商品展示卡
使用期限	具有长期性和季节性的特点	拍卖期间或特价日

3. 外置 POP 广告、店内 POP 广告及陈列现场 POP 广告

外置 POP 广告是将门店内现有的及经销的商品告知顾客，并将顾客引入店中的广告。店内 POP 广告是将门店的商品情况、店内气氛、特价品的种类及商品的配置场所等经营要素告知顾客的广告。陈列现场 POP 广告是指位于商品附近的展示卡、价格卡及分类广告，能帮助顾客作出相应的购买决策的广告。这三种广告对比如表 8-3 所示。

表 8-3　外置 POP 广告、店内 POP 广告及陈列现场 POP 广告

种类	具体类型	功　能
外置 POP 广告	招牌 旗帜 布帘	告知顾客门店的位置及其所售商品的种类，店内正在特卖或制造气氛
店内 POP 广告	卖场引导 POP 广告 特价 POP 广告 气氛 POP 广告 厂商海报 广告板	告知进店顾客某种商品好在什么地方；正在实施特价展卖的内容，制造店内气氛；传达商品信息及厂商信息
陈列 现场 POP 广告	展示卡 分类广告 价目卡	告知顾客商品的质量、使用方法及厂商名称等，帮助顾客选择商品；告知顾客广告品或推荐品的位置、尺寸及价格；告知顾客商品的名称、数量及价格，以便顾客作出购买决定

任务三　门店促销方式的创新

目前，中国连锁业的竞争日趋激烈，"千店一面"的情况比比皆是，各种连锁品牌几乎失去了其差异性，因此不搞促销就无法增加销售额。为了提高销售额，连锁企业门店不遗余力加大促销力度，但往往有时候却适得其反，促销投入过大导致收效甚微，其原因是千篇一律的促销方式导致顾客对于促销失去新鲜感，顾客的购买兴趣难以提高。因此，有必要对促销方式进行创新，刺激顾客的购买欲望，并通过持续不断地创新提高顾客的满意度和忠诚度，从而提高门店的销售额和利润。

一、传统促销方式存在的问题

纵观国内近年连锁企业的促销手段，基本是打折让利、购物返券、价外馈赠、有奖销售、限时购物、降价销售、积分返利等老套数。面对激烈的商业竞争，商家已经是无所不用其极。但论效果，想必大多数商家内心明白。创新性和差异性的缺失导致顾客产生"审美疲劳"。当前大部分连锁企业门店的促销方式，几乎都存在着这样或那样的病症，归结起来主要存在以下问题：

第一，过度依赖症。只把促销看成是取悦顾客的手段，不断通过打折、降价、赠送等促销手段，刺激顾客购买，以促进商品销售。

第二，饥渴盲动症。天天想着各种各样的促销，打击对手，讨好顾客，尤其是面对销售压力时，就更渴望通过促销的形式来解决问题。

第三，攀比求廉症。比如，"你五折，我就四折""你四折，我就三折""你现场展示，我就搭台唱戏"，这些就是典型的促销攀比症。

第四，促销求同症。做促销的最初动因只是因为大家都在做，没有自己的促销计划与促销目标，更没有针对竞争品牌的促销战术，这是典型的促销求同症。

第五，促销求异症。这种促销方式的典型特征就是促销形式必须求异求怪，与众不同，大有促销形式不惊人死不罢休之势。

第六，促销随意症。想怎么促销就怎么促销，想什么时候促销就什么时候促销，毫无计划可言，东一下，西一下，没有计划性与系统性，只打"散弹"，这是典型的促销随意症。

由此可见，促销方式的陈旧、老套、过时，已不能适应当前顾客需求的变化，更不能打动顾客。我国的连锁企业促销方式必须进行创新，否则促销的效果将大打折扣。

二、我国连锁企业创新促销方式的建议

1. 立足实情，加强促销策略创新

创新若脱离实情，必定无法达到良好的效果。因此，在创新促销方式时要考虑企业的实际情况。首先，要和企业行业地位及企业战略相结合，促销必须要从企业战略层面入手，追求更好实施企业战略；要全面了解企业促销，就要从企业内外部环境入手，实现企业战略和促销二者和谐统一。其次，和渠道建设相结合，促销属于营销的一种手段，最终目的就是要巩固老客户、增加市场份额，争取新客户。促销管理就要从深化客户关系、创造价值等各个角度考虑。

2. 以促销目的为中心

在促销过程中，无论是促销方案、促销预算还是规划和执行方案，都必须要以实现促销目的为基础，而且一旦确定目的后就要围绕着目的开展工作，即便是遇到阻挠也要想方设法解决问题，只有实现促销目的才能够达到促销的理想效果。

3. 合理控制促销成本

从企业开展促销活动来看，许多促销活动都需要大笔的费用。费用开支不能够胡乱花费，必须要有需要预算。对于企业而言，首先要严格控制费用，防止发生预算外的费用；其次构建规范、完善的管理制度，而且还要将管理制度彻底实施下去；最后，计算促销活动实现的效益，要综合计算促销活动得失，从而防止盲目投资，设法控制促销的成本。

4. 跨界促销提高核心竞争力

跨界促销作为一种促销方式，核心本质在于创新，解决新的促销环境存在的问题，实现合作双方的共赢。企业要颠覆固有品牌、行业的框架，突破传统思维，跳出品牌看品牌、跳出行业看行业；实行资源融合运作，勇于借鉴其他品牌、行业的模式、资源和方法，为己所用，获得竞争优势，以此培育消费者的忠诚度，提高企业的形象和竞争力。

◇ **案例精讲**　　　微观经济学给促销的启示

微观经济学是研究市场经济中的个体经济单位(如家庭、企业、市场)的经济决策行为的一门学科，其中心理论是价格理论。价格是商品和服务的交换价值，是商品和服务的供求关系的一种直接体现。微观经济学通过研究商品价格与市场供求、生产成本、消费者收入、政府政策等多种经济变量的相互关系，探讨价格的决定因素和形成机制，从而理解和预测市场的经济行为，为企业和政府的决策提供依据。

利用微观经济学知识制定商品促销策略有很多优点。首先，通过分析消费者的购买行为，商家可以更好地了解他们的需求和偏好，从而制定出更符合消费者需求的促销策略。

其次，通过分析市场竞争情况，商家可以了解竞争对手的定价策略和市场占有情况，从而制定出更有效的促销策略来提高市场份额。最后，商家还可以利用微观经济学中的成本—效益分析方法来确定商品的定价策略，降低销售成本，提高经济收益。

◎ 商品促销的原因分析

1. 增加销售额

商品促销的直接目的是增加销售额。商家降低商品价格或者提供优惠券，消费者就可能会增加购买商品的数量或者购买计划外消费的商品。同时，商品促销活动可能会吸引更多的潜在消费者，提高市场份额。从微观经济学的角度来看，商品价格下降会刺激消费者的购买欲望，从而增加销售额。

2. 清除库存

有时候，商家在经营活动中会形成过多的库存，需要通过促销来减少库存。例如，对服装行业来说，在季节更替的时候，商家需要为新的季节采购更多的商品，而过季商品可能形成库存。通过促销活动，商家可以快速地清理这些库存，避免库存积压。

3. 降低库存成本

库存成本包括仓储费用、管理费用以及资金占用成本等。通过促销活动，商家可以快速地清理库存，降低库存成本，提高资金使用效率。

4. 提高消费者忠诚度

商品促销活动不仅可以增加销售额，还可以提高消费者的忠诚度。当商家进行商品促销活动时，消费者可能会认为这是商家对消费者的让利和回馈行为，从而更加倾向于选择购买商品。从微观经济学的角度来看，这可能是因为在促销活动中，消费者可以获得更多的实惠和满足感，从而对该商家产生更好的印象和信任感。

5. 刺激消费需求

商品促销活动可以刺激消费者的消费需求。如果消费者的购买欲望没有达到一定的水平，就不会产生消费行为，而促销活动可以激发他们的购买欲望，促使消费行为的发生。从微观经济学的角度来看，这可能是因为促销活动增加了消费者对商品的搜索成本和比较成本，从而促使他们更倾向于购买该商家的商品。

◎ 需求价格弹性对促销商品选择的影响

在微观经济学中，需求价格弹性是衡量商品需求量对价格变动敏感程度的一个重要指标。商品的需求价格弹性高，意味着当该商品的价格变动时，消费者的购买决策会更加灵活。因此，商家在选择促销商品时，应该考虑需求价格弹性对消费者购买意愿的影响。

对于需求价格弹性高的商品，如果价格下降，市场需求量很可能会显著增加。这是因为消费者对这种商品的价格敏感度高，当价格下降时，他们更有可能选择购买这种商品。因此，选择这种商品进行促销可以更有效地吸引消费者，增加销售额。

对于需求价格弹性低的商品，当价格下降时，市场需求量的增加幅度会比较小。这是因为消费者对这种商品的价格敏感度较低，即使价格下降，他们也不太可能增加购买量。因此，选择这种商品进行促销的效果可能会不太理想。根据微观经济学中的消费者行为理论，消费者的购买决策不仅受价格的影响，还受消费者对商品的主观评价、替代品和互补品的价格、消费者的收入水平等因素的影响。因此，商家在选择促销商品时，除了考虑需求价格弹性，还需要综合考虑其他因素，以便制定更具针对性的促销策略。

◎ 价格歧视与折扣券的合理使用

在微观经济学中，价格歧视是一种常见的定价策略，即商家针对不同的消费者群体设定不同的价格，以实现利润最大化。折扣券是一种常见的价格歧视策略，商家通过向消费者提供折扣券，吸引消费者购买特定的商品或服务。

商家通常会根据不同消费者的购买意愿和购买能力，设计不同面值的折扣券。例如，针对高价值消费者，商家可能会提供较大面值的折扣券，以吸引他们购买高价值商品；针对低价值消费者，商家则可能提供较小面值的折扣券，以吸引他们购买低价值商品。这种做法可以帮助商家实现利润最大化，同时也可以为消费者提供更优惠的价格，提高他们的购买意愿和满意度。另外，折扣券可以作为一种促销手段来帮助商家清理库存。例如，商家可以通过向消费者提供折扣券来吸引他们购买库存商品，从而降低库存成本。同时，商家可以通过为特定消费者提供折扣券的方式来提高其对品牌的忠诚度。比如，针对某品牌的 VIP 会员或新客户提供特定的折扣券，提高他们对该品牌商品的购买欲望和品牌忠诚度。

然而，折扣券的不当使用也可能产生一些潜在的负面影响。例如，如果商家过多地使用折扣券来促销商品，可能会对商家的品牌形象造成负面影响，让消费者认为这些商品在正常价格时并不值得购买。此外，有的商家为了吸引消费者使用折扣券，故意提高商品的原价，从而降低了折扣券的吸引力。

◎ 用微观经济学知识制定商品促销策略

微观经济学的中心理论是价格理论。在制定商品促销策略时，运用微观经济学知识能够更科学、更合理地设计促销活动，吸引消费者，提高销售业绩。

1. 价格歧视策略

价格歧视是指针对不同的消费者群体设定不同的价格，以达到最大化利润的目的。在促销活动中，可以采用价格歧视策略，针对不同的消费者群体设定不同的促销价格，以吸引目标消费者。例如，针对高端用户的促销活动可以采取高价策略，以突出品牌价值；针对普通消费者的促销活动可以采取低价策略，以吸引消费者，增加市场份额。

2. 捆绑销售策略

捆绑销售是指将两种或多种商品组合在一起销售，同时满足消费者的多种需求，以吸引消费者并增加销售量。在制定商品促销策略时，可以采用捆绑销售策略，将一些互补性较强的商品组合在一起销售，以吸引消费者。例如，服装店可以将上衣和裤子组合在一起销售，以吸引消费者成套购买服装；超市可以将牛奶和面包组合在一起销售，以吸引消费者购买早餐套餐。

3. 限量促销策略

限量促销是指将商品数量限制在一定范围内，以吸引消费者的关注并增加销售额。在制定商品促销策略时，可以采用限量促销策略，将商品数量限制在一个合理的范围内，以吸引消费者抢购。例如，潮牌服饰店可以限量发售热门款式，以吸引消费者抢购；电商平台可以限量秒杀热门商品，以吸引消费者购买。

4. 赠品策略

赠品是指商家在销售商品时附赠的小礼品或服务，可以提高消费者的购买欲望。在制定商品促销策略时，可以采用赠品策略，为消费者提供有吸引力的赠品，以吸引消费者购买。例如，化妆品经销商可以赠送小样或试用套装，以吸引消费者购买正装；电商平台可以赠送积分或优惠券，以提高消费者的复购率。

5. 组合定价策略

组合定价是指将多种商品组合在一起定价，以吸引消费者的关注并增加销售额。在制定商品促销策略时，可以采用组合定价策略，将多种商品组合在一起销售，以吸引消费者购买。例如，玩具店可以将多个玩具组合在一起销售，以吸引消费者购买套装；水果店可以将不同种类的水果组合在一起销售，以吸引消费者购买混合果篮。

值得提醒的是，商家需要综合考虑商品的库存情况和市场需求来制定组合定价策略。比如，如果某些商品库存较多，需要快速清理库存，可以将其与销售量较好的商品组合在一起销售，以尽快地消化掉库存商品。同时，商家也需要考虑不同商品的市场需求情况，如果某种商品的市场需求量较小，可以将其与其他市场需求量较大的商品组合在一起销售，以增加销售额。

概言之，运用微观经济学知识制定商品促销策略，可以帮助商家更好地了解消费者的需求和偏好，策划更具针对性的促销活动。通过采用价格歧视、捆绑销售、限量促销、赠品和组合定价等促销策略，可以激发消费者的购买欲望，提高销售业绩。商家可以根据实际情况灵活运用这些策略，有效达到促销目的。

资料来源：张原琦. 浅谈用微观经济学知识制定商品促销策略[J]. 营销界，2024(02):44-46.

案例点评：

在当今竞争激烈的市场环境中，企业需要不断创新和优化销售策略以保持竞争力。然而，有时企业制定的促销策略往往是经验性的，缺乏科学的理论依据，这可能会导致企业浪费资源或制定不合理的定价策略。为此，企业应利用微观经济学理论，通过深入分析消费者的购买行为、市场行情以及商品定价等方面的情况，不仅考虑消费者和市场竞争的需求，而且考虑商品成本、销售目标以及促销预算等因素，有针对性地制定商品促销策略，能够收到更好的促销效果，实现增加销售量、提高市场份额、减少库存积压、避免资金占用、提高资金使用效率的目标。

◆ 本 章 小 结

连锁企业门店的各种类型的促销活动，能够向顾客传递商品服务信息，引起顾客的购买和增加门店的销售利润。因此，店长要了解各种门店促销的方式和技巧，通过促销赢得顾客的信任，刺激顾客的购物欲望，促进购买和消费。

主要知识点：
促销方式　捆绑促销　特价促销　主题促销　POP 广告

◆ 基 础 训 练

一、选择题

1. 以下促销方式中，能够促进连锁企业门店销售的有(　　　)。
A. 降价　　　　　　　　　　　　　B. 搭赠
C. 抽奖　　　　　　　　　　　　　D. 店内音乐

2. 外置 POP 广告常见的形式有(　　　)。
A. 招牌　　　　　　　　　　　　　B. 旗帜
C. 布帘　　　　　　　　　　　　　D. 厂商海报

3. 适合使用特价促销推广的商品，通常符合(　　　)条件。
A. 购买的概率相对较高　　　　　　B. 购买的人群相对较大
C. 价格很容易做对比　　　　　　　D. 贵重的商品

二、判断题

1. 一年中有近 1/3 的时间可以为门店创造约 1/2 的销售额。(　　　)

2. 娱乐活动促销除了能够提高销量，更能成为公众关注的热点，取得良好的宣传效果。(　　　)

3. 连锁企业门店采用会员制，能够提高顾客的忠诚度，因此不论何种业态的门店都要推广会员卡。(　　　)

三、简答题

1. 什么是捆绑销售? 实施捆绑促销有哪些注意事项?

2. 简述 POP 广告对门店促销的意义与作用。

3. 为什么门店促销方式必须不断创新? 促销方式创新有哪些注意事项?

◆ 实 训 项 目

一、实训任务

以小组为单位,分组走访几家大型连锁企业节假日期间的促销活动,分析不同的连锁企业门店都采取了哪些不同的促销方式,评价各种促销方式的效果或对促销活动中的不足之处并提出改进意见。

二、实训要求

每组对连锁企业门店的促销活动进行现场拍照并制作 PPT 进行课堂发言,发言内容包括促销方式调查结果、促销效果评价、改进建议,以及对本次实训的总结和心得,如通过本次实训获得何种技能等。成绩按照优、良、中、及格、不及格五级打分,不及格的学生必须在老师的指导下完成本次实训,直至及格为止。

项目九　门店促销活动的组织与实施管理

◆ 学习目标

　　掌握连锁企业门店常见的促销方式，能够对连锁企业门店常见的 POP 广告进行基本的选择运用，初步掌握连锁企业门店促销活动的实施与效果评估。

◆ 引入案例

2024 上海"五五购物节"大促销活动启动

　　作为全国重点培育的国际消费中心城市之一，借助各类节庆平台，做足"商旅文体展"融合联动文章，提升消费引领力、中心带动力、国际影响力，是上海 2024 年的重点关切，亦是提升国际竞争力的重要方面。"五五购物节"作为上海特色 IP，是上海实现"积极推进国际消费中心城市的建设，打造一个全球友好、消费体验优秀的环境"这一目标的关键环节。

　　商务部确定 2024 年为"消费促进年"。2024 年 4 月 27 日，由商务部、中央广播电视总台、上海市人民政府联合主办的 2024 国际消费季暨第五届上海"五五购物节"正式启动，全国消费品以旧换新行动——上海站同步启动。

　　据悉，第五届上海"五五购物节"将持续至 6 月底，聚焦首发经济、品牌经济、夜间经济、直播经济等四大经济，以及新型消费、服务消费、汽车消费、绿色消费等四大消费，开展 1000 余项特色活动；打造"全球新品首发季"和"爱购上海"两个核心项目，吸引更多高能级、高流量、高品质的节赛展演活动落地上海，做强 15 个标杆活动 IP，推出 16 个区"一区一主题"活动，以及多场特色主题活动。与往届相比，上海今年提出了"一揽子"的城市新策略，让本届"五五购物节"在内涵与外延上比往届更有"含金量"和"含新量"。

　　上海是中国的"首店之都"，推出"首发上海"全新 IP，持续升级"全球新品首发季"是上海本届"五五购物节"的一大核心项目。在购物节开启之前，上海出台"首发经济 2.0"支持政策，推出包括构建首发经济专业服务生态圈、优化首发活动报批报备管理、提供进口首发新品通关便利等 7 条举措。2024 年 4 月下旬，"全球新品首发季暨上海国际美妆节"活动发布了 2023 年度首发经济活跃指数，打造美妆新品首发抖音直播矩阵等。"五五购物节"期间，更有一批重磅的品牌全球首发活动登陆上海，如路易威登在上海龙美术馆西岸馆举办女装 2024 早秋大秀；巴黎世家在上海举办春季 25 系列发布秀，该活动是巴黎世家自成立以来的第三次海外发布秀；等等。

"目前，上海全球零售商集聚度居全球城市第二，一线国际品牌覆盖率 98%，'上海时装周'一年两季发布 200 余场新品，中华老字号品牌数量居全国首位。"上海市商务委主任朱民说。为进一步汇集国际品牌社会影响力，上海举全市之力打响"首发上海"品牌，从今年开始，每年 3 月到 5 月策划"首发上海"春季系列活动。在今年"五五购物节"启动前，2024"首发上海"全球推介启动仪式率先举行，首次发布"首发上海 FIRST in Shanghai"LOGO 和全球推介短视频，发布"首发经济 2.0"支持政策、上海全球新品首发新地标，并向全球邀约共塑"首发上海"IP。"五五购物节"格外重视境外消费，联动机场、航空公司、高铁站、旅行平台、离境退税商店等主体推出"爱购上海"特色活动，是本届上海"五五购物节"精心打造的另一大核心项目，旨在依托上海具有全球影响力、国际知名度、国际大流量的旅游、文化、体育活动，积极拓展国内外流量；围绕"好来、好逛、好购"，推出多重组合服务，助力国际友好型消费环境建设；聚合上海"商旅文体"特色亮点，加强精准化境内外宣传推介，吸引国内外人士来沪体验上海消费新地标、新场景、新业态。

上海建设"国际消费中心城市"，商旅文体展联动是关键，也是本届"五五购物节"的一大精彩亮点。节庆期间，上海各大商圈、地标各显身手，推出了丰富多彩的展览、文娱活动，带来了多元消费场景。其中，亮眼的不仅是数量，更是能级。根据 2024 国际消费季暨第五届上海"五五购物节"启动仪式发布的《上海市进一步促进商旅文体展联动吸引扩大消费的若干措施》，上海对在沪举办的国际知名或国内一流的大型演唱会、音乐节、优秀剧目、文博美术大展，根据观众流量的不同规模分别予以奖励；对在沪举办的国内外重大体育赛事，根据观赛或参赛人数的不同规模，分别予以奖励；对首次在沪举办的国际知名展览项目或大型的展览项目，根据展会面积或日均入场人次分别予以奖励；对国际邮轮旅游航线、过境免签优惠旅游产品、在线旅游经营平台，根据国际邮轮航次和入境游客人次分别予以奖励等。

"五五购物节"作为上海首创的全国首个大规模综合性消费节庆活动，五年以来一直在这个大命题上不断破题，持续以新概念、新创意、新技术、新业态，以真金白银、真情实意，助力上海这座我国最具商业基因、改革开放的前沿窗口和深度链接全球的国际大都市释放消费活力，不断提升城市国际化水平和引领辐射带动作用，全力推动国际消费中心城市与世界级旅游城市建设迈上新台阶，为全面推进中国式现代化、实现高质量发展和满足人民群众的高品质生活需要发挥创新实践的标杆引领作用。

资料来源：上海正全力打造世界级消费和旅游目的地——第五届上海"五五购物节"综述[J].
上海企业，2024(06): 2-7.

门店促销，在一定时期内可提高营业额，稳定既有顾客，吸引新顾客，对提升企业形象与提高连锁企业知名度有重要意义。据统计，上海连锁企业销售额中的 50%～70%是由促销活动产生的。因此，门店促销一方面可以让顾客了解商品性能、特点与作用，引起其注意，激发其购买欲望；另一方面可以及时了解顾客对商品的看法和意见，发现并解决经营中的问题，从而使连锁企业门店和顾客的关系更加紧密。

任务一 ▶ 促销活动的组织

一、促销组合的选择

促销组合是指连锁企业根据促销的需要，对广告宣传、销售促进、公共关系与人员推销等各种促销方式进行的适当选择和配合。这四种基本促销方式组合成一个策略系统，使企业的全部促销活动互相配合、协调一致，最大限度地发挥整体效果，从而顺利实现企业目标。企业的促销策略，就是对各种促销方式的选择、组合的运用。一般情况下，连锁企业可以通过以下几个角度来分析和选择促销组合的基本战略。

1. 拉引策略和推动策略

拉引策略，就是连锁企业通过广告、营业推广、公共关系等非人员推销的方式，直接面向最终目标顾客展开强大的促销攻势，把新的商品或服务介绍给目标顾客，使之产生强烈的购买欲望，并形成急切的市场需求，然后"拉引"中间商经销这种商品。连锁企业促销活动的拉引策略如图 9-1 所示。

推动策略则是连锁企业以人员推销为主要手段，将新的商品或服务推销给目标顾客。连锁企业促销活动的推动策略如图 9-2 所示。

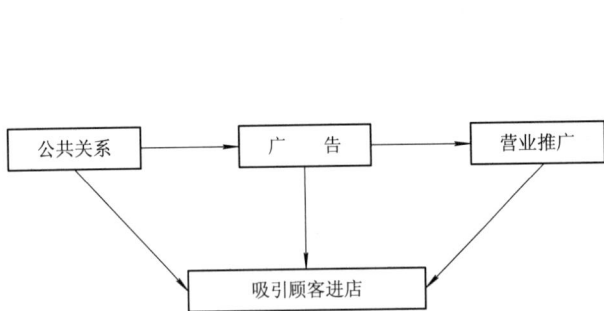

图 9-1　连锁企业促销活动的拉引策略

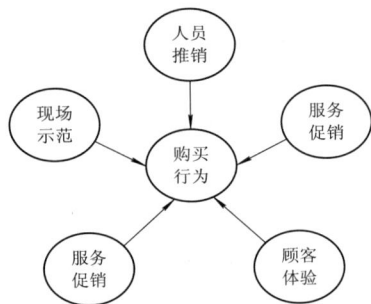

图 9-2　连锁企业促销活动的推动策略

2. 商品性质

促销效果在不同性质的商品上是不同的。例如，在消费品市场和工业品市场上，一般来说，消费品因为销售面广，应该多利用非人员促销，多采取广告形式；而工业品应该充分利用人员促销和加强服务工作等手段。至于营业推广和公共关系，对于消费品和工业品则起辅助作用。

3. 商品所处生命周期阶段

针对处于不同生命周期阶段的商品，连锁企业应该采用不同的促销策略。一般来讲，在投入期应该多做广告和其他宣传工作，以及采取现场表演、样品、奖券等营业推广工作，诱导中间商进货和消费者试用；成长期的重点是宣传商品，充分调动推销人员和中间商的积极性，以迅速扩大商品的知名度、提高销量；成熟期应以做广告为主，注重竞销，并通过公共关系，突出企业声誉，力创名牌；衰退期则以营业推广为主，结合提示性广告和减价等公式，维持尽可能多的销售量，还可以采用一些特殊促销措施，如附带赠品，推销奖励等。

4. 购买者准备阶段

在不同的购买者准备阶段，促销因素也有不同的成本收益。在购买者知晓阶段，广告与公共关系扮演了最重要的角色，此时由销售代表从事推销或利用营业推广，效果都会比较差；在顾客了解阶段，主要影响效果来自广告与人员推销；在顾客者信服阶段，则主要受人员推销与营业推广的影响；在后续再定购阶段，也依赖于人员推销与营业推广，以及某些程度的提醒性广告。很显然，在购买者决策的早期阶段，广告与公共关系最具成本效益，而人员推销与营业推广则在其他阶段具有成本效益。

5. 市场性质

对不同的市场应该采用不同的市场策略。如在地理位置比较集中、交易额大或顾客比较集中的市场上，应该以人员推销为主；反之，顾客分散、购买次数少、地理位置广泛的市场，应该以做广告为主，辅之以面向大型用户和重要中间商的人员促销。

6. 促销费用

促销费用就是用于促销活动的费用开支。不同的销售方式所需的费用不同，连锁企业应该力求以尽可能少的促销费用达到预期的促销效果。

二、人员促销

人员促销是指在达成销售的过程中，销售人员通过谈话的方式与一位或多位预期顾客进行口头沟通，以达到推销商品、促进和扩大销售的目的，是销售人员帮助和说服预期顾客购买某种商品或劳务的过程，是实现门店销售目标的一种直接的促销方式。这种促销方式最大的特点是具有直接性，销售人员与顾客双向沟通，能很容易地满足消费者的欲望，其销售效果与促销人员的推销技巧密切相关。

三、广告促销

广告促销是指门店运用广告的强烈视觉效果来刺激顾客的购买欲望，从而达到提高商品销量的目的。广告促销已经成为各个连锁企业门店开展竞争的一个重要手段。

1. POP 广告促销作业

POP 广告起源于美国的超级市场和自助商店的店头广告。20 世纪 30 年代后期，POP广告在超级市场、连锁店等自助商店频繁出现，并逐渐为商界所重视，并在 20 世纪 60 年代以后随着美国超级市场这种自助式销售方式的扩展，逐渐传播到世界各地。POP 广告在我国古代也能寻到踪影。在我国古代，酒店外面挂的酒葫芦、酒字旗，饭店外面挂的幌子，客栈外面悬挂的旗帜，药店门口挂的膏药、画的仁丹等，从一定意义上来说都可以称为 POP广告的鼻祖。

POP 广告的概念有广义的和狭义的两种。广义的 POP 广告，指在商业空间、购买场所、零售商店的周围及内部，店外悬挂的充气广告、条幅，商店内部的装饰、柜台、货架、陈设、招贴广告、服务提示，店内发放的广告刊物，进行的广告表演，以及广播、录像、电子广告牌等。狭义的 POP 广告，指在购买场所和零售店内部设置的展销专柜，以及在商品周围悬挂、摆放于陈列的可以促销的商品销售的广告媒体。

2. DM 广告促销作业

DM 广告通常由 8 开或 16 开广告纸正反面彩色印刷而成，是直投性广告。DM 广告形式有广义和狭义之分，广义上包括广告单页，如大家熟悉的街头巷尾、商场超市散布的传单，肯德基、麦当劳的优惠券；狭义上指装订成册的广告宣传画册，页数在 20～200 页不等。DM 广告上所列的商品是以主题、节庆、季节、温度、流行度、重大活动等因素所设定的。

(1) DM 广告对门店促销的作用：

① 提升门店形象，扩大知名度。

② 在一定时期内刺激顾客的计划性购买和冲动性购买，增加营业额。

③ 介绍新产品、时令商品或门店重点推广的商品，以稳定消费群并吸引新顾客，提高客流量。

(2) DM 广告促销的主题：

① 新商品的介绍。

② 门店所推销商品的介绍。

③ 折价收购旧商品，开业或新装修后的纪念性销售。

④ 庆祝入学、毕业、就职的销售。

⑤ 利用每个月的特色进行宣传。

⑥ 廉价大拍卖及中秋、新年、圣诞或其他节庆大拍卖。

(3) DM 广告促销特点：

① 有针对性地选择目标对象，有的放矢，减少浪费。

② 一对一的直接发送，减少传递过程中的信息失真，使广告效果达到最大化。

③ 不会引起同类商品的直接竞争，有利于小、中型企业避开大企业的正面交锋。

④ 可以自主选择广告时间和区域，灵活性大，更加适应市场变化。

⑤ 不为篇幅所累，广告主可以尽情赞誉商品，让顾客全方位地了解产品。

⑥ 内容自由、形式不拘，有利于第一时间抓住顾客的眼球。

⑦ 信息反馈及时、直接，有利于买卖双方的双向沟通。

⑧ 广告效果客观可测，广告主观可根据效果重新调配广告费和调整广告计划。

(4) DM 广告形式：

① 单张海报：一般经过精心设计和印刷，用来宣传企业形象商品。

② 样品目录：在样品目录上，门店可详细介绍所经营的各类商品的样品、照片、商标和内容。

③ 优惠券：门店在开展便利促销活动时，为吸引顾客参加而向顾客赠送的享受优惠条件和便利措施的凭证。

(5) DM 广告的递送方式：

① 邮寄：按会员地址邮寄给一段时间内有消费记录的会员。

② 报刊夹页：与报社、杂志或当地邮局合作，将企业广告作为报刊的夹页随报刊投递到读者手中。

③ 上门投递：组织员工将 DM 广告投送至目标顾客家中。

④ 街头派发：组织员工在车站、十字路口、农贸市场等人员聚集地进行发放。

⑤ 店内派发：在活动现场，由客服部组织员工在门店内派发。

如图9-3所示为某商场的DM广告。

图9-3　某商场的DM广告

阅读链接 9-1　江苏某超市的 DM 广告促销

江苏某超市以会员为对象，以月为单位展开 DM 商品宣传，并把每一期的 DM 商品录入计算机，每次活动结束后在计算机中跟踪分析 DM 商品的销售、毛利同比，销售、毛利份额比，会员购买比例、折让比例与销售上升的比例等指标，以此来分析顾客的潜在需求和顾客对价格的敏感度，检查 DM 商品的组合策略、定价策略，进而为调整 DM 商品组合，制定促销计划价格提供决策数据。超市对 DM 商品的制定、调整与销售，已带来了回报：公司会员消费比例由原来的 15% 上升至 50%，DM 商品的销售额占总销售额的比例由原来的 4% 上升至 9% 左右，会员价商品的比重由原来的 12% 增加到 72%，总销售额也日日攀升。

四、促销活动推广

门店的各类促销活动，其实大部分都大同小异。如果从促销活动推广形式来划分，可以分为店头促销、现场促销、展示促销、有奖促销和以旧换新促销。

1. 店头促销

店头是卖场形象的指示器，主要指连锁企业门店卖场中的堆头和端头。堆头是指在展示区、过道和其他区域放置落地陈列的商品。堆头多做"比萨斜体式"落地陈列，即随地陈列，不受体积大小限制，可以扩大品牌陈列面与顾客接触面，但需要认真规划，否则有碍观瞻。端头是指卖场中央陈列货架的两端，端头与顾客接触率高，容易诱导顾客产生购买行为。

店头促销是门店的一种形象促销活动，主要有三种形式：特别展示区、端头陈列和堆头陈列(图 9-4 和图 9-5)。这三个区域都是顾客反复经过的、视线最直接接触的地方，而且陈列在这里的商品通常属于促销产品、特别推荐产品、特价商品和陈列品。

图 9-4 堆头陈列

图 9-5 端头陈列

顾客的购物习惯，是一种长期积累的、恒定的习惯。因此，店头的布置就必须迎合顾客的购物习惯，要求在商品的层次、视觉和听觉等方面都给顾客提供足够的信息。

顾客购物时会受到认识、记忆、使用经验及试用效果等多因素的影响。所以，店头信息对非计划型购物的顾客会起到很大的作用。另一方面，从店头促销活动中收集到的信息和资料可以帮助连锁企业总部制订采购计划，选择供应商，确保企业的竞争优势。在卖场的入口处设置特别展示区，加强端头和堆头商品的组织，充分发挥这三者的促销作用，改变商品的陈列方式，增加销售势头好的商品数量，都可以强化和提高顾客的满意度。

2. 现场促销

现场促销是指门店在一定期间内针对多数预期顾客，以扩大销售为目的所进行的促销活动。

(1) 现场促销的优势：

① 能够直接提高销售额。

② 大力推动促销商品的销售及商品品牌的潜意识渗透。

③ 有利于门店与顾客之间的情感沟通。

④ 形成"一点带动一线，一线带动一面"的联动局面。

(2) 现场促销的特点：

① 以连锁企业门店为主体。现场促销的商品多数是供应商的货品，在这种情况下可以由供应商提出建议，并参与现场促销企划，协助促销活动的进行，但是现场促销活动的主体仍是门店。

② 以实际销售为目的。在某种程度上现场促销活动也是一种"即卖会"，其目的在于促使顾客购买商品。现场促销并非像表演那样讲究"秀"的效果，而是以促成销售额的多寡显示其效果。

③ 以多数预期顾客为主要对象。现场促销活动的对象，虽因商品不同而异，但必须以多数顾客为对象。所谓预期顾客是指有购买愿望或购买可能性较强的消费者，至于对促销商品持否定、厌烦态度的顾客，不是现场促销的主要对象。

(3) 现场促销的方式。

① 限时折扣：门店在特定营业时段内，提供优惠商品，刺激顾客购物的促销活动。它以价格为着眼点，利用顾客求实惠的心理，刺激其在特定时段内采购优惠商品。

在进行限时折扣时要注意：应以宣传单预告，或在门店销售高峰时段以广播方式告知，刺激顾客购买限时特定优惠的商品；通常选定的优惠商品，在价格上必须与原定价格有三成以上的价格差，才会对顾客产生足够的吸引力，达到使顾客踊跃购买的效果。

限时折扣一方面可增强门店人气、活跃气氛，激发顾客购买欲望，同时可促使一些临近保质期的商品在到期前全部销售完。当然，必须要留给顾客一段使用的期限。

限时折扣，可分定时和非定时两种：

• 定时限时折扣：门店在固定时间内对个别或部分商品进行折扣销售，如有些门店在每晚关门前的一小时内将当天未售完的面包、蔬菜等商品按原价打折销售；限定下午4～6时某种生鲜食品5折优惠。

• 非定时限时折扣：门店随机抽取一个时段，对个别或部分商品进行折扣销售，如限定上午8～10时某些日用品7折优惠等。

② 面对面销售：门店店员直接与顾客面对面进行的促销活动。例如，鲜鱼、肉制熟食、散装水果、蔬菜等都可以采用此方式进行销售，目的是满足顾客对某些特定商品适量购买的需求，同时也可以适时地为顾客提供使用说明，促进商品的销售。此类活动的具体做法如下：规划适当位置作为面对面的销售区，通常规划于生鲜部门区或在其附近，以强调其关联性；选择具有专业知识及销售经验的人员来担任面对面销售的工作，以此来提升营业额；强调商品鲜度及人员亲切的服务，并让顾客自由选择商品的品种及数量，以便产生更好的效果。

③ 赠品促销：顾客免费或付较少代价即可获得特定物品的促销活动。例如，只要顾客在门店购买商品，就可以免费获得气球、面巾纸等。此类活动的做法如下：通常配合大型促销活动，如门店开幕或周年庆，或特定节庆，如儿童节、妇女节、情人节、中秋节、重阳节等有特殊意义的日子，或者在供应商推广新品时实施赠品促销。

赠品的选择关系到促销活动的成败，虽然其金额不高，但是实用性、适量性和吸引性要强，这样才能吸引顾客来店。一般常用的赠品有免费赠品，如气球、面巾纸、盘子、开罐器、玻璃杯、儿童食品等；购买某商品后送的赠品，如洗发香波、沙拉酱、玩具、高级瓷盘等。

④ 免费试用。门店卖场提供免费样品供顾客试用的促销活动，如免费品尝水饺、香肠、薯条、方便面、饼干、饮料等。对于以供应食品为主、以家庭主妇为主要客流的超级市场，此类促销活动是提高特定商品销售量的好方法。因为通过实际试用和专业人员的介绍，会增加顾客购买的信心和日后持续购买的意愿。此类活动的具体做法如下：安排合适商品试用的地点，要做到既可提高试用效果，又可避免影响顾客对卖场内其他商品的购买；选择试用的商品品种及其供应商，通常供应商均有意配合推广产品，故应事先安排各供应商确定免费试用促销的时间、做法及商品品种；举行试用活动的供应商必须配合超级市场规定的营业时间，进行免费试用活动，并安排适当的人员及相应的器具，或委托超市公司来服务顾客。

3. 展示促销

展示促销一般是指门店在新品上市、店庆、节假日期间，在户外(门店外)利用产品展示、道具、有奖问答、游戏、演出等手段，向目标受众传达商品利益点或促销信息的促销行为，如节假日在商场门口见到的户外演示活动即属于此类。

展示促销的突出优点是能快速、高效地传达信息并促进商品的销售，促使顾客更好地接受新品，节省促销的费用开支，故此种手段越来越被普遍应用。但是由于展示促销一般选在户外或者客流量较大的地方，故策划展示促销时应制定周详的计划，充分考虑当时的天气、政府干预、突发事件、场地布置、物料设计及人员分工等因素，强调高效率，精心选择展示商品，设置合适的并且认真地服务人员。

如图9-6所示为蒙牛特仑苏展示促销活动。

图 9-6　蒙牛特仑苏展示促销活动

4. 有奖促销

有奖促销是指门店根据自身的现状、经营商品的种类、商品的特征及顾客的需求，通过给予一定比例的奖励，刺激和诱导顾客参与购买商品的活动，这是一种非常灵活的促销方式。有奖销售在生活中无处不在，不仅可以激发顾客的购买欲望、提高销量，而且可以给顾客的生活增加不少乐趣。其形式大致可分为以下四类：

(1) 附送赠品。将其他商品以赠品的形式送给购买某商品达到一定数量或金额的顾客，如购买 1.5 升饮料赠送 600 毫升饮料等、购买大件家电赠送小家电等。

(2) 加价获赠。在支付购买商品的费用之外，顾客还需要支付一定的费用才能获得赠品。这种方法不仅可以帮助连锁企业解决赠品成本过高的问题，而且能够增加顾客选择赠品的余地，使促销活动对顾客更具吸引力。

(3) 集点换物。顾客可以依据商品的购买凭证换取相应的奖励，作为积分的凭证。购买凭证通常是商品的外包装或包装上的某一特殊标志，如瓶盖、商标贴、包装内的小卡片等，也可以是厂家发放的积分卡或积分记录。厂家以实物作为奖励，让顾客很难清楚地计算出奖品的实际价值，对顾客而言更是一种额外奖励，能很好地满足他们的心理需要。

(4) 抽奖。顾客在购买某种商品或者累计购买商品达到一定数额时，可以参与门店事先安排的抽奖活动，最后从参与者中抽出幸运者并赠送奖品。抽奖不仅为顾客提供了获得意外收获的机会，还迎合了顾客以小博大的心理。

5. 以旧换新促销

以旧换新促销是指顾客在购买新商品时，可以用同类旧商品抵扣一定价款的促销方式。若新旧商品差价较大，则由顾客补交一定数量的价款。这种促销方式不仅能刺激消费，加速商品的更新换代，而且能提高连锁企业和品牌的市场占有率，是促销的一种良策。但这种方式的应用有一定的局限性，只有那些与厂家关系密切的连锁企业方能使用。

6. 会员制促销

连锁企业在实际的经营过程中，为了能够争取长期稳定的顾客群，获得长期效益，多采用会员制促销。其具体做法如下：由到某一门店购物或享受特定服务的人群组成一个俱乐部，其成员向俱乐部缴纳一定数额的会费，以后可以在该门店享受折扣或享受一定级别的服务。连锁企业会员制一般有公司会员制、终身会员制、普通会员制和内部信用卡会员制四种类型。

(1) 公司会员制。顾客不以个人名义而以公司名义入会，会员制组织向入会公司收取一定数额的年费。这种会员卡适合入会公司内部雇员使用。在美国，日常支付普遍使用支票，很少使用现金支付，故时常出现透支现象，所以实际上公司会员制是入会公司对持卡购买人的一种信用担保。以公司会员制形式购物的顾客在购物时一般可享受 10%~20%的价格优惠和一些免费服务项目，而非会员顾客购物时不能以个人支票支付，只能用现金支付。

(2) 终身会员制。顾客一次性向会员制组织缴纳一定数额的会费，便成为终身会员，永远不需要续费，长期可享受一定的购物价格优惠和一些特殊的服务项目。

(3) 普通会员制。顾客无需缴纳会费或年费，只需要在门店一次性购买足额商品便可申请会员卡，此后便可享受该店 5%~10%的价格优惠和一些免费服务项目。

(4) 内部信用卡会员制。适用于大型连锁超市或高档商店。顾客申请会员制组织的信用卡成为会员后，购物时只需要出示信用卡便可享受分期支付货款或购物后 15~30 天内现金免息付款的优惠，还可以进一步享受门店一定的价款折扣。

7. 展览和联合展销式促销

连锁企业在促销之时会邀请多家同类商品厂家，在所属分店内共同举办商品展销会，形成一定声势和规模，让顾客有更多的选择机会，也可以组织商品的展销，比如多种节日套餐销售等，在这种活动中通过各厂商之间相互竞争，以实现促进商品销售的目的。

五、公共关系促销

公共关系促销的目的是利用公共关系，将企业的经营目标、经营理念、政策措施等传递给社会公众，使公众对企业有充分了解；对内协调各部门的关系，对外搞好企业与公众的关系，扩大企业的知名度、信誉度和美誉度，为企业营造一个和谐、亲善而友好的营销环境，从而间接地促进商品的销售。

对于连锁企业门店来说，通过有创意的公关促销活动，或者以感情和理念元素向顾客传达促销信息，在促进销售的同时可以使门店形象获得提升，从而摆脱单纯的价格竞争，弱化商业功利角色，使门店获得大众关注，同时吸引媒体，进而达到提升企业形象和促进销售的目的。

1. 公共关系促销方式

常用的公共关系促销方式有制作内部刊物、发布新闻、举办记者招待会、设计公众活动、门店庆典活动、制造新闻事件、散发宣传材料等。

(1) 制作内部刊物：连锁企业内部公关的主要内容。企业的各种信息载体，是管理者和员工的舆论阵地，是沟通信息、凝聚人心的重要工具，如沃尔玛的《我们》就起到了这样的作用。

(2) 发布新闻：由公关人员将门店的重大活动、重要的政策及各种新奇、创新的思路编写成新闻稿，借助媒体或其他宣传手段传播出去，帮助门店树立形象。

(3) 举办记者招待会：邀请新闻记者，发布门店信息，通过记者传播门店重要的政策和产品信息，来引起公众的注意。

(4) 设计公众活动：通过各类捐助、赞助活动，努力展示门店关爱社会的责任感，以树立门店美好的形象。

(5) 门店庆典活动：营造热烈、祥和的气氛，显现门店蒸蒸日上的风貌，以树立公众对门店的信心和偏爱。

(6) 制造新闻事件：能起到轰动效应，常常引起社会公众的强烈反响。

(7) 散发宣传资料：连锁企业公关部门要为门店设计精美的宣传册或资料等，在适当的时机向相关公众发放这些资料，可以增进公众对门店的认知和了解，从而扩大门店的影响。

2. 公共关系促销的设计

(1) 公关关系促销活动的目的：制定公关促销方案，首先要明确公共关系活动的目标。公关活动的目标应与连锁企业的整体目标相一致，并尽可能地具体，同时要分清主次轻重。

(2) 公关关系促销活动的对象：在本次的促销活动中确定公共关系的对象，即本次公关活动中所针对的目标公众。

(3) 公关关系促销活动项目：采用声明方式进行公关活动，如举行记者招待会，组织企业纪念活动和庆祝活动，参与社会公益活动等。

(4) 公关关系促销活动预算：在制订活动方案时还要考虑公共关系活动的费用预算，使其活动效果能够取得最大化。

六、运用新媒体升级门店促销

相对于传统媒体高昂的营销费用，新媒体不仅能节省营销费用，还增了加口碑营销、精准营销、活动营销等营销手段，能使营销的速度更快，传播范围更广。

新媒体营销的出现，使人们在沟通过程中能感受到越来越多的创造性因素，尤其是在更精准的消费者定位方面，与传统媒体相比，新媒体营销具有更强的针对性，营销过程中的一切都是以人、账户和网络记录为基础的，通过记录，计算出所有的需求和潜在的消费者需求。新媒体营销以自我在传统的零售业经营模式中，商品的设计起着至关重要的作用。

连锁企业应该充分发挥线下优势，将活动贯穿于新媒体营销的全流程，让信息通过交互的方式流通，并让消费者可以主动地讨论与分享。

当前，零售新媒体营销正在向社交化零售发展。连锁企业门店传统促销业务最大的优点就是顾客资料和信誉，这些都是经过多年经营积累起来的。新媒体营销的目标就是要从资料中建立目标明确的顾客档案。零售商通过对顾客的信赖，把信息融入线上和线下，再把信息传达到新媒体矩阵中。利用新媒体营销，连锁企业可以将线上的电子商务与线下的实体销售渠道相结合，并逐渐向多元化的方向发展，从而形成一个有利的销售模式。新媒体营销能使市场更加细致，使市场更加关注广告，为消费者提供更具针对性的资讯，从而达到有效营销的目的。

在新媒体的加持下，传统连锁企业门店销售渠道的作用正由"销售"向"传播""服务"转变。传统连锁企业门店更多地关注的是商品的陈列与销售渠道的建立，从而实现对采购的控制。在新媒体营销的条件下，从线上的电子商务到线下的实体门店，形成了社交化与智能化并存的多渠道模式。交流与服务已被置于首要位置，而不再仅依靠传统的单纯的市场运作。市场营销的目的已经从单纯的促销活动转移到了建立品牌的系统性，这样就产生了良好的销售循环。在"信息最优接触点"视角下，新媒体营销将向"精准化"发展，更注重广告效果，选择性地提供与之相匹配的信息，以实现有效的渠道运作。

任务二 ▶ 促销活动的实施

在激烈的市场竞争大潮中，各大连锁企业门店推出的促销活动越来越频繁，手段方式也越来越多，而要实现促销活动的预期目标，提高销售利润，促销活动的组织与实施则显得尤为重要。一方面，加强促销活动的实践与管理，是促销活动取得良好效果的重要保证；另一方面，对促销活动的作业流程加强管理，有助于不断改进促销方式，以提高促销活动效果。

一、促销活动方案的实施

1. 拟订促销企划方案

首先，由连锁企业负责促销的职能部门根据计划要求分析研究最近商圈内竞争对手的动态、顾客收入水平及其购买力状况，拟订一定时期内企业促销活动的诉求重点及具体做法；其次，还需要获得相关部门的配合与支持，如召集营运部、商品管理部相关人员召开促销会议，对促销获得的主题、时间、商品品种及价格、媒体选择、供货厂商的配合及竞争对手的促销活动等进行仔细分析，以保证促销活动的有效实施。

2. 准备促销商品

连锁企业的大多数促销活动都可以使商品销量大幅度增加，而连锁企业的这些业绩往往与厂家或供应商的配合程度有很大关系。因此，连锁企业在实施促销活动前，应取得厂家或供应商的积极配合，对促销商品的数量、质量、价格及供货期等进行协商、确定，以保证及时、充足的供货。

3. 做好促销宣传工作

连锁企业可以选择的媒体很多，但最常用的也是最重要的媒体是促销海报(宣传单)。因此，促销海报(宣传单)的设计与制作就显得尤为重要，连锁企业可以事先召集其他相关部门进行宣传策划，印制出别具一格的海报或宣传单，进行充分宣传，以提升促销效果。

4. 促销活动的实施

促销活动的目的除了希望在特定期间内提高客数、客单价及增加门店营业额之外，更重要的是让顾客日后能持续光顾。因此，门店需要运用促销活动检核表来确保门店促销活动实施的质量，以便为顾客提供良好的服务并达到促销的效果。

促销活动检核表是连锁企业总部或门店管理人员在不同促销期间，对卖场情况进行评估的依据。某超市促销活动检核表如表 9-1 所示。

表 9-1 某超市促销活动检核表

类 别	检 核 项 目	是	否
促销前	促销宣传单、海报、红布条、POP 广告是否发放及准备妥当		
	促销商品是否已经订货或进货		
	卖场人员是否都知道促销活动即将实施		
	促销商品是否已经变价		
促销中	促销商品是否齐全。数量是否足够		
	促销商品的陈列表现是否吸引人		
	促销商品是否张贴 POP 广告		
	促销商品品质是否良好		
	卖场人员是否了解促销时间和做法		
	卖场气氛布置是否活泼		
	服务台人员是否定时广播		
促销后	过期海报、POP 广告、红布条及宣传单等是否拆下		
	商品是否恢复原价		
	商品陈列是否调整恢复原状		

在对促销活动进行检查时，应该高度重视对门店 POP 广告使用情况的检查，及时检查 POP 广告在门店中的使用情况，对发挥其广告效应能起到很大的作用。POP 广告的检查要点如下：

① POP 广告的高度是否恰当。

② 是否依据商品的陈列来决定 POP 广告的大小尺寸。

③ 有没有脏乱或过期的 POP 广告。

④ 广告中关于商品的内容是否介绍清楚(如品名、价格和期限)。

⑤ 顾客是否看得清楚、看得懂 POP 广告的字体，是否有错别字。

⑥ 是否由于 POP 广告过多而使通道视线不明。

⑦ POP 广告是否有因水湿而引起的卷边或破损。

⑧ 特价商品的 POP 广告是否强调了原价的跌幅和销售时限。

二、促销作业流程

促销计划经连锁企业决策部门确认以后，促销管理的重点便落在了促销作业规划上面。由于连锁企业每月配合节令、重大事件而实施的促销活动通常为 2～3 次，时间安排得相当紧凑。因此，各部门必须依照作业流程规划操作，以防止促销效果不理想。以连锁超市为例，促销活动作业流程如下：

(1) 企划部促销组负责拟订促销计划。

(2) 采购部(或商品管理部)负责提供或确认促销活动所需的供应商名单，同时组织商品，并确保按时足量送达。

(3) 企划部负责宣传品、促销品的设计及制作。

(4) 配送中心负责对促销商品优先收货、配货。

(5) 各门店店长负责促销活动在该店的具体实施。

(6) 电脑部负责对促销商品的变价。

(7) 人力资源部负责促销员的派驻及考核。

(8) 行政部(或开发部工程组)负责道具及设备的供应。

(9) 营运部负责对促销商品的价格及质量进行控制、监督和检查。

(10) 企划部负责对各门店促销活动的实施情况进行监督、检查和控制。

(11) 营运部负责每期促销活动完成后的评估用资料的收集。

(12) 企划部负责企划促销活动的评估总结。

任务三 ▶ 促销效果评估

一、促销活动效果评估

连锁企业促销主管部门应该及时收集促销期间的营业数据，召集相关人员，分析促销活动的实施效果与所制定的目标之间存在差异的原因，总结得失，作为下次促销活动策划、执行改进的参考，企业可以用多种方法来评估一次促销活动的效果。企业对促销活动的事后评估可以分为短期促销绩效评估和长期促销绩效评估两种。

1. 短期促销绩效评估

短期促销绩效评估是指连锁企业在促销活动结束之后，衡量顾客对促销活动的即刻反应和态度，以及及时获取顾客的信息，并掌握商品促销的效果。一般情况下，企业所采用的典型评估方法有分析折价券的回收率、印花的回收兑现率、赠送品的偿付情况、竞赛和抽奖的参与人数等。比较促销前后销售业绩的变动是测定促销效果的最佳依据，在其他条件不变的情况下，销量的增加可以归因于促销活动的实施。短期促销绩效评估主要包括以下几个方面：

(1) 评估促销主题的配合度：
- 评估促销的主题是否针对整个促销活动的内容。
- 促销内容、方式、口号是否富有新意、吸引人，是否简单明确。
- 促销主体是否抓住了顾客的需求和市场的卖点。

(2) 评估创意与目标销售额之间的差距：
- 创意是否过于沉闷、正统、陈旧，缺乏创造力、想象力和吸引力。
- 创意是否符合促销活动的主题和内容。
- 创意是否偏离预期目标的销售额。

(3) 评估促销商品选择的正确与否：
- 是否了解顾客真正需要的商品。
- 能否给顾客增添实际利益。
- 促销商品能否反映连锁企业门店的经营特色。
- 能否帮助连锁企业门店或供应商处理积压商品。
- 促销商品的销售额与毛利额是否与预期的目标一致。

2. 长期促销绩效评估

短期促销绩效评估可以使连锁企业了解顾客对促销活动的态度和反应，但这种评估很难得知顾客真正的消费意图。因而企业有必要对长期促销绩效进行评估，了解顾客的消费态度，把握顾客的消费心理，从而使以后的商品促销活动更加具有针对性和目标性，增加活动的效果。

长期促销绩效评估最切合实际的方法是顾客调查法。其具体做法：促销活动结束后，企业可以在目标市场上找一组样本顾客进行调查，了解促销活动的效果并在促销后的一段时间内进行跟踪评估，评估内容一般包括有多少顾客还记得促销活动，他们对促销活动的评价，有多少顾客从中获得利益，促销对他们以后的品牌选择行为有何影响等。

顾客调查法简单易行，但因资料有限，得出的结论比较粗略，常用来选择性地研究某种促销方式对顾客的影响。

二、供应商配合状况评估

连锁企业除对促销效果进行评估外，还应该对供应商的配合状况进行评估。供应商配合状况评估主要包括以下几个方面：

(1) 供应商对连锁企业促销活动的配合是否恰当及时。

(2) 供应商能否主动参与、积极支持，并为连锁企业分担部分促销费用和降价损失。

(3) 在促销活动期间，供应商能否及时供货，数量是否充足。

(4) 在商品采购合同中，供应商尤其是大供应商、大品牌商、主力商品供应商，是否作出促销承诺，而且切实落实供应商的义务。

三、自身运行状况评估

促销活动结束后，连锁企业还应对自身的运行状况进行评估。

1. 从总部到门店，各个环节的配合状况

评估内容主要包括以下几点：

(1) 配送中心运行状况评估。评估内容包括配送中心配货、送货是否及时；在由连锁企业配送中心实行配送的过程中，是否注意预留库位，合理组织运输、分配各门店促销商品的数量等。

(2) 门店运行状况评估。评估内容包括门店对总部促销计划的执行程度，是否按照总部促销计划操作；促销商品在各门店中的陈列方式及数量是否符合各门店的实际状况等。

(3) 总部运行状况评估。评估内容包括总部促销计划的准确性和差异性程度；总部对各门店促销活动的协调、控制机配合程度；是否正确确定促销活动的次数，安排促销时间，选择促销活动的主题内容，选定、维护与落实促销活动的供应商和商品，组织与落实促销活动的进场时间等。

2. 促销人员评估

对促销人员的评估可以帮助其全面并迅速地提高自己的业务水平，督促其在日常工作流程中严格遵守规范，保持工作的高度热情，并在促销员之间起到相互带动的作用。

促销人员评估的具体内容有：促销活动是否连续，是否达到公司目标，是否有销售的闯劲，是否在时间上具有弹性，能否与其他人一起工作，是否愿意接受被安排的工作，文书工作是否干净、整齐，是否与顾客保持密切关系，是否让顾客感到受欢迎。

四、促销评估方法

促销效果的评估是连锁企业一项非常重要的工作内容，通过评估促销活动的效果，对其成功与不足加以认真总结，以便将下一次促销活动搞得更好。一般来说，连锁企业促销效果评估可以采用以下几种方法进行。

1. 比较法

选择促销活动前、促销活动中及促销活动后三个阶段的销售额来测评促销效果，一般会出现以下三种情况：

(1) 有效促销。连锁企业开展促销活动后，很多顾客被吸引前来购物，来客数增加，销售额提升，达到了预期目标。由于连锁企业的各种宣传，使其知名度与美誉度大幅提高，给顾客留下了良好的印象，再加上实质性的优惠促销活动，无形中提升了企业的形象。

(2) 无效促销。无效促销是指促销活动的开展对于连锁企业的业绩没有任何帮助，企业的经营状况没有得到任何改善，所举办的促销活动浪费了一定的人力、物力及财力，促销效果很不理想。

(3) 不良促销。不良促销是连锁企业举办促销活动后的一种不良后果，也是最忌讳出现的一种情形。促销活动虽然在促销期间使销售额有了一定程度的提高，但由于促销活动策划不当或管理不到位等问题，出现了某些意外情况，严重损害了连锁企业的形象。促销期间虽然销售额有了短暂上升，但促销一结束立即下滑，甚至低于促销前的水平。

2. 调查法

连锁企业真正能够长期维持经营依靠的是其良好的信誉及顾客的信赖。因此，对于顾客的反应不可忽视，在促销活动中或在促销活动结束后，应组织相关人员对特定的消费群进行抽样调查，向他们了解促销活动的效果。比如，询问有多少人对本次促销活动反应良好，其中哪些方面反应最好，哪些方面反应最差；顾客是否从中得到了实惠；对今后的购物行为是否有影响等。

3. 观察法

观察法便于操作，且十分直观。观察法是指在促销活动中通过观察来店购物的顾客对促销活动的反应来了解促销活动的效果。比如，顾客在折价销售中的踊跃程度；顾客所收到优惠券的回收率；参加抽奖竞猜的人数，以及赠品的偿付与否等。

总之，促销活动结束后的评估，有助于提高连锁企业的绩效。通常情况下，如果促销活动中的实施绩效在预期的 95%～100%，属于正常情况；如果在预期的 105% 以上，则是高标准的表现；如果在预期目标 95% 以下，说明有待在今后的促销活动中加以改进和提高。

◇ **案例精讲**　　　　　　　××食品有限公司店庆促销活动

2021 年 6 月 5 日，××食品有限公司××店进行了以"一周年店庆"为主题的为期两天的店面促销活动。

一、本次店面促销活动的背景

××食品有限公司××店是该公司的一个加盟店。开业之初业绩斐然，曾在公司业绩排行中名列前茅，在开业五个月后因为加盟商经营管理不善导致业绩下滑、顾客流失、员工跳槽、顾客投诉事件频发。加盟商感到难以有较好的经济效益和大的发展而要求退出，××食品有限公司为了维护和挽回品牌的美誉度和原有顾客群，在该店开业第九个月时接手了该店。但是，积重难返，经过数月的整理整顿，该店的业绩提升微乎其微。在距该店开业一周年前一周由该公司行政部主管孙经理报请经理办公会批准在××店进行以"一周年店庆"为主题的为期两天的店面促销活动。

二、店庆促销活动时间

(1) 6 月 5 日至 6 日(共两天)

(2) 每日店庆促销活动时间：9:00～12:00，14:00～16:30

三、店庆促销活动地址

××食品有限公司××店

四、店庆促销活动主题

××食品有限公司××店一周年店庆活动

五、参与人员及分工

(1) 孙经理(公司行政部经理)——负责活动整体策划和实施(促销手段的选择、DM 广告宣传单的制作及投放的整体安排监控、活动现场布置、活动现场整体调控)。

(2) ××食品有限公司××店全体员工——负责店庆活动的具体执行工作(如顾客接待、直接销售、收银、蛋糕西点制作及卫生、上货等)。

(3) 临时雇佣工——负责 DM 广告宣传单的定时定点投放、赠品分装、上货、纪念品发放及抽奖的辅助工作、其他临时性工作。

(4) 小王(公司行政部文员)——负责赠品、奖品的发放及安全,抽奖箱的安全,现场顾客的引导,DM 广告宣传单的核对及回收。

(5) 小蔡(公司技术部裱花师)——负责活动现场巨型蛋糕的现场制作及分发。

(6) 小马(公司业务部职员)——负责 DM 广告宣传单的发放。

六、店庆活动结果

(1) DM 广告宣传单发放 8500 份、剩余 1500 份。

(2) 到场顾客约 750 名(活动第一天 300 名,第二天 450 名),实际购买顾客 300 名。

(3) 实现营业收入 3255.69 元(其中现金 2965.24 元,卡消费 120.45 元,券回收 170.00 元)。其中: 活动第一天实现营业收入 2041.20 元(其中现金 1951.00 元,卡消费 85.20 元,券回收 5.00 元); 活动第二天实现营业收入 1214.49 元(其中现金 1014.24 元,卡消费 35.25 元,券回收 165.00 元)。

(4) 投入费用 4623.90 元。

- 宣传费用为 1603.80 元, 主要用于:

① 制作 DM 广告宣传单 10 000 份(0.085 元/份), 计 850.00 元。

② 喷绘布两块(2.96 m × 1.50 m)(10.00 元/m^2), 计 88.80 元。

③ DM 广告宣传单投递费用(30.00 元/天), 计 195.00 元。

④ 宣传车一辆, 使用两天(160.00 元/天), 计 320.00 元。

⑤ 彩虹门一个, 使用两天(75.00 元/天), 计 150.00 元。

- 促销费用为 2605.10 元, 主要用于:

① 奖品 675.10 元。

一等奖 1 名, 奖品为 200.00 元贵宾卡 1 张, 计 200.00 元。

二等奖 2 名, 奖品为 10 英寸欧式蛋糕一个(88.00 元/个), 计 176.00 元(按照零售价格 60%计算), 计 105.60 元。

三等奖 5 名, 奖品为高档纪念杯一个(9.50 元/个), 计 47.50 元。

四等奖 20 名, 奖品为寿桃蛋糕一斤(6.00 元/斤), 计 120.00 元(按照零售价格 60%计算, 计 72.00 元)。

纪念奖 50 名, 奖品为 5 元现金券一张, 计 250.00 元。

② 赠品约 1780.00 元(自制食品, 按照零售价 5 折计算)。

纪念品: 500 份(0.85 元/个), 计 425.00 元。

桃酥(买一斤赠半斤): 赠送 190 市斤, 计 1140.00 元, 其中: 活动第一天向 100 名顾客赠送 100 份(250 g, 6.00 元/斤), 计 300.00 元; 销售 80 斤赠送 40 斤, 计 240.00 元; 活动第二天向 60 名顾客赠送 60 份(250 g), 计 180.00 元; 销售 140 斤赠送 70 斤, 计 420.00 元。

福堡蛋糕(买一斤赠半斤): 赠送 70 斤, 计 420.00 元, 其中: 活动第一天销售 60 斤赠送 30 斤, 计 180.00 元; 活动第二天销售 80 斤赠送 40 斤, 计 240.00 元。

生日蛋糕(买一赠一): 活动两天共销售生日蛋糕 16 个, 计 850.00 元, 赠送同款生日蛋糕票 16 张, 计 850.00 元。

面包(买二赠一): 活动两天面包类食品销售 914.80 元, 赠送价值 300.00 元面包。

巨型生日蛋糕 150.00 元: 活动当天现场制作 1.50 m×2.00 m 巨型裱花蛋糕 1 个, 按照原料及人工成本计算。

- 其他费用为 415.00 元, 主要包括:

① 临时雇工: 3 人(30.00 元/人×天)共计 180.00 元。

② 包装袋: 包装赠送的自制食品, 共 200 只(0.40 元/只), 计 80.00 元。

③ 交通费: DM 广告宣传单投递人员及公司协助人员交通费共计 65.00 元。

④ 午餐费: 活动两天工作人员午餐费共计 90.00 元。

★现场观察及分析:

一、店庆活动准备极不充分

从活动的立项、审批、计划、执行基本上没有周密的思考和安排, 更没有通过控制工作过程达到工作效果的意识。

(1) DM 广告宣传单未能及时定时定量并保质保量发放。

活动当天上午 9: 00 尚有约 3000 份 DM 广告宣传单分别堆放在店内收银台、地面、快餐桌、储藏间等处。绝大多数顾客手里有两份或两份以上的 DM 广告宣传单。更有重复登记、重复领取纪念品状况, 也有一家数口人重复领取纪念品现象。

(2) 员工未经过本次活动的相关培训。员工工装混乱(一共 5 名营业员身穿 3 种不同服装), 店内卫生没有彻底打扫, 对活动细则每个人描述不一, 对优惠措施多头理解, 对活动现场的各项工作脱节(各个岗位没有定员定人, 几名员工顾此失彼)。

(3) 产品准备不足, 截至 6 日上午 10:00 蛋糕类产品已经基本销售一空。面包类产品余货量不足 150 元。活动用小西点准备不足。

(4) 赠品没有提前充分分装。到达现场时已经有顾客到场但有 4 人在分装赠品, 收取 DM 广告宣传单抽奖兑奖及外部协调工作没有人做, 致使活动开始得很突然, 活动现场秩序混乱。

(5) 没有合理安排活动现场的音响及音乐。音乐的播放随意性过大, 在顾客到达的高峰时段音箱突然坏掉失声。

(6) 店内环境没有针对本次活动进行布置, 店内杂物乱放(杂志、其他宣传单、企业内部文件), 各道门全部敞开, 尤其是裱花间内的卫生间及储物间凌乱不堪。

二、活动现场组织和调度不当

(1) 该店的门头横幅仍旧是关于公司其他店的开业促销内容，而非本次本店店庆活动的内容。音箱在播放有关活动细则内容时被换为摇滚音乐。活动现场音乐在播放 30 分钟后失声，没有后续补救措施。孙经理安排赶到的 4 名工作人员对没有投递到位的地段发放 DM 宣传单。

(2) 当顾客到场参与活动人数达到高峰时现场的调度和控制出现失控。人员安排极不合理，兑奖处有 3~4 人，收银台 2~3 人，裱花间 2 人，现场对顾客导购、解释介绍活动规则、上货理货等岗位没有人。

(3) 货品出现短缺时没有人及时补货。

(4) 巨型蛋糕的制作和发放秩序混乱。有在店外发放餐盘并让顾客排队领取蛋糕的，同时又在店内发放餐盘在店内或插队领取蛋糕，引起了顾客的不满。

三、活动规则制定存在瑕疵

(1) 本次店庆促销活动的具体促销措施显然存在极大弊端。首先，促销措施过多，入店即有赠品，前 100 名顾客赠送自制食品(第二天前 50 名)，多款产品买二赠一、买三赠一，购物满十元参加抽奖等；其次，活动规则规定不明确，比如赠送的桃酥在店外领取但是赠送的面包在店内领取，面包买二赠一的规则只是针对部分品种，增加了营业员和收银员的反复解释工作，极大地消耗了员工的工作热情以及有限的精力和时间，单位时间内顾客接待率低下。

(2) 10 元抽奖活动和其他赠送叠加累计，导致活动的盈利能力极其低下。

★化解策略：

加强活动的立项和计划及执行力度，形成以结果为导向的工作流程。提高促销活动的收益率。

一、促销活动的营运流程

店长书面申请—经理办公会确定—具体负责人负责促销活动的执行全过程—总结并形成书面报告。

二、店长书面申请

由××食品有限公司所属各店根据本店实际情况提出促销活动书面申请。申请书内容包括：

① 本店需要开展促销活动的原因；

② 希望开展促销活动的类型；

③ 希望采取的促销手段和措施；

④ 活动开展的范围；

⑤ 预计活动费用；

⑥ 通过活动促销要达到的效果：预计可提升客流量××人/次·日，提升客单价××元/人，提升销售收入××元，提升本店销售收入比例的××%。

三、经理办公会确定

店面营运经理根据店长的书面申请，组织召开经理办公会，对店长提出的申请进行可行性评议并根据评议结果决定是否批准店长申请。

店长提出的促销活动申请未得到批准，店面营运经理要当面通知店长，并提出整改意见；店长提出的促销活动申请得到批准，由店面营运经理组织整合各部门资源，按照既定流程开展店面促销活动。

四、具体负责人负责促销活动的执行全过程

(1) 编写××店××××主题促销活动计划及计划执行方案。其内容包括促销活动的主题、形式、时间、措施、宣传方式，费用计划及使用情况，预计达到的效果，总责任人以及活动开始启动至活动结束各个阶段的负责人名单，各阶段工作交接程序，以及每个阶段工作评估、奖惩措施等内容。

(2) 总负责人负责对形成并进入实施阶段的工作计划进行全面掌控，及时召开各类衔接协调会议，解决计划执行过程中出现的实际问题；确保工作计划能按照既定程序步骤以时间节点交付工作结果；解决促销品的选择及采购、生产等问题；宣传媒体的选择及效果评估；宣传品的策划和及时到位；工商、城管以及其他政府职能部门的外联保障；部门间协调、员工培训及作业辅导；活动现场的组织和现场控制；费用申领和审批控制；及时沟通上级汇报工作进度求得上级支援等各项工作。

案例点评：

门店促销活动的效果不仅取决于促销活动的策划，还依赖于促销活动的组织与实施。连锁企业应对门店促销活动"计划—组织实施—控制提高—改进计划"的全过程进行管理，不断改进与提高促销活动的管理水平，门店才能更好地策划与实施促销活动，取得超乎预期的销售效果。

◆ 本 章 小 结

本章首先介绍了连锁企业开展促销活动对促销组合的选择，并详细介绍了连锁企业人员促销、广告促销、促销活动推广、公共关系促销等重要内容；其次阐述了促销活动的实施要点；最后介绍了连锁企业促销活动效果评估的要点，并提出了效果评估具体方法。

主要知识点：

拉引策略和推动策略　店头促销　公共关系促销　短期/长期促销绩效评估　有效促销

◆ 基 础 训 练

一、选择题

1. 对单位价值高、性能复杂、需要做示范的商品，通常采用(　　)策略。

A. 广告　　　　　　　　B. 公共关系

C. 推动　　　　　　　　D. 拉引

2. 在商品生命周期的投入期，消费品的促销目标主要是宣传介绍商品，刺激顾客的购买欲望，因而主要应采用(　　)促销方式。

A. 广告　　　　　　　　B. 人员推销

C. 价格折扣　　　　　　D. 销售促进

3. 一般日常生活用品，适合选择(　　)媒介做广告。

A. 人员　　　　　　　　B. 专业杂志

C. 电视　　　　　　　　D. 公共关系

4. (　　)的关键是特别展示区、堆头和端头的商品陈列。

A. 店头促销　　　　　　B. 现场促销

C. 展示促销　　　　　　D. 有奖促销

二、判断题

1. 在商品生命周期的成熟期，工作重点是宣传产品牌号，充分调动推销人员和中间商的积极性，以迅速扩大商品的销路，成熟期以广告为主。(　　)

2. 终身会员制是指消费者无需缴纳会费或年费，只需要在门店一次性购买足额商品便可申请会员卡，此后便可享受该店 5%～10% 的价格优惠和一些免费服务项目。(　　)

3. 促销活动方案的实施的第一个步骤是拟订促销企划方案。(　　)

4. 短期促销绩效评估最切合实际的方法是顾客调查法。(　　)

5. 不良促销是指促销活动的开展对于连锁企业的业绩没有任何帮助，企业的经营状况没有得到任何改善，所举办的促销活动浪费了一定的人力、物力、财力，促销效果很不理想。(　　)

三、简答题

1. 简述连锁企业促销组合的定义及组成。

2. 简述连锁企业门店选择促销组合的基本战略。

3. 简述 POP 广告制作要点。

4. 简述连锁企业门店现场促销的方式。

5. 简述公共关系促销的方式。

6. 简述短期促销绩效评估的主要内容。

◆ 实 训 项 目

一、实训项目

设计一幅连锁企业门店促销用海报。

二、实训情景设计

模拟某连锁企业门店 10 周年店庆，进行商品促销活动，回馈顾客。

三、实训任务

1. 能够正确运用本章所学知识。

2. 能够在教师指导下完成海报的设计。

四、实训提示

1. 由教师介绍实训背景资料。

2. 班级学生分组(建议 4～5 人一组)。

3. 每一组在规定的时间内设计一份促销用海报。

五、实训效果评价表

实训效果评价表见表 9-2。

表 9-2　实训效果评价表

项　　目	表 现 描 述	得　　分
基本能够正确运用本章的理论知识		
能够正确完成海报的设计工作		
海报主题突出		
海报的设计新颖		
海报有较好的视觉效果		
合　　计		

得分说明：根据学生的具体表现打分，对应得分分值为 30 分、20 分、20 分、15 分、15 分，将每项得分记入得分栏，全部单项分值合计得出本实训项目总得分，得分 90～100 分为优秀，75～89 分为良好，60～74 分为合格，低于 60 分为不合格。

项目十 连锁企业门店的顾客服务

◆ 学习目标

通过本项目学习，理解改善门店服务质量对于连锁企业生存与发展的重要意义；掌握门店接待与顾客服务的主要流程及工作要点，常见的顾客投诉类型、顾客投诉的处理程序和方式等。

◆ 引入案例

数字化营销助力连锁药店精准挖掘顾客需求

传统的连锁药店实施精准营销存在两个瓶颈，一个是有数据但不具备数字化应用的能力，另一个是有会员但和会员之间没有建立起高效触达的通路。在数字化时代，这两大瓶颈都找到了突破之道。

根据顾客的历史消费数据，通过 SCRM 会员管理系统设置的算法，可以对顾客进行多个维度的精准分类。以一名糖尿病患者举例，如果该名顾客周期性的复购降糖药，系统就会给他加上"糖尿病患者"的分类标签；如果他只购买口服降糖药，系统就会给他加上"2 型糖尿病"的分类标签；如果他在药店有 10 年的消费记录，但是近 3 年才开始买降糖药，系统就会给他加上"糖尿病患病 3 年"的分类标签；如果他在买格华止(二甲双胍片)的同时又常买弥可保(甲钴胺片)，系统就会给他加上"周围神经病变并发症"的分类标签；如果他平日到店主要都是购买品牌药品，很少购买仿制药，系统就会根据他的购买偏好和消费观念给他加上"疗效优先"的分类标签；如果他经常购买一些高值单品，系统就会给他加上"高消费能力"的分类标签。药店不仅能通过性别、年龄等基本信息进行顾客的基本分类，还能通过数字化的能力从海量的会员数据中找到谁是糖尿病患者，判断患者糖尿病分型、患病几年、有哪种并发症，还知道患者的消费观念、消费能力。顾客的这些分类标签汇总起来就生成了顾客画像，有了维度丰富的立体画像，药店就可以面向顾客开展精准营销。

◎ 数字化精准营销案例分析

下面通过针对糖尿病患者的西洋参精准营销案例进行深入分析。

西洋参适用人群广泛、疗效确切、顾客知晓率高、毛利空间大，所以连锁药店都很重视西洋参这类高值产品的推广。西洋参在销售的过程中只讲补益养生的观念其实不太容易成交，因为补益养生在顾客的视角是很虚的概念，顾客最关注的还是服用了西洋参之后能带来哪些可以有身体感知的效果。通过西洋参销售数据和消费人群的分析发现，药店很大一部分西洋参都是糖尿病患者消费的，而且西洋参类产品复购率最高的人群也是糖尿病患者。糖尿病在中医体系里被称为消渴病，是因为脏腑功能失调造成的一系列疾病，分为上消、中消、下消。其中上消更为多见，为肺热津伤证，气阴两虚、阴津亏损、燥热偏盛，以口渴为主要症状。西洋参的功效是补气养阴、清热生津，对应了上消人群的病因，能产生很好的调养效果，可以有效改善上消人群的口渴症状，顾客服用西洋参之后有了身体感知的效果，对产品的认可度就会加强，从而产生持续的复购。

分析：药店可以通过 SCRM 系统中糖尿病人群的顾客画像找到精准的目标人群，与合作厂商一起邀请糖尿病领域的专家制作有关糖尿病中西医知识的科普素材，重点从中医的角度讲解消渴病的辨证施治，在科普素材中加入西洋参对于消渴病的调养功效，通过多层次的顾客链接所构建的触达通路，把系列化的科普素材精准地推送给目标人群，在这种持续的宣传过程中，引导糖尿病人对西洋参从认知到认同到购买。在糖尿病人购买西洋参之后，系统再给他加上"已购西洋参的糖尿病患者"标签，继续进行复购管理，在这个过程中完成从目标人群精准筛选、科普素材精准推广、主推产品转化成交，一直到精准人群复购管理的整个闭环。

◎ 精准营销的选品原则

这里特别要强调精准营销的选品原则，首要原则是可靠的品质与确切的疗效，其次是有庞大的适用人群，最后才是合理的利润空间。适用人群广泛意味着生意机会大，利润空间好意味着能赚到钱，但是只有产品的品质好、疗效好顾客才会复购，顾客基数的沉淀和积累才能让销量持续增长。

◎ 精准营销的场景变化

过去，西洋参这类产品的销售都得靠店员先深入学习产品的专业知识，再结合顾客需求在店内场景进行推荐，推荐成功率主要取决于店员的专业水平和导购能力。现在，药店通过强大的数字化能力和顾客触达能力可以直接对顾客进行更加高效的精准营销。以前的销售主要依赖店内成交，现在销售场景已经延伸到多层次的顾客链接中，无论顾客是否到店，都可以进行推广和成交。

◎ 精准营销过程中的工商合作

在上述案例中可以看到精准营销的优势，但是精准营销不是仅靠药店自身的能力就能轻松实现的，一定要和上游厂商进行紧密的合作。药店拥有客流量，拥有数据资产，拥有数字化能力和触达能力，但是面向顾客进行精准营销时所需的专家资源和专业素材不是药店擅长的领域，在这些方面厂商沉淀了大量的学术资源可以给药店终端提供有力支持。所以在精准营销的过程中，上下游能达成开放且紧密的合作至关重要！特别是"开放"，很多药店终端因为各种顾虑不愿意让上游厂家触碰销售数据和顾客信息，其实这是一个意识上的误区。顾客的服务、运营与维护需要大量的网点和人员的投入，这本身就只能是药店终端才能做到的事情，上游厂商不具有这样的能力，明智的厂商不会向直接顾客伸手。另外顾客的链接关系都在企业微信、服务号和小程序等药店终端自己掌控的媒介里，是典型的私域流量，上游厂商只能通过药店终端进行触达，可见可用但不能拥有。所以药店大可不必过分谨慎，可以大胆的开放消费数据和顾客资源与上游厂商一同研讨精准营销的方案，探索增量共赢的机会。

资料来源：尹东宇. 数字化营销，精准挖掘顾客需求[J]. 中国药店，2024(02): 78-79.

任务一　▸ 门店顾客接待与服务流程

一、顾客服务概述

顾客服务是指帮助顾客解决问题为使其满意而开展的活动，伴随于商品销售的全过程，是为促进商品销售而给顾客提供的无形产品，在现代零售业中发挥着越来越重要的作用。从某种意义上说，连锁企业的门店顾客服务管理其实就是质量管理。提供规范化、标准化、高质量的顾客服务是连锁企业门店的一项基本任务。

阅读链接 10-1　用微笑服务顾客

微笑服务是对由语言、动作、姿态、体态等方面构成的服务态度的更高要求，既是对顾客的尊重，也是对自身价值的肯定。微笑服务的目的是要建立起员工与顾客之间的情感联系，体现出宾至如归、温暖如春的服务，从而让客人开心，让客人再来。

一、正确运用微笑

1. 掌握好微笑的要领

微笑的基本做法是不发声、不露齿，肌肉放松，嘴角两端向上略微提起，面含笑意，使人如沐春风。

2. 注意整体的配合

微笑应当与仪表和举止相结合。门店礼仪培训中注意站立服务姿势的训练，双脚并拢，双手相握于前身(或交叉于背后)，右手放在左手上，面带微笑，表情亲切、自然。

3. 力求表里如一

首先微笑要发自内心，发自肺腑，无任何做作之态，不能虚伪地笑。只有笑得真诚，才显得亲切自然，与你交往的人才能感到轻松愉快。

4. 适当借助技术上的辅助

微笑可进行技术性训练：

第一步：念"一"。

因为人们微笑时，口角两端向上翘起，所以，练习时为使双颊肌肉向上抬，口里可念着普通话的"一"字音，用力抬高口角两端，但注意下唇不要用力太大。

第二步：口眼结合。

眼睛会"说话"，如果内心充满温和、善良和厚爱，那么目光一定非常感人。要学会用眼神与顾客交流。

门店礼仪培训中，取一张厚纸遮住眼睛下边部位，对着镜子，心里想着最使你高兴的情景，鼓动起双颊，嘴角两端做出微笑的口型。这时，你的眼睛便会露出自然的微笑，然后再放松面肌，嘴唇也恢复原样，可目光仍旧含笑脉脉。学会用眼神与客人交流，这样的微笑才会更传神亲切。

第三步：笑与语言结合。

微笑地说"早上好""您好""欢迎光临"等礼貌用语。

二、微笑服务的"九个一样"

微笑服务要始终如一，人人重视，门店礼仪培训中要坚持在接待服务的全过程的各个环节，落实到每个门店员工身上，应做到"九个一样"：领导在场不在场一个样；内宾外宾一个样；本地客与外地客一个样；生客熟客一个样；大人、小孩一个样；生意大小一个样；买与不买一个样；购物与退货一个样；主观心境好坏一个样。

"九个一样"体现了对客人要一视同仁，服务工作一定要遵循"优先为先到的客人服务"的原则。对年轻美貌的女客人、老年客人、小孩，都应当一视同仁，厚此薄彼最易引起客人的反感，而且违反连锁企业门店员工应有的职业道德。

二、顾客服务的作用

在激烈的市场竞争环境下，连锁企业要想争取顾客，求得生存与发展，就必须重视服务质量。顾客服务对于连锁门店的营运有着重要的作用。其具体表现在以下两个方面：

第一，顾客服务是避免陷入同质化竞争的主要工具。近年来，大多数零售企业的经营方式呈现出同质化的特点，"你有我有全都有"，进而导致激烈的竞争，同质化的商品和价格无法形成差异化。在新的市场环境中，零售企业要想增强自身竞争力，就必须在同类型商品基础上，挖掘出潜力巨大的服务销售商机，实施服务创新。据有关调查显示，造成顾客重复购买的因素及其所占比例如下：产品质量因素占 15%，产品价格因素占 15%，服务条款因素占 20%，服务质量因素占 49%，其他 1% 为不确定因素。由此可以看出，造成重复购买的主要因素并非商品或价格问题，而是与服务的某些方面有关，这个比例高达七成以上。

第二，顾客服务是塑造企业形象的重要手段。零售业直接面向顾客，顾客对企业的评价更多地来源于自身的亲身经验和亲朋好友的介绍，优质的顾客服务比广告等其他手段更能为顾客所接受，顾客之间的传播更能引起共鸣，形成良好的"口碑效应"。反之，不好的服务则会引起顾客的反感，"一传十，十传百"很快地在顾客中传播开来，对企业形象造成负面影响。可见，优质的服务有利于零售业塑造良好的企业形象，提高企业的知名度和美誉度。

三、门店接待与服务顾客的流程

接待与服务顾客，是每一个门店员工每天最基本的工作，看起来是很自然很简单的过程，但真正能够做完整、做好的人并不多。下面主要介绍标准的门店接待与服务顾客的流程。

第一步：进店打招呼。

打招呼的目的是让顾客知道员工在欢迎他们的到来，但打招呼不一定由导购开始。例如，顾客一进店导购就问"您好，需要我为您服务吗"，顾客回答"我想买儿童玩具，送给孩子的生日礼物……"，店员通常会说"请跟我来，儿童玩具在这边……"，然后就把顾客直接引到玩具货架附近。上述打招呼的方式直接打断了顾客的购物行程，缩短了顾客的行走动线，没有给顾客在店内多走动的机会，自然也没有多接触商品，最终无法产生更多购买。现在大部分门店都是开放式货架的卖场，动线设计的初衷就是让顾客可以更方便地接触商品，同时能够通过分区、布局和陈列的设计来拉长顾客的动线，引导顾客在店内多走动、多接触、多购买。

因而，正确的方式应该这样："您好，里面请！""您好，欢迎光临！"与顾客在 5 米以内时可以用这种方式打招呼，如果在 5 米以外，也可以向顾客点头示意一下，挥手招呼都可以。

第二步：顾客接触。

很多店员会在招呼之后跟随顾客在卖场内来回走动，一是为了伺机导购，二是为了防止丢货损失。换位思考一下，当顾客去服装店买衣服的时候，真的喜欢有导购人员一直跟在身边吗？顾客通常都有害怕被推销的心理，所以跟随会让顾客立即产生防御心理，反而会为后续的商品推荐制造紧张气氛。

曾有机构对服装店内的顾客消费行为进行调研统计，发现像 ZARA、优衣库等完全不干扰而让顾客自选的门店，顾客在店内停留时间和客单价远远超过有店员全程导购的门店。随意、自由的购物氛围会让顾客更加放松，顾客会接触更多商品，最终购买更多商品。

所以，正确的与顾客接触的方式是在招呼顾客之后，店员一边理货一边观察，在顾客需要的时候才出现在顾客的身边。

通常，有四种情况下顾客需要店员的帮助：

(1) 顾客在一组货架面前来回踱步时，可能是为了寻找某个商品，这时店员可以走过去说"您好，需要帮忙吗？"然后帮助顾客找到商品。

(2) 顾客在一组货架前把一个商品拿起来又放下，又看另一个商品时，可能是在对比商品，这时店员可以上前说"您好，需要帮忙吗？"然后为顾客提供选择建议。

(3) 当顾客在某个货架面前驻足不动时，比如看看脑白金，又看看黄金搭档，可能是对产品完全不了解，感到迷茫，这时店员可以问"您好，您准备送人还是自己用？"然后为顾客介绍产品。

(4) 顾客在一组货架面前看了半天然后忽然抬头张望时，可能需要找店员咨询一些问题，这时店员可以走过去说"您好，需要帮忙吗？"然后为顾客解答问题。

第三步：商品导购。

当顾客主动提出要购买某种商品时(顾客主动要求购买的商品通常是 DM 广告促销的商品，毛利都会比较低)，若店员通过问话的方式引导顾客购买高毛利商品，这样虽然能够提高客单价或毛利，但会直接影响顾客对门店的满意度。很多门店的客单价和毛利越来越高，但是客流量却不见增长，很可能就是这个原因造成的。

因此，正确的导购方式是在顾客点名购买某种商品时，店员应该先引导顾客到商品陈列的区域，然后让顾客自己关注到门店推荐的商品，并对这些商品产生兴趣，这时店员再引导顾客作出购买决定。

上述导购方式是软性引导，和硬性拦截性质完全不同，既可以达到推荐商品的目的，又不影响顾客的满意度。

第四步：关联销售。

小唐在城里开了家小超市，主要经营日常用品。开始的时候，她对商品的陈列并不是很上心，所以，在她的超市里，商品虽然不能说是胡乱堆放，但也从来没有用过心思去设计、陈列，总之商品的摆放只是勉勉强强说得过去。直到有一天，她陪着一个老同学在城里的另一家超市购物，老同学先是购买了一瓶啤酒，当他看见旁边摆着的开罐器时，就顺手又拿了一个开罐器，之后他往前走了两步，又看到了精致的玻璃杯，想起过两天要在家里请朋友聚餐，就又挑选了一组精致的玻璃杯以及玻璃杯垫。

小唐感到很不可思议，老同学原本只是要买瓶啤酒的，最终却买了开罐器、一组玻璃杯以及玻璃杯垫。受到启发的小唐回到自己的小超市后，马上和员工一起重新陈列商品，并注意把相互之间有关联的商品陈列在一起。重新陈列商品后的超市显得非常整齐，让人耳目一新，超市的生意也比以前好了一些。

上述例子说明，围绕顾客需求为顾客提供完整的关联销售方案，既能更好地满足顾客需求，同时又能够获得更好的客单价和毛利。

第五步：提示当前促销。

以购买儿童玩具的顾客导购举例，当完成关联销售后客单价可能已经达到 95 元。这时店员应该提示顾客当前正在进行的促销活动，如果有买赠项目，应该提示顾客这项优惠，鼓励顾客再购买一些商品冲击高于 100 元的下一档赠品。在这种情况下，赠品才能真正发挥提高客单价的作用，否则顾客在交款时才知道有买赠活动，这些赠品就成了补贴，完全失去了促销意义。

第六步：邀请加入会员。

结束前面的步骤以后，在收银结账前店员需要询问顾客是否有会员卡。如果没有，店员可以用标准的会员办理话术向顾客说明会员权益，邀请顾客全面填写申请表。完整的收集会员信息是建立有价值的会员数据库的前提条件。会员卡办理应该由接待并为顾客提供导购的店员负责，不可以到收银台办理，会降低收银台效率，或者会因为收银台繁忙而错失办理会员卡的机会。

近年来，越来越多的连锁企业建立了微信公众号并邀请顾客扫描二维码加入微信会员，这是为了和顾客建立起一个高效的互动沟通渠道。

第七步：收银加单。

收银台是与顾客接触最多的功能区，收银结账也是加单机会最多的环节，所以需要在收银台附近进行精心的布置，如在收银员的左手边布置关联商品。根据顾客已经购买的商品可以了解到顾客的需求，此时有针对性地向顾客推荐关联商品更容易成功。

在收银区域顾客的右手边位置要布置便利商品和应季商品，方便顾客看看右手边的便利品和应季品是否有需求。

某项调查结果显示，收银台的商品选择、布置及加单话术如果比较成熟，加单成功率能达到 25% 以上，加单商品均价通常在 16 元以上，能够为门店和整个连锁企业带来巨大的收益。

加单完成之后在收银作业中要唱收唱付，双手将购物袋交给顾客，然后单独将小票交给顾客并提示核对商品和金额，保证收银工作准确无误，避免纠纷。

第八步：促销预告。

如果近期的促销活动主题已经确定，店员可以提前告知顾客促销的主题、时间和大致的优惠项目，邀请顾客届时参与，给顾客一个下次再来的理由。

第九步：送客。

完成以上所有程序以后，当顾客准备离开时应该由之前一直为顾客提供接待服务的店员再送至门口并招呼顾客"谢谢您，请慢走！"完成送客。

以上九步标准流程是愉悦购物体验的基础，既能够保证顾客的满意度，帮助顾客解决问题，又能够让连锁企业获得更高的收益(其中关联销售、提示当前促销、收银加单三个环节专门用来提升客单价和毛利)，规范标准的顾客接待与服务流程可以让连锁企业和顾客共赢。

任务二　店长对顾客投诉的处理

作为连锁企业门店一线的员工，每天需要面对各种各样的顾客。很多时候，由于员工的疏忽或者服务不够细致，容易引起顾客的不满，甚至还会招致顾客的投诉。当然，也可能并不完全是门店的责任，也会有顾客百般挑剔，这个时候员工难免会觉得委屈。因此，处理好顾客投诉意见，是店长在门店营运管理中的重要内容。处理得好，矛盾得到化解，门店的信誉、员工的士气和顾客利益得到维护；反之，则会造成员工士气低落、销售业绩下滑和其他门店经营的危机。

一、顾客投诉处理原则

做生意不仅要创造顾客，更要留住顾客。无论处理什么样的抱怨，都必须要以顾客的思维模式寻求解决问题的方法。

顾客投诉处理原则包括：

(1) 正确的服务理念。店长需要经常不断地提高全体员工的素质和业务能力，树立全心全意为顾客服务的思想与"顾客永远是正确的"的观念。投诉处理人员面对愤怒的顾客一定要注意克制自己的情绪，避免感情用事，始终牢记自己代表的是企业的整体形象。

(2) 有章可循。店长要制定专门的制度和安排人员处理顾客投诉，使各种情况的处理有章可循，保持服务的统一、规范。另外，要做好各种预防工作，使顾客投诉防患于未然。

（3）及时处理。处理抱怨时切记不要拖延时间，推卸责任，各部门应通力合作，迅速作出反应，向顾客"稳重＋清楚"地说明事件的缘由，并力争在最短时间里全面解决问题，给顾客一个圆满的结果。否则，拖延或推卸责任，会进一步激怒投诉者，使事情进一步复杂化。

（4）明确责任。不仅要明确造成顾客投诉的责任部门和责任人，而且需要明确处理投诉的各部门、各类人员的具体责任与权限，以及顾客投诉得不到及时圆满解决的责任。

（5）留档分析。店长应对每一起顾客投诉及其处理做详细的记录，包括投诉内容、处理过程、处理结果、顾客满意程度等。通过记录吸取教训和总结经验，为以后更好地处理顾客投诉提供参考。

表 10-1 为某超市顾客投诉意见处理记录表。

表 10-1　某超市顾客投诉意见处理记录表

表格编号：

顾客姓名		受理日期	
地址		发生日期	
联系电话		最后联系日期	
投诉项目		结束日期	
发生地点		投诉方式	
投诉内容：			
处理原则：			
处理经过：			
处理人员接待：			
意见备注：			

二、店长应对顾客投诉处理的技巧

在门店运营中，处理顾客投诉也是门店日常管理中的一项重要工作，如何平息顾客的不满,使被激怒的顾客"转怒为喜",是门店获得顾客忠诚的最重要手段。在这里,本文将介绍一个处理顾客诉怨,令顾客心情晴朗的技巧——"CLEAR"方法,即顾客愤怒清空技巧。理解和实践清空技巧能够帮助门店店长妥当地处理最棘手的情形。

"令顾客心情晴朗(CLEAR)"的顾客诉怨应对原则包括:

Control——控制你的情绪;

Listen——倾听顾客诉说;

Establish——建立与顾客共鸣的局面;

Apologize——对顾客的情形表示歉意;

Resolve——提出应急和预见性的方案。

三、店长在顾客投诉处理中的沟通技巧

如果顾客非常气愤,那么无论怎样处理都不能使其感到满意。此时,店长可以提出一些封闭式问题,例如:"我想为你提供帮助,你觉得我可以为你做些什么呢?""你觉得怎样的解决方法才满意呢?你可以提出来,在我权限范围内的,我会尽量为你做到。"

处理投诉过程中,真诚的微笑不可以少,作为店长,所有的言行一定要让顾客感觉到诚意。

另外,在处理顾客投诉中不管顾客的意见是对还是错、是深刻还是幼稚,永远都不要与顾客争辩,要做的就是尊重顾客的意见,不能表现出轻视的样子,千万不能语气生硬地对顾客说"你错了""连这你也不懂",也不能显得比顾客知道得更多,如"让我给你解释一下……""你没搞懂我说的意思,我是说……"。这些说法明显地抬高了自己,贬低了顾客,会挫伤顾客的自尊心。这样只会激化矛盾,使顾客更为气愤。

总之,店长在与顾客沟通的过程中,不要害怕面对意见分歧或投诉,而是要积极解决。良好的解除矛盾反而会使顾客对门店增加好感度。很多时候,要学会换位思考,这样矛盾与分歧也会少很多。

四、数字化提升顾客服务与体验

连锁企业门店应积极引入人工智能、大数据、云计算等技术,作为连锁企业策略管理平台、用户关系平台、数据分析平台等数字化营销能力的底层技术支持,通过提升用户画像精准度、增加触客渠道、改善交互模式、丰富运营活动等方式,充分挖掘用户数据价值,以数据赋能用户经营,助力连锁企业实现顾客全生命周期管理与精准营销策略的制定。

1. 提升顾客体验

连锁企业门店应通过人工智能、大数据等技术手段,使服务场景数字化,对门店的经

营数据进行深入分析，为门店经营决策提供数据支持。例如，利用智能算法进行精准的用户画像分析、销售预测、运营分析等。此外，连锁企业门店还可以通过数字化的虚拟营业场所与数字人客服为用户提供沉浸式场景营销体验，提升用户体验和满意度。数字化时代，顾客对品牌的依恋度会降低，会不断追求满意度高的体验，而如何扩展和延续品牌的影响力，是摆在连锁企业面前的重大问题。

2. 建立数字化私域流量

连锁企业应通过数字化手段，将私域流量进行精细化管理和运营，以提高流量的利用效率和价值。数字化私域流量的核心是数据化，通过数据分析和挖掘，了解用户的需求和行为，进而可制定出更加精准的营销策略和服务方案。数字化私域流量的优势在于能够更加精准地了解用户需求，提供更加个性化的服务和产品，从而提高用户的满意度和忠诚度。未来，企业要充分重视线上引流的重要性，通过各类社交平台，与用户进行互动和沟通，提高用户的参与度和忠诚度，进而建立企业的数字化私域流量。

◇ 案例精讲　　　一学就会的顾客投诉处理原则——双赢

客户沈先生新买的爱车使用不到 2000 公里，在一次去秦皇岛旅游途中经过临沂高速路段时遇上了雷暴雨，但后雨刮却无法正常使用。在无助、气愤和惊慌的情况下，沈先生致电了当地的特约售后服务中心。

在接到电话后，客服经理小丽一直与沈先生保持着电话联系，叮嘱其注意驾车安全，同时耐心指引着行驶路线，直至沈先生安全到达。

到店后经技师检查发现是雨刮电机因为质量原因需要更换，但 4S 店又缺货，可沈先生却坚持当天必须要离开前往秦皇岛。"你们这是什么特约售后服务中心呀？什么都没有！"沈先生为此大发雷霆。

面对气炸了的客户，店长迅速作出决定：一方面要求车间技师从技术上攻关，争取从维修角度使雨刮电机恢复正常使用；另一方面，细心的客户专员考虑到客户是早上出发的，现在已经下午 2 点了，应该还没有吃饭，便立即去食堂为客户打来了热腾腾的午餐，并在客户享用午餐的过程中全程陪同安抚客户的情绪。

终于，经过技师不懈的努力，车辆在临近傍晚时维修完毕，沈先生也因为 4S 店无微不至的关怀而感动。不但没有因为产品存在的质量问题投诉，反而致电对 4S 店的服务表示了感谢！

案例点评：
投诉处理的最终目的是要争取"双赢"。只有把握这个原则，才能转变对待客户的态度，维护门店的良好形象。争取"双赢"要注意以下要点：确立"客户第一"的观念；门店员工素质的提高是达到"双赢"的关键；坚持"首问责任制"；控制情绪是争取达到"双赢"的重要环节；团队协作与客服安抚更是争取"双赢"的保证。总之，争取"双赢"看似很难，但只要平时用心对待客户，再难的投诉都会迎刃而解。

◆ 本 章 小 结

顾客服务是连锁企业为了使顾客购物更加方便、更有价值而进行的一整套活动。在激烈的市场竞争环境下，改善门店服务质量、提高顾客满意度和忠诚度，是连锁企业门店的主要竞争手段。因此，店长必须围绕门店的服务定位、服务流程设计来建立标准化的顾客服务体系，并注意顾客投诉的处理流程和沟通技巧。

主要知识点：

顾客服务　顾客满意度　顾客投诉

◆ 基 础 训 练

一、选择题

1. 每个门店都会有符合其自身情况的服务目标和定位，因此顾客服务管理其实也是一种(　　)。

A. 利润管理　　　B. 质量管理　　　C. 促销管理　　　D. 渠道管理

2. 对待顾客投诉，以下几种说法中正确的有(　　)。

A. 并非所有的顾客投诉都是善意的，店长也要注意个别顾客别有用心和故意找茬

B. 门店若不能处理好顾客投诉，就会失去顾客

C. 应对顾客投诉不等于一味地顺从顾客，有时委曲求全反而会使员工士气低落

D. 对每一起顾客投诉及其处理要做详细的记录

二、判断题

1. 通过顾客服务，提升门店经营的差异化水平，这是连锁企业避免陷入同行价格竞争的基本手段。(　　)

2. 服务形象是连锁企业及其员工经营活动中所表现的服务给顾客或公众留下的印象。(　　)

3. 店长处理顾客投诉，必须学会从顾客的角度思考问题及寻求解决问题的方法。(　　)

三、简答题

1. 简述顾客服务的作用。
2. 简述顾客投诉处理的基本程序。

◆ 实 训 项 目

一、实训任务

全班同学自行分组，走访本地某一家连锁企业门店，内容包括调查门店店长和普通员工对顾客服务的理解；向顾客提供哪些服务；门店的服务理念(包括员工)和服务情况；了解该企业对从业人员服务规范的培养及其效果，常见的服务问题有哪些，采取何种措施对顾客进行管理，哪种效果最好等。在该企业(门店)实习 3 天，重点学习处理顾客意见、抱怨及纠纷的技巧。

二、实训要求

每组学生必须与企业的相关人士接触沟通，通过在门店的学习实践，对本地区连锁企业门店的服务理念、顾客管理内容、服务内容、维系顾客手段等状况进行分析，并撰写一份调研报告，文稿中必须包含必要的统计图表。最后对可能存在的服务问题进行分析，并给出解决方案。

部分课后习题参考答案

[项目一]
一、选择题
1. ACDE 2. ACD 3. ABCD
二、判断题
1. √ 2. √ 3. × 4. √ 5. √

[项目二]
一、选择题
1. ABC 2. AC 3. ABCD 4. ABC 5. ABCD
二、判断题
1. √ 2. × 3. ×

[项目三]
一、选择题
1. ABC 2. ABC 3. B
二、判断题
1. × 2. √ 3. √

[项目四]
一、选择题
1. ABCD 2. ABCD 3. A
二、判断题
1. √ 2. √ 3. ×

[项目五]
一、选择题
1. ABD 2. BCD 3. C
二、判断题
1. × 2. × 3. √ 4. ×

[项目六]
一、选择题
1. B 2. A 3. B
二、判断题
1. × 2. × 3. × 4. √

[项目七]
一、选择题
1. ABC 2. B 3. C 4. A
二、判断题
1. √ 2. × 3. √

[项目八]
一、选择题
1. ABCD 2. ABC 3. ABC
二、判断题
1. √ 2. √ 3. ×

[项目九]
一、选择题
1. C 2. A 3. C 4. A
二、判断题
1. × 2. × 3. √ 4. × 5. ×

[项目十]
一、选择题
1. B 2. ABCD
二、判断题
1. √ 2. √ 3. √

参 考 文 献

[1]　魏小英. 连锁企业门店营运管理[M]. 北京：北京理工大学出版社，2013.

[2]　陆影. 连锁门店营运与管理实务[M]. 哈尔滨：东北财经大学出版社，2009.

[3]　黄宪仁. 店长操作手册[M]. 北京：电子工业出版社，2012.

[4]　奚恺元. 别做正常的傻瓜[M]. 北京：机械工业出版社，2004.

[5]　王忆南. 连锁门店营运管理[M]. 北京：中国人民大学出版社，2010.

[6]　张金霞. 职业店长实务[M]. 北京：北京理工大学出版社，2013.

[7]　蒋祥龙. 连锁经营管理实务[M]. 北京：化学工业出版社，2010.

[8]　胡启亮，霍文智. 连锁企业门店营运管理[M]. 2 版. 北京：科学出版社，2012.

[9]　郑彦. 连锁经营实训与案例[M]. 西安：西安电子科技大学出版社，2013.

[10]　郑彦，霍霞. 连锁经营管理与实践[M]. 2 版. 西安：西安电子科技大学出版社，2015.

[11]　郑彦，安宏博. 连锁经营管理与实践[M]. 3 版. 西安：西安电子科技大学出版社，2021.

[12]　张兴军，孙清清，刘振坤. 胖东来爆火的朴素逻辑[N]. 新华每日电讯，2024-05-22(03).

[13]　颜莉霞. 论移动互联网时代实体连锁门店店长岗位胜任力要求[J]. 江苏商论，2014(07).

[14]　胡晶，张彦山. "120 分"店长　艺之卉崇光百货店店长邢轩的店长心经[J]. 纺织服装周刊，2011(45)：60.

[15]　莫可怡. 上海家化：百年日化的数字焕新[J]. 国际品牌观察，2022(18)：47-51.

[16]　张天元. 9 小时开一新店　麦当劳中国狂奔. 北京商报[J]，2023，12(04).

[17]　李杰，李婷. 老人促销活动中受伤　商家承担部分责任[N]. 河南法制报，2023-06-06(13).

[18]　李永平，董彦峰，黄海平. 数字营销[M]. 北京：清华大学出版社，2021.

[19]　徐乾益，朱学义. 论传统餐饮企业创新之道：以上海星禾益公司餐饮店铺为例[J]. 中国集体经济，2023(36)：84-87.

[20]　王小月. 如何把"好货卖便宜"？　数字化折扣店必备生存技能[N]. 中国消费者报，2023-11-28(04).

[21]　安琪. 德国折扣店与自有品牌的启示[J]. 销售与市场(管理版)，2023(11)：29-31.

[22] 尹航升，徐付保，陈海云，等. 名创优品万象城店店铺布局与商品陈列研究[J]. 商场现代化，2022(04)：5-8.

[23] 张原琦. 浅谈用微观经济学知识制定商品促销策略[J]. 营销界，2024(02)：44-46.

[24] 尹东宇. 数字化营销，精准挖掘顾客需求. 中国药店[J]，2024(02)：78-79.